가상세계와 인류의 삶

가상실록

김영목　　　　최원재

형설 eLife

추천사

'인류는 그동안 아날로그 기술로도 가상 세계를 만들어 왔다.'라는 저자의 글귀를 읽었을 때 그간 풀리지 않았던 문제의 답을 찾은 느낌이었습니다. 디지털 가상 세계 시장이 미래 사회의 대세라는 것을 누구나 알지만, 이를 제대로 만들어 낼 수 있는 사람은 많지 않습니다. 가상 세계 시장의 주역이 되고 싶은 사람이라면 반드시 읽어야 할 책입니다.

구재상(케이클라비스 회장, 前 미래에셋그룹 부회장)

책장을 펴고 단숨에 읽어나갔습니다. 저자인 최원재, 김영목 교수는 깊은 학문적 통찰을 기반으로 가상 세계를 누구나 쉽게 이해할 수 있도록 다양한 사례를 들어 설명하고 있습니다. '왜 지금까지 이걸 몰랐지?'라고 반문할 정도로 어려운 이론을 들추지 않고도 가상 세계의 실체를 간명하게 보여주는 뛰어난 책이라 생각합니다.

김정하(법무법인 광장 상임고문, 前 감사원 사무총장)

지금까지 출판된 가상 세계에 관한 수많은 책들 가운데 유일하게 가상 세계성을 명료하게 정의하고 와닿게 해준 책입니다. 가상 세계와 관련된 새로운 개념에 대한 실천적 접근을 대중들이 함께 공유할 수 있으면 좋겠습니다.

정승(초대 식품의약안전처장, 前 한국농어촌공사 사장)

'언젠가는 내가 써봐야겠다.'라고 마음먹은 책이었습니다. 최원재, 김영목 교수의 『가상실록』은 가상세계성을 펼쳐내는 인류의 여정에 대한 현상과 철학에 대한 글입니다. 미래 교육의 핵심으로 자리 잡은 가상세계성에 관한 이론과 기술을 공유해 줄 수 있는 뛰어난 수작입니다.

윤재웅(동국대학교 총장)

'가상기술자'라는 용어부터 남다르게 다가왔습니다. '역사상 인류는 모두가 가상기술자였다.'라는 저자의 주장은 머지않아 닥칠 새로운 인류 문명에 대해 준비할 수 있는 화두이자 최적의 영감을 던져주며 새로운 정신 문명의 길로 안내하고 있습니다.

송귀영(학교법인 회당학원 이사장)

인류가 역사에 남긴 흔적을 '가상세계성'이라는 관점에서 들여다보게 해주는 책입니다. 이 책을 읽은 후 앞으로 할 수 있는 일, 해야 할 일이 무수히 쏟아져 나왔습니다. 교육자인 최원재 교수와 행정가인 김영목 교수가 머리를 맞대고 현실에서 읽고 써먹을 수 있는 내용으로 가득한 책을 세상에 내놓았습니다.

김성태(IBK 기업은행 은행장)

지금의 현실 세상은 본격적인 디지털 가상 세계과 중첩되는 시공간이 되어가고 있습니다. 이는 기술의 발전을 넘어 사상, 이념, 정치, 교육 양상의 대전환을 뜻합니다. 이론과 실무에 정통한 최원재, 김영목 두 교수는 『가상실록』에서 이 전환의 시기에 참여할 수 있는 길을 제시합니다.

한석희(현 국가안보전략연구원장, 전 연세대학교 국제학대학원장)

 목차

PART 1 가상세계로 진입 009

문자	068
악기	084

PART 2 가상세계의 역사 021

벽화	024
토우	030
정신	031
정주	033
땅	034
증강	036

PART 4 가상세계와 심리 093

공간	094
시간	096
공감	098
메타포	099
파타포	106

PART 3 가상세계와 사회 043

풍수	044
놀이	050
와유	058
지도	063
종이	066

PART 5 가상세계와 철학 113

하이데거	114
메를로 퐁티	117
최한기	119

PART 6 가상세계와 예술 127
이야기 131
재즈 139
그림 152
조형 170

PART 7 가상세계와 영화 175
연극 176
사진 177
영화 183
도로시 구두 189
백투더퓨처 데이 191

PART 8 가상세계와 기술 197
유리 199
거울 202
현미경 206
텔레파시 208
전파 214

라디오 217
전기 222
트랜지스터 230
팩시밀리 231
텔레비전 233
무선 조종 235
휴대전화 239
엘리베이터 241
초전도체 246

PART 9 가상세계와 교육 255
역사 교육 패러다임 시프트 265
VFX 교육 284
문학 교육 패러다임 시프트 303
한자 교육 패러다임 시프트 310
이미지 추상화 디자인 313
히스토리 오디올로지 315

PART 10 가상세계의 기대 321

PART 1

가상세계로 진입

1. 가상세계로 진입

"하나의 유령 – 가상세계라는 유령이, 지구에 떠돌고 있다"

지금은 컴퓨터 용어 난립의 시대. 우리는 개념의 공동화(空洞化) 시대에 살고 있다. 메타버스는 그중에서 가장 대표적으로 관념 없는 (혹은 역설적으로 너무도 다양한) '어떤 것'이다.

어떤 학자에게 메타버스는 '실제 생활과 법적으로 인정한 활동인 직업, 금융, 학습 등이 연결된 3차원 가상세계 또는 현실감 있는 4차원 가상 시공간'을 뜻한다. 이는 '가상현실(Virtual Reality), 증강현실(Augmented Reality)을 결합한 상위 개념으로서 현실을 디지털 기반의 가상세계로 확장해 가상공간에서 모든 활동을 할 수 있게 만드는 시스템'으로 정의된다.

여기서 용어를 정리하자. 상상(想像, imagination)은 실제로 경험하지 않은 현상이나 사물에 대하여 마음속으로 그려 봄을 말한다. 심리적으로는 외부 자극에 의하지 않고 기억된 생각이나 새로운 심상을 떠올리는 일이다. 망상(妄像, delusion)은 이치에 맞지 아니한 망령된 생각을 하는 행위 혹은 그 생각이다. 심리적으로 근거가 없는 주관적인 신념, 사실의 경험이나 논리에 의하여 정정되지 아니한 믿음이다. 과대망상증이라는 정신 질환도 이런 의미에 기반한다. 공상(空想, fantasy)은 현실적이지 못하거나 실현될 가망이 없는 것을 막연히 떠올리는 그런 생각이다. 환상(幻像, illusion)은 사상(寫像)이나 감각의 착오로 사실이 아닌 것이 사실로 보이는 환각 현상이다. 가상(假像)은 실물처럼 보이는 거짓 형상이다. 주관적으로는 실제 있는 것처럼 보이나 객관적으로는 존재하지 않는 거짓 현상을 일컫는다. 흔히 쓰는 단어에서도 가상이 무엇인지 알 수 있다. 우리는 망상가, 환상적인 경험, 공상과학 영화, 상상 속의 동물, 가상의 인물 등등 가상과 연관되는 단어를 자주 쓰고 있다.

<그림1 컴퓨터 보안코드 이미지>

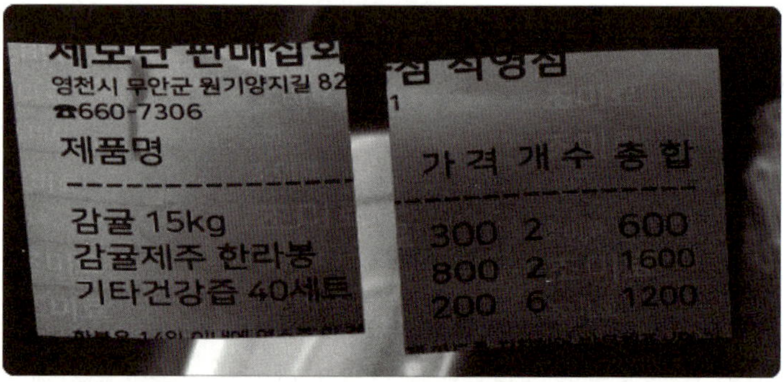

해당 영수증은 가상으로 제작된 것으로 실제 영수증 사진이 아닙니다.

가격이 800원인 물건의 이름은 무엇입니까?

위의 <그림 1>은 보안코드로 사용되는 이미지다. 이 영수증은 망상의 영수증, 환상의 영수증, 공상의 영수증, 상상의 영수증이 아닌 '가상'의 영수증이다. 실제로 존재하지 않는 것을 머릿속에서 생각하는 것을 상상이라고 한다고 하면 실제로는 그렇지 않지만 그럴 것이다라고 생각하는 것은 가상이다. 그러므로 가상은 사유에 있어 조금 더 실천적이다.

이러한 사례의 뉘앙스를 통해 볼 때 디지털 가상세계란 상상을 바탕으로 하면서 의도적으로 자신만의 생각이 실재로 구현되어 공유될 수 있도록 만든 세계로 간주할 수 있겠다. 그러므로 가상현실(virtual reality), 증강현실(augmented reality)의 현실(reality, Realität)은 '실재(實在)'라고도 옮길 수 있어야 한다. 그러므로 가상현실, 증강현실, 가상 실재, 증강 실재다. 실제(實際)와 실재(實在)도 혼동해서는 안 된다. 실제는 현실을 말하고, 실재는 존재함을 의미한다.

상상 실재(imagined reality)는 종교, 정의, 질서, 감정, 이데올로기처럼 보이지는 않으나 가상화되는 실재다. 상상 실재는 언어를 통해서 만들어진다. 다시 말해서 인간 사고의 대상이며 내러티브되는 것이다. 가상이란 있을 법한 상상의 실재를 나타낸다. 기존의 집단 경험을 토대로 상상은 일어나고 호모사피엔스는 이 상상을 바탕으로 있을 법한 것들을 구체화한다. 관찰과 실험을 통하면 이것이 과학이 되고 관찰과 관념을 통하면 이것이 예술이 된다. 두 가지 모두 가상 실재를 통해 실제에 가까워진다. 가상 실재는 상상 실재보다는 조금 더 만져질(tangible) 수 있을 것 같고 그래서 더 실질적(feasible) 느낌의 그런 것이다. 조금 더 잘 내러티브될 수 있는 그런 것이다. 조금은 더 '나'에게 와닿는, '나'에게 더 가까워진 것이다.

예를 들어보자. 지구를 직접 본 사람은 우주선을 타고 지구를 떠나본 우주인밖에 없다. 그 외의 지구인들이 갖고 있는 지구에 관한 이미지와 생각은 모두 이들에게서 전달된 이야기와 인공위성에서 촬영된 이미지로 전달되어 자신들의 머릿속에 담아 둔 것이다. 다른 행성의 모습 또한 시각화된 이미지로 전달되어 본 것이다. 토성, 목성, 천왕성을 직접 가서 보고 온 이는 지구상에 아무도 없다. 그러므로 우리가 믿는 것의 많은 것들이 가상 실재다. 아날로그 기술과 디지털 기술, 이 두 가지를 모두 가지고 있는 또 다른 가상 실재 구현 메소드의 사례는 시계다. 시간은 고스란히 자연의 세계이고 시계는 가상의 실재다. 인간이 만든 시계는 자연의 것을 고스란히 인간의 법칙으로 만들어 인간의 세계로 가져온 가상 실재의 구현체다.

가상세계는 만든이의 시간과 공간에 대한 지배력이 확장되는 곳이다. 그리고 이로써 사유(정신)의 너비와 깊이가 확대되는 곳이다. 배, 기차, 비행기 등 교통기관의 발명과 발전은 물리적인 세계에서 인류가 도달할 수 있는 곳의 꼭짓점을 늘려 놓았다. 이렇게 확장된 세계는 그 속에서 살아가는 개인의 마음에 큰 동요를 일으킨다. 1883년 조선 시대 보빙사로 미국에 갔던 유길준은 『서유견문(西遊見聞)』에서 근대 사회의 본질을 '증기 세계'라고 했다. 이는 그가 미국으로 향하는 증기선과 기차에서 '교통혁명'을 경험했기 때문이다. 그는 뉴욕의 고가(高架)철도를 보고 열차에 탑승해 '마치 구름을 뚫고 달리는 것 같았다.'라고 진술했다. 유길준은 뉴욕의 스카이라인을 보고 자기의 경험 세계를 벗어난 가상세계를 맛본 것이다. 가상 실재의 구현체들은 인류의 공간을 넓혔고 이동에 자유로움을 주었다. 그리고 인류의 사고에 울림을 일으키기 시작했다. 가상세계를 이해하는 데에 핵심은 공간에 관한 이야기다. 인류가 열망하는 공간 지배력의 최고 단계인 텔레포트(teleport)도 이런 교통기관의 발전과 더불어 실천될 수 있는 사고다.

사진, 영화, 텔레비전 등 미디어의 발명과 발전은 교통기관이 닿을 수 없는 곳까지 인류의 가상세계 반경을 상당히 넓게 만들어 놓았다. 전신기, 전화기, 인터넷을 생각해보자. 실제로 이것들은 가히 혁명적으로 인류의 시간과 공간을 바꿔 놓았고 시·공에 대한 사고를 증폭시켰다. 이러한 인류의 가상 실재 구현체, 즉 발명품 덕분에 인류가 상상하는 모든 곳이 내가 닿을 수 있는 곳으로 되었다. 지금은 컴퓨터 기술로 디지털 가상 실재를 만들어낸다. 디지털 가상 실재는 사용자가 보는 장면부터 아예 자연적 시야에서 가상적 시야로 대체해버린다. 이 가상의 장면은 실제로 존재하는 물리적 세계와 닮았을 수도 있고, 혹은 그럴 듯하기는 하나 세상 어디에도 존재하지 않는 곳이 될 수도 있다. 또 하나, 디지털 증강 실재를 이용하면 디지털 객체를 실제 세계에서 마주하는 여느 대상과 다를 바 없이 물리적 실제 세계에서도 하나의 어련한 대상으로 취급할 수 있다. 그래서 디지털 가상세계 인터페이스가 가장 자연스럽게 상호작용하는 가상의 공간이 되는 것이다. LG 디스플레이의 투명 올레드(OLED)가 좋은 사례다.

가상세계를 구현하는 메타버스 메소드(Metaverse method)를 이용해 인류는 '물리적으로 내가 가 있지는 않으나 또한 물리적으로 가 있게 되는' 공간을 창조한 것이다. 양자역학을 생각하지 않을 수 없는 대목이다. 디지털에서 아날로그를 추구하는 디지털 가상세계는 가상세계의 발전 단계에서 4차 단계에 속하는 고도의 가상세계다. 여기서는 나와 가상 실재(데이터) 사이에 촉각적 상호작용까지 일어난다. 인류의 1차 가상세계는 자연을 모방한 가상 실재로 만들어졌다. 이 단계에서는 돌과 바위 등의 자연물이 가상세계를 구현하는 플랫폼이자 디스플레이였다. 2차 가상세계는 종이라는 휴대용 플랫폼의 탄생으로 일어났다. 3차 가상세계는 디지털로 만들어졌다. 4차 가상세계는 디지털 속에서 아날로그를 추구한다. 아 이러니하게도 아날로그가 디지털로 변모하는 인류의 가상세계의 변천 과정은 다시 최종적으로 아날로그를 좇고 있다.

그러므로 가상세계, 메타버스라는 개념은 인류가 역사의 발자취 속에 남겨놓은 실재다. 하지만 이러한 사실을 알고 있는 이들은 얼마 되지 않는다. 가상세계로 명명된 '어떤 것'이 계속 우리 주위를 맴돌고 있지만, 이것이 인류 정신의 진화인지, 기술의 진보인지, 유행인지, 관습인지, 도구인지 명확하게 설명하지 못하는 상황이다. 모르면 안 될 것 같고 그렇다고 잘 아는 사람도 없어 보이는 '어떤 것'인 메타버스는 학계, 재계, 산업계에 걸쳐 있는 바이러스 같은 존재다. 바이러스도 생물과 무생물의 중간쯤이라는 애매한 위치에 놓여있는 '어떤 것'이다. 바이러스는 또한 박테리아와 자주 혼동되기도 하는데, 결론적으로 '바이러스≠세균=박테리아'이지만 이 세 가지는 같은 범주에서 끊임없이 혼란을 일으킨다. 메타버스는 아직 어떤 학과목도 아니고 담론적으로 심각하게 고민된 것도 아닌 아직 바이러스 같은 '그런 것'이다. 2019년 겨울 갑자기 찾아온 전염병이 바꿔놓은 세상만큼이나 가상세계를 둘러싼 모든 것이 혼란스럽다.

메타버스는 가상의 무엇을 총칭한다. 그리고 메타버스는 가상세계의 한 모습이다. 국어문화원 연합회는 메타버스의 대체어로 확장 가상세계를 제시한다. 그런데 여기서부터 말문이 막히기 시작한다. 메타버스는 개념이면서 매체다. 그리고 메소드다. 그러므로 형이상학이면서 형이하학이다. 후자로서 메타버스는 쉽게 인식되고 대중 속으로 빠르게 퍼져나가고 있으나, 전자에 관한 공허함이 크다. 오늘날 메타버스가 갖는 개념의 공동화 현상은 가상세계에 관한 형이상학적 학(學)이 부족한 데에 기인한다.

이해를 돕기 위해서 '부동산'이라는 용어에 비유해보자. 우리가 '부동산'이라고 하면 쉽게 떠오르는 것이 공인중개사 사무실, 즉 복덕방이다. 보통 이 단어를 들을 때 처음부터 동산(動産)의 상대되는 경제적 개념으로서 부동산을 떠올리지는 않는다. 이는 부동산 공인중개사의 주요 콘텐츠가 해당 직업 업무 개념을 지배하는 꼴이 되었기 때문이다. 메타버스도 이처럼 되어가고 있다. 그래서 오늘날 메타버스란 인터넷을 기반으로 하는 가상 실재를 구현하기 위해 쓰이는 메소드라는 인식이 지배적이다.

이제는 메타버스의 학(學)과 습(習)을 나누어 가상 실재를 구현하는 역할과 방법, 즉 습으로서 메타버스는 메타버스 메소드라고 불러야 맞다. 메타버스 메소드 덕분에 어떤 실재의 데이터를 이용해 자연스럽게 가상의 개체를 마련할 수 있는 시대가 열렸고 인류의 사고 활동 영역이 확장되었다. 이 메타버스 메소드가 아주 새로운 기법이 아니라는 사실을 알아야 한다. 메타버스 메소드는 인류가 자연을 활보하기 시작하면서부터 나타났다. 디지털 기반의 가상세계를 메타버스라고 하면 메타버스 메소드는 다름 아닌 디지털로 무언가를 구현하는 기술이다. 디지털 구현 기술이 없었을 때는 아날로그 기술로 가상세계를 만들었다. COVID-19 사태 속에 전 지구 사회가 폐쇄되어 버린 가운데 비대면 커뮤니케이션이 유행처럼 번져나가면서 메타버스는 철학과 개념이 아닌 디지털 플랫폼 겸 디스플레이로만 인식된 채 대중 사이에 급속도로 퍼졌다.

최근 메타버스 전문대학원도 생겼고, 메타버스 메소드를 활용하는 수업도 많이 생겼다. 그러나 이런 수업은 모두가 여전히 메타버스 메소드를 습(習)하도록 가르치는 데에만 초점이 맞춰져 있다. 그러므로 지금의 메타버스 메소드 교육은 우리가 그토록 우려하는 또 다른 '기계적 수업'으로 치우칠 요소가 다분하다. 이제는 메타버스의 학(學)에 관심을 기울여야 할 때다. '가상세계에 관한 생각은 어떻게 시작되었는가?', '메타버스 메소드가 인간을 어떻게 바꿔놓고 있는가?', '인간의 인지능력은 메타버스 메소드에 어떻게 반응할 것인가?' 등에 대해 학문적으로 논의되어야 한다. 디지털 데이터 중심 사회, 디지털 가상세계에서 진정한 교육혁신은 이러한 질문에 대한 천착에서부터 비롯된다. 메타버스에 관한 학(學)이 체계화되지 못하면 메타버스는 한갓 산업용 마케팅 툴, 학습용 장난감에 불과하다. 빅데이터(Big data), 라이프 로깅(Life Logging), 가상 실재, 증강 실재를 구현하는 디지털 메소드로 만든 휴먼 테크놀로지(human technology)의 결과도 이미 많다. 메타버스를 말할 때 디지털 가상 플랫폼 혹은 가상 콘텐츠의 도구적 구현 단계에만 머문다면 메타버스는 사람들이 즐겨 부르는 가상현실이 아니라 가상을 가장한 '가장 현실'에 불과하다.

정신(마음)이 몸을 지배하므로 가상은 단순히 가상으로만 남겨지지 않는다. 따라서 가상의 철학이 곧 현실이 철학이 된다. 메타버스라는 가상세계는 몸과 마음이 유영하는 일원·이원론의 텔레포트 공간이다. 이것이 하나의 시대정신으로 성장하기 위해서는 술(術)과 습(習)의 단계에서 학(學)의 단계까지 그 폭을 넓혀야 한다. 가상세계 구현 디지털 메소드가 아날로그 연필과 펜만큼이나 편리하고 쉽게 활용되는 시대가 분명히 다가오고 있다. 그때가 본격적으로 시작하기 전에 가상세계의 근원과 실제 세계와의 관계성을 논해야 한다. 메타버스와 빛과 양자역학을 이야기하고, 뇌와 신경망과 빛이 연결되는 메커니즘을 이해하려는 노력을 기울이고, 메타버스에서 요구되는 윤리학과 교육철학을 정립하려 애쓴다면 (그 결과 이러한 가상세계 담론이 사회 전반에 퍼져 상식과 교양의 수준이 되면) 머지않아 지금의 현실에 더불어 살아갈 수 있는 새로운 차원의 디지털 가상세계가 억지스럽지 않게 자생적으로 열리게 될 것이다. 가상(세계)을 설명하는 철학을 배워야 하는 이유는 이것이 나의 생활을 좋게 만들려는 생각과 나의 바운더리를 편리하게 만들려는 생각, 그리고 나의 삶을 재미있고 유익하게 만들려는 생각이었고 앞으로도 그러할 것이기 때문이다.

무턱대고 난데없이 '앞으로 인류는 디지털 가상세계에서 살게 될 것이다.'라고 하면 누구는 '그럼 디지털 기술을 배워야 하나?'라고 할 것이고 또 누구는 '그래서?'라고 할 것이다. 물론 디지털 기술이 필요하다. 그러나 이 책은 가상세계의 기원과 역할을 알려주는 데에 그 목적이 있다. 21세기의 호모사피엔스들은 지금까지 살던 실제 세상에 또 다른 차원의 세계를 가상으로 덧붙여 살려고 하는 욕망을 갖게 되었고, 이 욕망을 실현할 수 있는 디지털 구현 기술을 손에 넣었다. '디지털 가상세계에서 살면 무엇이 좋길래 그럴까?' 이런 물음에 대해서 먼저 생각해봐야 한다. 그리고 디지털 가상세계, 즉 메타버스를 디지털 기술의 영역으로만 한정하지 말아야 한다. 디지털이 등장하기 이전에 누가 어떻게 가상세계를 구현했는지 아는 것은 그래서 중요하다. 아날로그 기술이든 디지털 기술이든 가상세계를 구현했던 사람을 가상기술자라고 명명하고 이들의 정신세계와 삶의 방식을 알아볼 필요가 있다. 현생 인류는 모두가 가상기술자의 유전자를 갖고 있다. 이를 잘 사용할 줄 알아야 모두가 아날로그에서 순조롭게 디지털로 차원 전환되는 가상세계에 참여하고 인류 발전에 이바지할 수 있을 것이다.

PART 2

가상세계의 역사

 2. 가상세계의 역사

　원시 시대의 가상기술자는 동굴에 벽화를 그렸다. 그리고 땅바닥에 표식과 표시를 남겼다. 이러한 흔적은 단순히 개인적인 상상의 결과라기보다는 사회적인 가상의 원리와 실재로 남겨졌다. 우리가 원시 인류로부터 알 수 있는 바는 상상이 공상의 수준에서 머물지 않으려면 개인의 상상 세계가 누구에게라도 보이고 (만져지고) 들려야 했다는 사실이다. 공유되지 않는 가상 실재는 허상에 불과하다. 내 머릿속의 무언가를 이야기로 묘사하고 설명하고 보이게끔 시각화 구현하는 데에서 가상세계는 메타버스라는 용어가 나타나 확산하기 한참 전에 이미 시작되었다.

　가상 실재에 관한 모든 것은 원시 인류의 내러티브로 설명된다. 그러므로 이야기라는 종류의 내러티브 역시 가상세계를 여는 열쇠가 된다. 가상세계성은 '만약', '마치'라는 생각과 단어로 집약된다. 여기서 원시 인류 두 명의 이야기를 상상해보자. '네가 만약 그때 거기에 있었더라면 우리는 더 많은 식량을 얻었을 거야.' '이건 마치 독수리의 발톱 같은걸. 한번 사용해볼까?' 등의 과거형과 미래형의 이야기에서부터 오늘날의 디지털 가상세계는 시작되었다. 그러므로 가상세계라고 해서 어떤 물리적인 기술로만 구현되는 성격의 것이 아니다.

단순히 '가상'이라고 하면 무턱대고 디지털과 연결해 생각하는 버릇을 없애야 한다. 이러한 버릇은 COVID-19 사태 이후 컴퓨터와 인터넷 환경을 이용해서 가상 실재를 구현했던 기존 상업적 게임 플랫폼 기업의 마케팅 때문이다.

『고대 그리스에서 1년 살기(A year in the life of ancient Greece)』 그리고 『고대 이집트에서 1년 살기(A year in the life of ancient Egypt)』라는 소설은 엄청난 데이터를 도메인 지식(domain knowledge)으로 머릿속에 담고 있는 고대 서양사 전문 저술가들이 역사 데이터를 찾고 기억해가며 쓴 이야기다. 『고대 그리스에서 1년 살기』의 배경은 알렉산드로스 대왕의 정복 전쟁으로부터 약 100년 후의 헬레니즘 세계다. 올림피아 제전에 모인 여덟 명의 '가상' 인물을 통해 거대하게 팽창한 고대 그리스 세계의 하루하루를 복원했다. 이렇게 내러티브는 가상의 세계를 한참 전부터 현실에 포개어 놓았다. 그 바탕은 탄탄한 데이터였다.

머나먼 시기의 사건을 그리는 데에도 이질감이 들지 않는 이유는 역사적 데이터와 작가적 가상세계성이 어우러진 작품이기 때문이다. 대부분의 역사 소설가는 역사 데이터로부터 탄탄한 도메인 지식을 갖추게 된다. 그리고 저술가로서 내러티브 역량이 출중하여 이야기로 시각화를 성공시킨다. 이들의 글로 인해 우리는 우리와 같은 인류의 선조에 관한 이야기를 상상이 아닌 가상으로 받아들일 수 있게 되고 이는 전혀 이질적이지 않게 되는 것이다. 이를 기억의 재현, 혹은 경험의 몽타주(montage)라고 부를 수 있다.

텍스트든 그림이든 모든 기록은 가상세계성을 지닌다. 다시 말해 어떤 방식으로든 데이터의 조합과 배열은 기억을 구현해내는 데에 필요한 힘이고 이 힘을 바탕으로 실제의 실재를 가상의 실재로 전환하는 가상세계성이 발현된다. 이때 가상 실재는 똑같이 재현할 수도 있고 제작자에 따라 무언가 특이점이 가미되기도 한다. 이 무언가가 첨가되는 방법과 농도로 인해서 가상 실재는 문학, 음악, 미술 등의 이름으로 여러 가지 모습의 결과를 낳고, 이때 가미되는 처리 과정을 교육학에서는 창의력의 발산이라고 말하기도 한다. 가상 실재를 만들어 가는 메소드가 확산하고 발달하면서 가상기술자들은 인류 발전을 이끌었고 시대의 변곡점에서 인류 사고의 진화를 촉진했다. 그러다 보니 점점 여러 메소드를 시도하는 가상기술자들이 늘어났고 인류의 데이터는 광범위하게 조직적으로 집적되었다. 곧 창의적으로 정교화된 내러티브를 구현하게 된 것이다. 그리고 인류의 가상세계 역사에서 정말 중요한 것은 자연에서 에너지원을 발견해 전기를 손에 넣었다는 사실과 이를 가상세계 제작에 적용하기 시작했다는 사실이다. 이때부터 인류의 가상세계 내러티브는 디지털로 고도화되기 시작했다.

벽화

<그림2 반구대 암각화>

　가상세계를 설명하기 위해서 '그림 그리기 혹은 새기기'라는 메소드에서부터 시작해보자. 위의 그림은 한국의 울산 반구대 암각화다. 이 그림에는 고래가 중심 소재다. 고래는 전면에서 좌측에 집중되어 있다. 여기에는 사람과 고래가 끼리끼리 모여 있어서 서술적 화면구성을 보여준다. 높은 곳에서 전체를 보여주는 부감법(俯瞰法, High Angle)으로 구성이 되어 있어 보는 이는 실체감을 느낄 수 있게 한다. 반구대 암각화 화가들은 이 부감법으로 가상세계성을 투영했다. 고래는 모두 하늘을 올라가듯이 표현되었다. 고래 상승 구도라는 가상세계를 만들고 그 안에서 고래를 내러티브한 것이다. 왜일까? 왜 이렇게 그렸을까? 이러한 방법을 써야 전하고 싶은 메시지를 가장 잘 표현했기 때문이다. 이것이 당시로서는 최고의 내러티브 방법이었다. 부감법이라는 메소드는 지금도 사용된다. 드론이다. 가상세계성이란 이렇게 통시적으로 이어져 오는 호모사피엔스의 유전자다.

부감법은 가상세계를 구현하는 그리기 메소드다. 실제로 화가가 그 위치에 있던 적이 없는 상태에서 그림으로 대상을 내러티브한다. 부감법을 이용하는 화가는 풍광 전체를 직접 보면서 그리지 않는다. 그러나 화가가 실제 체험을 통해 이미 파악하고 미리 인식한 존재를 재구성한 것이므로 허상이 아닌 가상의 그림 혹은 실제를 증강한 그림이다. 위의 암각화 하나로 가상세계에 대한 정의와 성격은 여실히 드러난다.

호모사피엔스가 데이터를 도메인 지식으로 집적하게 되면 여기서 이를 전달, 공유하려는 욕구가 나타나고 이 욕구는 자기 결정적으로 나타난다. 이것이 이른바 오늘날 말하는 휴타고지(heutagogy) 내러티브다. 누가 무엇을 어떻게 하라고 강요하거나 지시하지 않지만, 자기를 둘러싼 세계 속에서 흡수한 데이터가 뇌 속에 넘쳐나면 이를 공유하려는 자기 결정적 사고와 태도가 나타나는 것이다. 집단적 경험은 이렇게 자연스럽게 만들어져 왔다. 인류의 가상세계 구현 메소드의 진보는 이러한 자기 결정적 태도와 맞물려 이뤄졌다.

반구대 암각화는 애니미즘(animism) 관점에서 고래의 혼령을 위무한 것으로 보인다. 마치 공중에 붕 떠 있는 것과 같은 형태를 묘사한 것으로 봐서는 귀천의식(歸天儀式) 중의 망아(忘我) 현상을 나타낸 것 같다. 왜 돌에 그림을 그렸을까? 나무에도 새겨 그릴 수 있었을 텐데 왜 하필이면 땅이었을까? 반구대 암각화를 그린 이에게 반구대라는 땅은 그의 가상세계를 나타낼 수 있는 최적의 플랫폼이었고 디스플레이였다. 돌에 새겨야만 오랫동안 누구와도 공유할 수 있는 가장 단단한 이야기가 만들어지기 때문이었다.

<그림3 라스코 동굴 벽화>

위의 그림은 약 4만 년 전의 후기 구석기 시대에 만들어진 라스코(Lascaux) 동굴 벽화로 석기 인류의 흔적이다. 벽화에는 다양한 동물이 묘사되어 있다. 사냥 장면에 나타난 가상의 동물 묘사는 사냥꾼들의 성공적인 사냥을 보장하려는 일종의 자기 확신이다. 그러므로 이 벽화 속 세계는 사냥꾼의 염원을 구현하는 가상세계였다. 이들에게 자연은 절대자 혹은 신의 영역이기도 했다. 범접하지 못하는 무언가가 있는 공간이었다. 이들은 자연 곳곳에 정령이 있다고 믿었다. 자연을 대하는 이러한 사고는 학습된 것이 아니었다. 그냥 그 당시의 그들은 그렇게 생각했다. 그리고 자연을 '그리기'라는 행위를 통해서 그런 엄청난 위력을 가진 자연을 '내 안'으로 가져오려는 내러티브의 한 모습이었다.

무시무시한 번개와 천둥이 치면 가공할 그 힘 앞에서 자기의 염원을 빌고 그 염원이 이루어졌을 때 기도자는 기도할 일이 있을 때마다 번개와 천둥을 기다렸을 것이다. 그리고 시간과 공간을 초월해서 언제 어디서나 번개와 천둥에 기도하기 위해서 어떤 장치를 마련하고 싶었을 것이다. 번개와 천둥을 '내 안'에 소유하고 싶었을 것이다. 그래서 번개 문양이나 번개를 형상으로 하는 기물(器物, object)을 제작했다. 부적도 이렇게 만들어졌다. 게다가 인류는 천둥이라는 자연의 위력을 인류가 정한 '자기 안'의 관념 속에 잡아두었다. 인류의 시간 개념에서 이를 확인할 수 있다. 독일어의 Donnerstag[도너스탁], 영어의 Thursday[써즈데이]는 각각 게르만족의 천둥신 도나르(Donar)와 앵글로 색슨족의 천둥신 토르(Thor)의 날이다. 목요일은 이렇게 생겨났다. 시간이라는 상상적 실재에 또 다른 상상적 실재인 신화 속 캐릭터를 집어넣은 것은 호모사피엔스의 실재 가상화 역량이었고, 이 역량 역시 내러티브라는 성질에서 기인한다.

예를 하나 들어보자. 원시 사냥꾼은 평소와는 다른 모습의 매머드를 보고 나서 이를 동료에게 말로 전달하는 데에 한계가 있음을 알게 되었다. 그리고는 그림을 그리기 시작했다. 글자가 만들어지기 이전이니 당시 인류의 영속적 공유 메소드는 플랫폼인 땅과 돌에 그리기밖에 없었다. 매머드뿐만이 아니었다. 처음 접하는 무언가를 공유해서 공감하려면 무조건 말하기 아니면 그리기가 답이었다. 매머드를 자기만의 메소드를 이용해 가상으로 구현한 인간은 그렇게 나타났다. 이는 자연물을 모방해서 실재로 나타내는 메소드의 시초가 되었다.

이러한 인류의 상상은 말로 범벅이 된 그림이 되어 땅 위에 재현되었고 당시 인류에게 공유되었다. 이 그림은 인간이라면 누구나 공감할 수 있던 상상적 실재였으면서 자연히 가상 실재가 되었다. 하나의 상아를 가진 매머드(실제적 실재)가 유니콘(상상적 실재)의 오랜 기원일지도 모르는 일이다. 학자들은 유니콘의 기원을 인도에서 찾는다. 인도코뿔소에 대한 설명이 한 곳에서 다른 곳으로 전해지면서 그 내용에 인류가 갖고 있는 내러티브 성격으로 가감이 일어나 유니콘이라는 실재에 대한 최종 이미지가 생겨났다고 말한다. 존재하지도 않고 본 적도 없는 유니콘이라는 실재가 지금까지 계속 살아남았을 뿐만 아니라 다양한 모티프로 응용되는 것은 호모사피엔스들이 이 실재를 통해서 다른 세계를 엿보고 있다는 사실을 방증한다. 혹은 실재의 가상화 역량이 그 먼 옛날에서부터 지금까지 대대로 이어져 오고 있다는 사실에 대한 증명이다.

튀르키예(Türkiye)에 있는 차탈휘육(Çatalhöyük) 유적지로 가보자. 차탈휘육에는 거대한 동물들을 사냥하는 벽화도 있고, 야생동물의 뼈 등을 활용한 설치작업도 있으며, 여기서 다양한 크기의 소형 동물과 인물상이 출토되었다.

<그림4 차탈휘육 거주지 재현>

「신석기시대 거주지 차탈휘윽의 삶과 예술 연구」의 결과를 보면 고고학자 린 메스켈(Lynn Meskell)은 세 가지 유형으로 그 성격을 구분했다. 소형 동물 형상이나 인물상은 '현재 세계'를 상징하는 대상들로 실물보다 작아 휴대가 간편하며, 즉각적, 개인적이며, 모두 다른 스케일로도 표현이 가능한 것들이다. 그에 반해 야생동물들의 뼈나 두개골을 활용한 설치작업들은 '역사적 세계'를 상징한다. 그것은 전부 실제 동물의 것을 사용하여 실물 크기지만 석고나 회화작업으로도 재현되며, 모든 가정마다 다 설치되어 있지 않고 매우 특별한 건물에만 장식된다. 이 공간은 개인적 성격이 아니라는 것이다. 회화작업으로 그려진 벽화는 모두 지나간 '추억 세계'이다. 동물들은 모두 실물보다 크고 인간은 실제보다 더 작게 묘사된다. 따라서 이 회화적 묘사는 아득한 역사이자 추억 혹은 신화를, 어떤 사람들에게는 접근 불가한 영역이기도 하다. 차탈휘윽 유적에서 발견되는 여러 메소드가 추구했던 것은 다름 아닌 가상세계의 구현이었다.

토우

　신의 모습도 형상화되기 시작했다. 가상 실재는 사고뿐만 아니라 기물로도 나타난다. 가상 실재를 물리적으로 구현한 기물은 촉각도 만족시켰다. 디지털 기술로 구현하고 싶어 하는 햅틱(haptic) 기술도 이미 지모신신앙(地母神信仰)의 상징 기물인 빌렌도르프의 비너스(Venus von Willendorf) 토우에서 성취되었다. 이런 가상세계성을 한국의 신라 시대 가상기술자들도 갖고 있었다. 「토우를 통해 본 신라인들의 사상과 생활상에 관한 연구」의 결과는 신라의 가상기술자들이 죽음에 대한 생(生)의 영속성을 영위할 수 있는 가상세계를 토우로 형상화했음을 보여준다. 신라 토우는 현실에서의 소망을 표현하거나 순장을 위한 형상이었다. 이는 신라인들의 사상과 생활상이 그대로 반영된 가상세계다. 비록 원시적인 수법으로 제작되었으나 그 특성은 사회적, 기술적인 변화로 인해 변형되어 고려, 조선까지 전해져 고려와 조선의 가상기술자에게 전수되었다. 신라 호모사피엔스의 가상 실재와 증강 실재가 이후 세상의 가상세계로 이어졌다. 아래에 보이는 기물들은 신라 가상기술자들이 제작한 아날로그 가상 실재다. 지금의 디지털 3D 모델링 소프트웨어를 활용해서 콘텐츠를 만드는 사고방식과 다를 바가 없다.

<그림5 신라의 토기>

정신

가상세계는 인류의 정신세계와 밀접한 관계가 있다. 석기 시대 인류의 상상은 막연한 상상이 아니었다. 빙하 시기가 지나자 자연의 혜택은 무궁무진했다. 정서적으로 무언가를 계속 상상하고 실험할 수 있는 시기였다. 인류가 사냥하러 떠돌아다니던 때와 비교했을 때 생산적인 무언가를 계속 하도록 압박당하지도 않았다. 이들은 자연물을 이용해서 경험이 만들어낸 상상을 구현했다. 토기와 간석기는 그렇게 해서 탄생했다. 의식주가 해결되고 아무것도 하지 않아도 될 때 인류는 정신적으로 진화한다. 역사적으로 이렇게 인류의 창의력 공간(capacity)이 증폭되는 순간이 있다. 디지털로 인간의 삶이 윤택해질 때도 마찬가지일 것이다.

간석기는 구석기에서 신석기로 인류사를 바꾸어 놓을 정도로 인간의 세상을 송두리째 변화시켰다. 인간은 단단하지만 정교한 기물을 만들게 되었고, 자기 바로 앞의 땅을 넘어 저 멀리 숲속까지도 눈에 들어오기 시작했다. 그리고 그 안에서 일어날 일들을 상상했고 진입을 감행했다. 이것이 농업과 목축의 확대였다. 사냥감을 많이 잡을 수 있게 해달라고 기원하기 위해서 시각화한 가상세계였던 동굴 벽화 속으로 실제 진입한 것이다. 당시 인류의 가상세계로 남아있던 숲속으로 드디어 들어가 실제의 실재를 개척하고 일구게 되었다. 실제 실재와 가상 실재의 포개짐이 열린 역사적인 순간이었다.

어쩌면 세상을 변화하게 하는 창의력의 다른 말은 용기다. 호모사피엔스가 상상과 가상으로 밀어 올려 증강하는 정신 세계는 단순히 허무맹랑한 곳이거나 일부 선구자의 전유물이 아니다. 철학적 탐구와 진취적 기술의 확산은 늘 생각만 하던 곳으로 인류 모두가 들어가볼 수 있게 하는 힘을 준다. 가상세계도 이러한 진입을 감행한 용감한 호모사피엔스가 보여준 인류 정신 진화의 단계다.

정주

인류가 정주 생활을 시작하면서 인류의 경험과 지식 등의 모든 데이터가 한 사회 안에서 세대를 넘나들게 되었고, 다양한 데이터가 한데 모여 상상과 가상이 소용돌이치는 도메인 지식이 증폭했다. 그렇게 인류는 문명을 이루기 시작했다. 자연을 천천히 지긋이 관찰하고 원리를 배웠고, 자연스럽게 생명의 시작과 끝에 대해서 보기 시작했다. 이러한 관찰은 인류의 시간에 대한 관념이 들어서는 데에 유효했을 것이다. 특히 여성은 자신의 몸에 새끼를 배고 열 달 동안 자연(대지)과 합일되는 느낌을 온몸으로 전달받았을 것이다. 이러한 자연에 관한 학습과 인간 생활에 대한 학업이 본격적으로 시작되었고, 가상의 창발과 구현은 제도화되기 시작했다. 그리고 집이 만들어지면서 촌락이 형성되자 인류는 한 번 더 의식의 증강을 이루었다. '나에게 돌아갈 곳이 있다.'라는 사실은 인간의 마음에 커다란 울림이었음에 틀림이 없었다.

광야에서 임시거처를 만들어 전전긍긍하던 때와는 완전히 다른 정신세계가 열린 것이다. 세상에서 나의 공간을 찾기 시작하는 때가 열렸다. 들판과 동굴 속에 머무를 때와는 다른 시각으로 세상을 볼 수 있게 되었고 공간에 대한 인식이 뚜렷해지기 시작했다. 자기 발의 힘이 아닌 다른 힘으로 움직일 수 있게 되었을 때 인류의 공간 지각은 고도화되었다. 그리고 드디어 신을 경배하는 별도의 공간도 나타났다. 즉, 가상세계성을 자기가 서 있는 바로 그 공간에 투영하기 시작했다. 이것이 본격적인 인류의 증강 실재 구현이었다. 인류의 공간에 대한 심리는 이렇게 뚜렷해지기 시작했다. 그리고 신과 만나고 싶어 하는 마음으로부터 생긴 공간도 있고, 신을 따라 하려는 공간도 탄생했다. 기독교의 성막도 이렇게 해서 탄생했다.

땅

　땅은 너무나도 실제적 실재다. 땅은 원시 인류에게건 현생 인류에게건 벗어날 수 없는 공간이다. 수 만 년이 지나도 변함없이 호모사피엔스가 지탱하고 지내는 공간이다. 인류는 땅 위에 높이 솟은 나무 위로 올라가 저 멀리 펼쳐진 대지를 보고 위의 하늘을 보았다. 수평감 못지않게 수직감도 잡았을 것이다. 날아다니는 새를 보면서 공중이라는 곳으로 공간을 넓히고 싶었고, 물고기를 보고 물속으로 공간을 넓히고 싶었다. 또, 두더지를 보고 땅속으로 들어가 보고 싶었다. 이렇게 가로, 세로, 높이로 삶의 영역을 넓히려는 욕망이 인류에게 크게 자리 잡기 시작했다. 그러나 땅을 제외하고는 어떠한 방법으로도 영역을 표시할 수 없었다. 내 정신과 이상(理想)은 한정된 영역에 정주하지 않고 뻗어나갔으나 손에 잡히지 않는 곳에 표식을 달 수는 없는 일이었다. 무슨 수를 쓰건 간에 표시는 땅이라는 곳에 해야 했다. 땅바닥, 동굴 벽에 쓰는 수밖에 없었다. 그래서 인류는 대단히 넓고 거친 땅을 플랫폼으로 이용하기 시작했던 것이다.

　바로 이 점. 디지털 기술이 없던 시대에는 땅, 즉 지구의 껍데기가 가상세계의 플랫폼이었다는 사실에 주목해야 한다. 그리고 가상세계 구현 메소드가 발달하면서 문자로 구성된 지도와 전파 기기를 이용해 손에 잡히지 않는 영역에도 표시를 할 수 있게 되었다. 이로써 상징으로 구현한 가상의 세계가 마련되었다. 이처럼 인류는 아주 오래전부터 가상세계를 구현해 만들었고 이와 함께 엄청난 시간을 보내고 있었다. 그리고 드디어 석기 시대의 원시인과 다름없이 지구 위를 살아가는 21세기의 인류는 태초부터 이어져 오는 땅이라는 플랫폼과 더불어 디지털 공간이라는 또 하나의 가상의 세계를 만들어내었다. 디지털 기술의 등장 이전에 인류는 땅을 가상세계의 플랫폼으로 삼아 아날로그 메소드로 이야기 세계를 구현했다. 그리고 또 하나의 땅인 디지털 가상세계를 만들어 그렇게 하고 싶었던 공중과 물속에 영역 표시를 하기 시작했다. 몇백만 년이 걸린 일이었다.

증강

　오늘날의 고고학은 인류가 언제부터 언제까지는 수렵과 채집 위주로 생활을 했고, 언제부터는 정주 생활을 했다는 식의 시대 나누기에 대해 부정적이다. 새로운 발견이 계속 나타나고 있기 때문이다. 원시 인류의 생활 방식은 버려지지 않고 계속 중첩되었을 뿐이다. 여러 사람 종(種)이 동시대에 살았다는 사실을 잊지 말아야 한다. 지구 위의 인류 종은 한순간에 포맷된 것이 아니었다. 정주 생활을 하면서도 인류가 계속 돌아다녔던 이유 중의 하나는 영적으로 신비감을 느낄 수 있는 곳 혹은 정신적으로 가상을 실현하기 위한 곳을 찾기 위해서였다. 그리고 그런 곳에 돌을 세우기 시작했다. 거석문화는 이러한 양상을 잘 보여준다.

<그림6 고인돌>

<그림7 칠곡 선돌>

<그림8 대능원>

<그림9 장군총>

 천마총, 장군총 등은 모두 자연의 것을 호모사피엔스가 가상 실재로 구현한 후 증강 실재화한 건축조형물이다. 다시 말해 이는 모두 자연의 산을 모방한 가상 실재다. 그리고 고인돌, 집, 탑 등도 모두 인류의 이념이 증강된 실재다. 땅이라는 플랫폼에 또 다른 가상의 산을 인위적으로 만들어 인류의 집단 경험으로 만든 사례도 여러 곳에서 찾아볼 수 있다. 이념을 가

상 실재로 만들고 증강 실재화한 것은 인류의 발자취다. 이념 역시 인류의 상상 실재라는 집단 경험의 결과이므로 이 문장을 오늘날의 디지털 느낌이 나도록 바꿔보면 '인류의 발자취는 데이터를 가상 실재로 만들고 플랫폼에 증강한 바의 컬렉션'이라고 다시 쓸 수 있다.

<그림10 북한산 신라 진흥왕 순수비>

<그림11 광개토대왕릉비>

<그림12 광개토대왕릉비>

　호모사피엔스는 세월이 가면서 육체도 변했지만, 정신도 변화했다. 자연을 모방하는 데에서 머물지 않고 자신만의 관념을 정리해서 표현하는 메소드도 세련되어졌다. 그래서 정지된 땅에만 가상세계를 구현하지 않고 땅을 들어 원하는 곳으로 가져다 놓기에 이르렀다. 플랫폼에 모빌리티(mobility)라는 성격을 부여한 것이다. '내가 있는 곳'으로 작은 땅, 즉 돌을 가져왔다. 디지털 증강 실재도 '내가 있는 곳'으로 원하는 데이터를 불러오도록 설계된다.

　한국의 광개토대왕릉비에는 '비를 세워 훈적을 새김으로써 후세에 드러내어 보인다. 다음과 같다(於是立碑 銘記勳績 以示後世焉 其詞曰).'라고 적혀있다. 고구려의 호모사피엔스들은 후대의 호모사피엔스가 당시 고구려의 데이터를 언제가 될지 모르는 후세의 공간으로 불러갈 수 있도록 비를 세웠다. 데이터 공유 방법은 돌 플랫폼에 새기기 메소드를 통해서였다. 당시로서는 이 방식이 시간을 초월해 데이터가 영속할 수 있도록 하는 가장 믿을만한 데이터 공유 방식이었다.

〈그림 13〉은 오늘날의 디지털 증강 실재의 모습이다. 원하는 데이터를 '내가 있는 공간'으로 전자적으로 불러온다. 디지털 공간의 인터페이스가 없던 고구려의 호모사피엔스들은 지정된 공간에 데이터를 미리 불러 놓을 수밖에 없었다. 일본이 광개토대왕릉비의 글자를 조작했던 것처럼 간혹 돌에 새겨진 데이터가 해킹되어 날조되는 일도 있었다.

<그림13 증강 실재 구현 모습>

인류는 자연에서 모방할 수 모방할 수 있는 것도 가상 실재로 만들었고, 모방할 수 없는 것, 즉 존재하지 않는 것을 가상 실재화했고 정신, 마음, 관념이라는 보이지 않는 개념도 가상 실재로 구현해서 증강해냈다. 철학에서는 '이념적 가상'이라는 용어로 이를 설명한다. 이런 가상 실재와 증강 실재 구현 메소드는 지금도 계속 사용되고 있다.

PART 3

가상세계와 사회

3. 가상세계와 사회

　우리 사회에서 만날 수 있는 가상세계성의 구현 모습을 찾아보자. 생각보다 많다는 사실에 놀랄 것이다. 디지털로 만드는 전자적인 어떤 공간과 콘텐츠만을 가상세계라고 할 수 없다. 앞서 가상세계의 역사에서도 드러났지만, 호모사피엔스의 공간은 처음부터 이미 가상세계다. 지금의 우리가 이를 깨닫지 못하고 살아왔을 뿐이다. 내러티브의 모든 범위가 가상세계의 사회다. 그러므로 이를 반영하는 상징 또한 가상세계의 한 면이다. 일례로 한국의 조선 시대 궁궐은 성리학의 기본이념을 중심으로 하는 동양사상을 바탕으로 건축되었다. 궁궐 공간에 적용된 전각의 배치 원리도 가상세계의 설계도. 궁궐 내 조각물의 상징도 이념의 내러티브라는 가상세계를 구성하는 가상 실재였다.

풍수

호모사피엔스가 바라보는 공간은 육안(肉眼)으로만 볼 수 있는 영역을 넘어섰다. 인류는 세상을 관념으로도 바라보기 시작했다. 땅에 대한 데이터가 세대를 거쳐 축적되고 자연에 대한 관념이 세워지면서 호모사피엔스가 접하는 가상세계의 범위와 관념이 점점 고차원적으로 발전했다. 자연의 공간 이동성, 시간의 변화 양상을 관찰하고 데이터를 축적한 결과 방위에 따른 개념이 생기고 집을 아무 곳에나 짓지 않았다. 그리고 집의 모양에도 가상 실재가 들어가기 시작했다. 이것이 가상세계의 한 단면인 풍수다. 호모사피엔스는 지금도 풍수라는 가상세계를 떠나 살지 않는다.

이에 대한 한 예로 한국 풍수의 비보(裨補) 개념이 있다. 신라 시대 도선국사가 창시했다. 한국에만 있는 적극적인 풍수 개념이다. 비보란 자연의 풍수를 보완하는 술법이다. 호모사피엔스의 힘으로 자연의 좋은 형국을 만드는 것이다. 심지어 산을 만들기도 한다. 이를 조산(造山)이라고 한다. 서울 성북동 북쪽으로 뻗은 삼각산의 봉우리 중에는 보토 고개라고 하는 곳이 있는데, 조선의 도읍지인 한양의 약한 기운을 보충하기 위하여 해마다 흙을 보태서 보토 고개라고 불렸다. 한국의 비보풍수는 땅이라는 플랫폼을 대상으로만 바라보는 데 그치지 않고 가상세계 속에서 가상 실재와 실제 실재가 포개지게 만드는 가운데 증강 실재로 실제 세계를 조작하는 모습을 보여준다.

한국의 고려 시대 비보소(裨補所), 산천비보도감(山川裨補都監), 그리고 조선 시대 고을마다 있었던 동수(洞藪)라고 불린 숲과 돌탑 등은 모두 가상 실재로 실제를 증강한 실재였다. 지금의 서울역 근처에는 남지(南池)라는 인공 연못이 있었는데 이 역시 마찬가지였다. 광화문 앞에는 물길을 관장하는 상서로운 짐승인 해태라는 가상 실재를 세웠다. 한반도에 정주한 호모사피엔스에게 풍수라는 가상세계는 이미 실제 세계나 다름없었다. 지금도 그렇다. 현대에 지어진 한국의 건물들에도 풍수는 적용되어 있다. 예나 지금이나 가상 실재는 실제 실재에 이미 한참 전부터 증강되어있다.

와불(臥佛)도 플랫폼인 땅을 증강한 실재다. 디지털 장치를 이용하면 눈앞에 안 보이는 것이 디스플레이 장치에 나타났다가 사라졌다가 하겠지만 그런 기술이 없던 때 실재를 증강하는 방법은 이처럼 땅이라는 플랫폼을 도드라지게 해서 다른 곳과 달리 디스플레이 하는 수밖에 없었다. 불상은 부처의 가상 실재이고 와불로 땅 위에 구현한 불상은 땅이라는 플랫폼 위의 증강 실재다.

<그림14 화순 운주사 와불>

이러한 현상은 한국에서뿐만 아니라 다른 문화권에서도 발견되는데 <그림 15>는 기원전 1500년에서 기원전 400년경까지 메소아메리카 지역에서 번성했던 올멕(Olmec) 문명이 땅에 남긴 증강 실재다. 역사 속의 증

강 실재와 가상 실재를 보면 호모사피엔스의 내러티브를 읽을 수 있다. 그러므로 인류의 역사는 가상세계의 역사다.

<그림15 올멕 거대 두상>

한국의 조선 시대 영조 대인 18세기에 활약한 최천약은 이러한 가상 실재를 만드는 최고의 가상기술자 호모사피엔스였다. 석수(石手) 장인으로서 최천약은 돌을 플랫폼 삼아서 왕릉에 조형물을 만들어 설치했다. 김천석, 박필심과 함께 최천약은 1732년 인조 장릉을 현재의 파주로 천봉할 때부터 온릉, 의소세손묘, 정성왕후 홍릉, 인원왕후 명릉 등을 조성하는 데에 크게 이바지했다. 이들은 모두 석물(石物)을 제작하여 가상세계를 열었던 조선 시대의 가상기술 장인들이었다.

<그림16 파주 장릉>

<그림17 장릉 동측 무인석>

　아울러 최천약은 조선의 도량형 통일을 주도했고 이를 위해서 유척(鍮尺)을 제작했다. 길이 246㎜, 폭 12㎜, 높이 15㎜의 4각 기둥 형태의 이 유척은 조선 시대 도량형 제도상 척도의 표준이다. 무엇보다도 유척을 마련하는 것은 가상세계를 보편화하기 위한 표준화 작업의 하나다. 일종의 프로토콜로서 도량형 통일화는 현대의 디지털 플랫폼 표준화와 같은 맥락

으로 이해할 수 있다. 그래서 가상세계의 구조를 알고 있던 고대와 중세의 모든 왕조가 도량형 통일에 그렇게도 신경을 썼다고 볼 수 있다.

<그림18 최천약 유척>

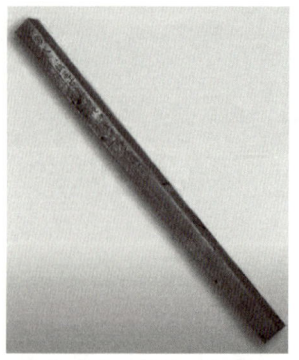

최천약은 1731년에 자명종을 제작하였는데, 시계 제작은 데이터의 개인화라는 관점에서 바라볼 수 있는 의미 있는 사건이다. 그리고 시간에 맞춰 종이 울리는 메커니즘은 기초적인 자동화로 사용자와 기계와의 커뮤니케이션이다. 이 두 가지가 결합한 자명종은 온디바이스(On-device) AI의 첫 발걸음이었다. 1741년에는 국가 의례에 사용하는 악기 제작을 총괄했다. 특히 편경과 편종 같은 정교한 악기를 제작하는 데에 참여하였는데, 편경과 편종은 음의 기준점 역할을 했다. 이로써 그는 시각적 가상세계뿐만 아니라 소리가 만들어내는 청각적 가상세계의 보편성과 표준성도 세웠다.

편경은 돌로 만들어진다. 1425년 한국의 경기도 수원 남쪽의 남양에서 편경의 재료인 경석이 발견되었다. 이로써 조선의 음률 기준을 세울 수 있는 독립적인 편경이 만들어졌다. 경석으로 만든 편경에서 나는 소리는 항상 일정한 음높이를 유지할 수 있어서 이 음을 표준으로 할 수 있다. 따라서 조선이 독립적인 편경을 갖게 되었다는 사실이 중요한 이유는 편경 제작 사업이 악기에 관련된 도메인 지식과 제작에 필요한 기술의 데이터베이스를 의미하므로 편경 제작 그 자체가 곧 가상기술력이었기 때문이다.

<그림19 한국의 편경>

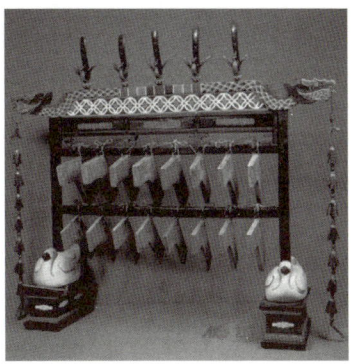

땅을 플랫폼으로 삼아서 증강 실재를 구현하는 아날로그 기술이 오늘날이라고 모두 디지털에 대체되는 것은 아니다. 〈그림 20〉은 미국 마운트 러스모어 내셔널 메모리얼(Mount Rushmore National Memorial)에 있는 미국 대통령들의 얼굴이다.

<그림20 마운트 러스모어 내셔널 메모리얼>

놀이

가상세계는 아이들의 놀이에서부터 시작한다. 그러므로 이는 현생 인류인 우리 모두가 이미 가상세계를 겪었다는 말이 된다. 아기들 책과 놀이를 보면 가상세계성이 여실히 나타난다. 아기들의 책 중에는 진짜 같이 만들어진 책인 팝업북(pop-up book)이 유난히 많다. 아기들과 아이들의 장난을 한번 유심히 지켜보면 드러나지만 않을 뿐 이들은 가상의 공간 속에서 혼자의 상상을 손짓과 몸짓으로 구현한다. 소꿉놀이에서는 공간을 넘어 시간도 초월한다. 이러한 놀이는 이전에 겪었던 자기의 경험이 기억 속에서 '지금의 나'에게로 소환되어 내러티브되는 모습이다.

고대의 놀이를 보면 아날로그 메타버스 메소드로 구현한 가상세계의 양상을 볼 수 있다. 거의 모든 놀이가 돌을 플랫폼으로 한다. 아래의 〈그림 21〉은 타플(Tafl)이라고 하는 놀이의 한 종류다. 왕과 신하들이 침략군에 맞서는 내러티브를 가상세계로 만들었다. 고대 인류는 이러한 자연의 동작을 본떠 땅을 플랫폼으로 하고 돌로 만든 작은 말(figure)로 가상세계를 구현했다. 게임을 하는 순간 모두 게임의 내러티브를 공감한다.

<그림21 타플>

〈그림 22〉은 루두스 라트룬쿨로룸(Ludus Latrunculorum)이라고 하는 놀이다. 역시 인류의 전투를 가상세계로 구현한 전략 놀이다. 오늘날 디지털 전략 시뮬레이션 게임의 모태가 된다.

위의 〈그림 23〉은 기원전 3100년경에 만들어진 것으로 추정되는 보드게임 세넷(Senet)이다. 사후 세계를 가상세계로 만들어 내러티브한 놀이다. 인간의 세상과 정신을 모두 가상세계인 놀이판으로 가져왔다.

<그림24 우르의 왕실 게임>

〈그림 24〉는 4500년 된 우르(Ur)의 왕실 게임이다. 상대의 말을 잡는 놀이다. 꽃무늬가 있는 칸은 행운의 장소다. 여기서는 말이 잡히지 않는다. 이 놀이를 하는 호모사피엔스의 정신 세계는 이미 가상세계로 진입해 있는 것이다.

<그림25 체스>

〈그림 25〉는 체스다. 말로 나오는 왕과 신하들의 모습이 자연에서의 모습을 닮은 가상 실재다. 이로써 이전의 게임에서 나오는 말들보다 훨씬 실감 나는 가상세계를 구현한다. 오늘날의 호모사피엔스들이 디지털로 실감 이미지 가상 실재, 실감 영상 가상 실재를 제작해서 구현하는 가상세계

성과 똑같다. 디지털 기술이 있느냐 없느냐의 차이만 있을 뿐이다. 이러한 게임의 변화 양상을 보면 호모사피엔스들의 메타버스 메소드는 계속 정교하게 변화했고 그 이면에는 언제나 가상세계성이 있었음을 알 수 있다.

과거에도 놀이가 가상 실재의 대표였다면 지금도 게임이 가상 실재의 대표 격이라는 점이 흥미롭다. 이로부터 게이미피케이션(gamification)이 가상세계를 설명하는 하나의 성격이라는 점을 알 수 있다. 가상의 놀이를 한다는 것은 또 다른 유형의 패턴을 인식한다는 말이다. 놀이의 패턴은 인간의 경험을 이미지로 표현해 놓은 것이고, 추상적 게임조차도 기본적인 현실을 반영하지 않을 수가 없다. 우리가 인식하는 현실은 기본적으로 추상이기 때문이다. 그러므로 가상세계는 추상화(抽象化)의 단계를 거친다.

한국에는 〈승경도(陞卿圖)〉라는 게임이 있었다. 종경도(從卿圖), 승정도(陞政圖), 종정도(從政圖)라고도 하는데, '벼슬살이 도표'라는 뜻이다. 조선 시대 버전의 '인생 게임'이다. 조선의 관직을 위계 순서대로 그린 놀이판에서 승진을 계속하다가 가장 먼저 최고직에 이른 사람이 이긴다. 조선 시대에 있던 수많은 관직의 등급과 상호관계를 놀이로 익히는 게임이다. 승진만 있는 것이 아니라 파직, 유배, 사약 받기 등의 아이템도 있다. 말판에는 유명한 벼슬아치의 직위와 성명을 적게 되는데 오래전 역사적 인물뿐만 아니라 동시대의 인물도 적을 수 있다. 그러므로 놀이의 말판에 적힌 벼슬아치들은 시대를 초월하는 관직의 드림팀을 구성한다. 게임을 하는 이들에게 이 과거의 인물들이 소환되는 것이다. 이것이 가상세계의 구현이다. 조선 시대의 드림팀에는 특히 서희가 예조판서로서 자주 적혔다고 전해진다. 죽은 서희를 가상으로 살려내는 것이다. 실제 실재를 종이라는 플랫폼에 그림판이라는 인터페이스를 통해 가상 실재를 증강한 가상세계다.

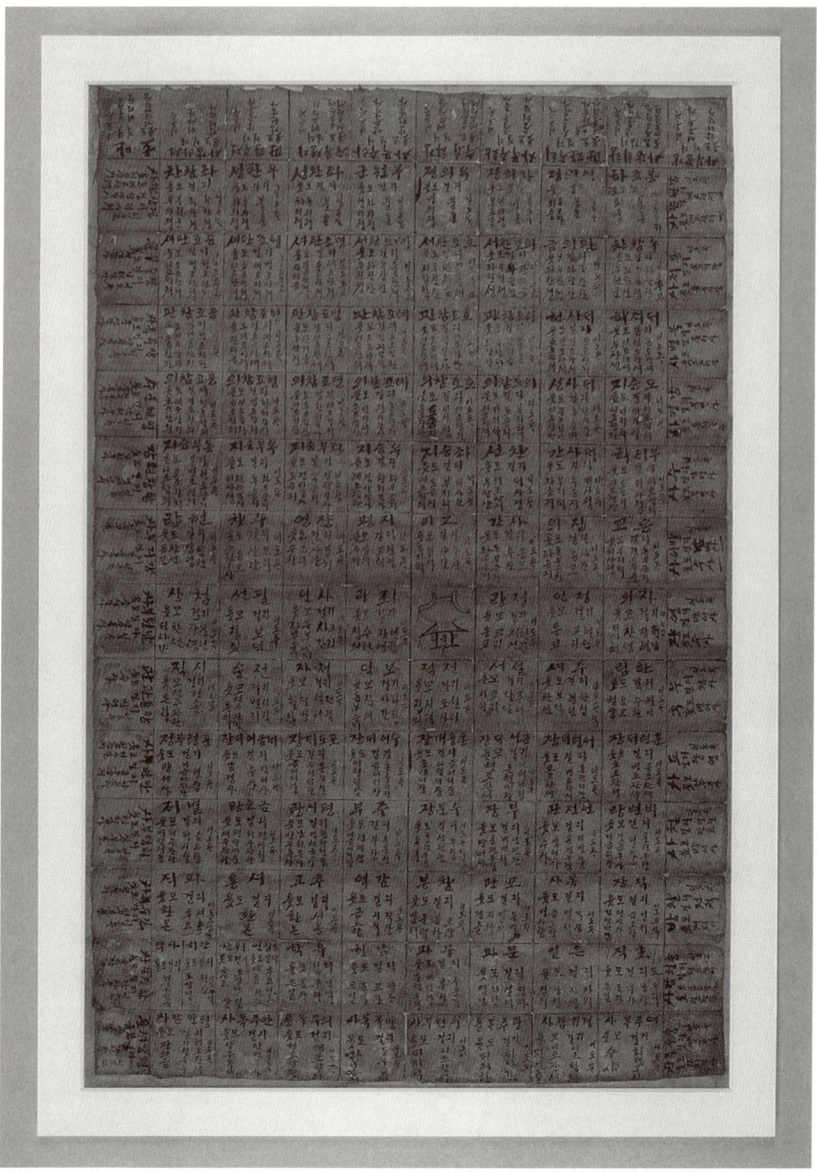

<그림26 <승경도>>

<그림27 아날로그 인생 게임>

<그림28 디지털 인생 게임>

〈그림 27〉과 〈그림 28〉은 아날로그 '인생 게임'과 디지털 '인생 게임'이다. 〈그림 26〉의 〈승경도〉는 완전 평면인 종이 플랫폼 위에 글자로만 구성되지만 현대판 〈인생 게임〉은 그보다는 조금 입체적이다. 하지만 여전히 플랫폼은 종이다. 디지털로 나온 〈인생 게임〉은 인터넷을 통해 전달되는 데이터가 스크린 디스플레이라는 인터페이스에서 구현된다. 가상세계성이 조금 더 정교해지고 사실과 비슷해진다. 이처럼 가상세계가 정교하게 나타나는 발전 과정에는 전기, 전파, 사진이라는 산업군의 발전이 있었음을 알 수 있다.

　한국에는 〈남승도(覽勝圖)〉라는 게임도 있었다. 조선 시대에 명승지를 유람한다는 뜻의 말놀이다. 1830년에 제작된 것으로 추정되는 〈청구남승도(靑邱覽勝圖)〉에는 경포대, 한라산 등 조선 시대 전국의 대표적 명승지 120곳이 나타나 있다. 이 놀이에는 조선 시대에 여행이 자유롭지 못했던 여인에서부터 어부, 승려, 도사, 시인에 이르기까지 다양한 역할이 등장하고 각각의 명승지마다 전해지는 특유의 이야기가 있어 각 역할을 맡은 이가 특정 지역에 도착하면 한 잔의 술을 마시며 명승지 관련 시 한 수를 지어야 했다. 그 지역에 전해지는 이야기를 대지 못하게 되면 술을 연속으로 마셔 취할 수도 있었다. 이 놀이를 하던 조선의 호모사피엔스들에게 놀이판은 완전한 가상세계다. 그들의 마음은 이미 그곳에 가 있다. 혹은 그곳을 '자기의 공간'으로 불러왔다. 당시 이 놀이를 즐겼던 아녀자나 유생들은 조선 팔도의 팔경과 누정, 이름난 산과 하천 등에 대한 유래를 익히고 실제 가본 것처럼 그곳의 정취를 가상으로 체험할 수 있었다. 이는 소외계층에 관한 배려로도 볼 수 있는데, 오늘날 디지털 가상세계 구현의 의의를 읽을 수 있는 대목이다. 가상세계를 통해서 세상은 시장의 논리에만 지배받지 않는 곳으로 다시 열릴 수도 있을 것이다.

<그림29 청구남승도>

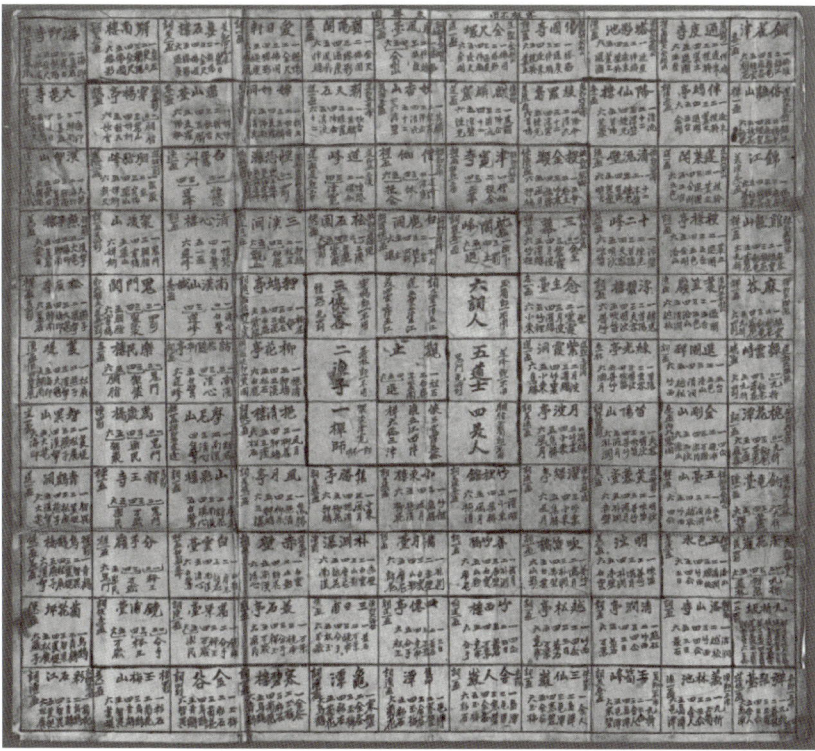

　위 그림 〈청구남승도〉에 나타난 명승들을 조사한 결과 당시 국가에서 제작한 지리지에 나오는 명승들이 말놀이에 적용될 만큼 명승지에 관한 정보가 자세하고 보편화되어 있었다. 이는 가상세계성을 제대로 구현하기 위해서는 무엇보다 정확한 데이터가 집적되어야 하고, 사회 내에 데이터 중심의 문화가 조성되어 있어야 함을 보여준다.

와유

중세를 지나면서 호모사피엔스의 공간에 대한 데이터는 상당히 고도화되었다. 이는 이념의 가상세계성과 함께 발전했다. 동양의 전통 산수화의 와유(臥遊) 화론은 조선 사회 내에 데이터 중심 문화로 조성되었다. 와유란 젊어서 다녀온 곳을 그려 놓으면 나이가 들어서도 그림을 보아가며 그때의 정취를 느낄 수 있다는 개념으로 현실적으로 찾아갈 수 없는 자연을 즐기는 간접적인 추체험 방법이다. 이 개념은 중국 남북조시대 화가 종병(宗炳)의 화론서인 『화산수서(畵山水序)』에서 처음 등장했다. 내가 갈 수 없는 공간을 '내가 있는 곳'으로 불러온다는 와유의 목적은 가상세계 창조를 통한 문제 해결이라는 가상세계성의 철학을 기반으로 한다. 이렇게 물리적으로 접근할 수 없는 공간을 가상으로 '나에게' 확장한 성격의 세계가 그림, 글, 건축에서 전방위적으로 나타나 하나의 문화가 되었다.

이러한 현상은 다분히 이념적이었는데 조선 사대부들은 현실 속 정치적 갈등에서 오는 심리적 불안감을 해소하는 공간으로 진취(進就)와 퇴은(退隱)의 모순된 이중심리를 중은(中隱)의 형태로 합리화시켰고, 이런 이유로 현실에서의 실재와 가상에서의 실재를 포개어 놓은 산수화를 즐겼다. 비록 몸은 현실 세계에 있지만 확장된 또 다른 가상의 공간이 현재의 공간과 포개져 또 다른 시·공간 속에 내 삶의 가능성을 열어주는 것이다. 그러므로 와유로서의 산수화는 단순히 미술 감상법이 아닌 가상세계 속에서 관념론적 사유를 밝힐 수 있는 단초를 제공하게 된다. 산수 유람에 관한 시문을 모아 편찬한 일종의 기행문인 와유록(臥遊錄)도 유행했는데, 와유록은 독자에게 간접적으로 '실제 유람하는 느낌'이 나게 하는 역할을 했으므로 그 목적과 실현에 가상세계성이 포함되어 있다고 볼 수 있다. 오프라인

여행 활동이 불가능했던 이들의 열망을 가상적으로 충족하기 위해서 17세기 이후 유람이 붐을 이루었을 때 사실적 유람기록의 작성이 전문화되었고 기행사경도(紀行寫景圖)의 제작이 급증했다. 여기에 앞서 본 놀이의 가상세계성과 흡사한 목적이 반영되어 있다.

산수화는 와유 문화의 하나였는데, 조선의 사례를 들자면 조선 후기가 되면서 산수의 관념성보다는 실재성을 강조하는 현상이 나타났고 기행사경도는 글이 표현하지 못하는 시각적인 효과를 화면(畵面)에 담아냄으로써 와유 체험 도구로써 수요가 증가하였다. 유람을 기록하는 사경(寫景)의 방식이 글과 그림으로 함께 나타나게 되면서 산수를 감상하고 즐기는 방식에 이미지의 활용이 더욱 증가하였다. 이는 텍스트 데이터가 시각화되어 가상 실재를 구현한다는 로직(logic)으로써 컴퓨터 인공지능 기술만 배제되었을 뿐 지금의 가상세계 제작 논리와 일치한다. 즉, 보는 이가 오프라인 활동에 참여하지 않더라도 실감 나게 현장감을 느끼게 하려는 기행사경도 작가의 의도와 지금의 디지털 가상세계 기술자가 구현하고자 하는 바가 정확히 같은 것이다.

<그림30 『와유첩』>

<그림31 북관정>

<그림32 만물초>

〈그림 30〉『와유첩(臥遊帖)』은 1816년 김계온이 금강산 일대 유람을 다녀온 후 김홍도의『금강산군첩(金剛四君帖)』을 모방한 그림에 직접 지은 161수의 시문(詩文)인「오헌와유록(寤軒臥遊錄)」을 첨부한 것이다. 여기에는 9권에 75폭의 그림이 들어있다. 〈그림 31〉 철원의 북관정, 〈그림 32〉의 금강산 만물초에 이르는 지역을 그린 그림이 실렸고, 이 지역에 대한 김계온의 설명과 관련 시문이 함께 이어진다.

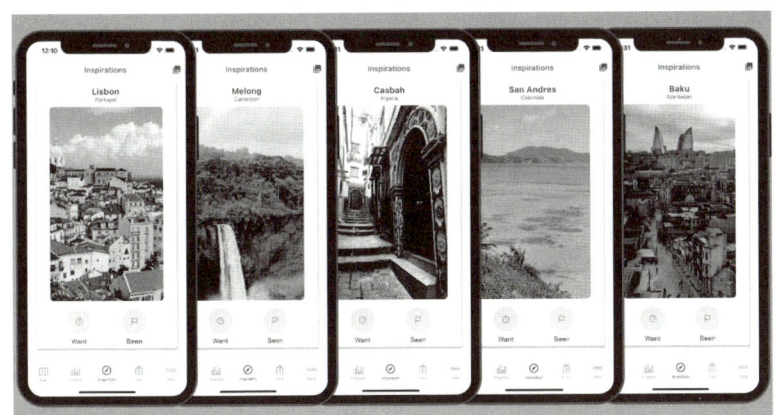

<그림33 비지티드 트래블 앱>

〈그림 30〉과 〈그림 33〉을 비교할 때『와유첩』에 인터넷과 디지털 기술이 적용되어 구현되는 결과가 〈그림 33〉이라고 생각해보면 아날로그 가상세계 구현과 디지털 가상세계 구현의 양상이 다르지 않다는 점을 확인할 수 있다. 〈그림 33〉〈비지티드 트래블 앱(Visited Travel App)〉은 현재 시판 중인 디지털 여행 앱으로 인터페이스 올라와 있는 지역의 사진 이미지를 클릭하면 해당 지역에 관한 자세한 설명과 사진이 나타난다. 이는 실경산수화를 모아 놓은 조선의『와유첩』이 오늘날 온라인 디지털 여행 앱의 구성과 제작 의도에서 같은 로직을 갖는다는 사실을 보여준다.

따라서 중요한 것은 '지금, 여기가 아닌 곳'이 나의 삶 영역에 들어와 있는 가상세계성이 『와유첩』과 〈비지티드 트래블 앱〉 모두에 존재한다는 점이다. 그러므로 당장 갈 수 없는 멀리 있는 공간을 '나'의 영역으로 불러 놓은 산수화는 오래전 인류가 실행에 옮긴 가상세계 구현의 한 양상이라고 할 수 있다. 지금의 디지털 기술이 구현해 내는 바를 조선 시대의 작가들은 아날로그로 그려냈을 뿐이다. 대상을 표현하는 데에 있어 이러한 인류의 가상세계적 생각이 오늘날의 디지털 가상세계로 이어졌다.

게다가 『와유첩』에는 『와유첩』을 빌려봤던 당대 문인들의 시문도 함께 더해졌다. 이 시문은 현대 온라인 댓글의 조선판 아날로그 버전이다. 인터넷이 빠졌을 뿐 현대의 가상세계에 해당하는 요소는 이미 조선 시대에도 모두 갖췄다고 볼 수 있다. 『와유첩』은 조선판 언택트(untact) 온라인 투어로 지금의 디지털 앱과 차이점이 있다면 가상 여행이 아날로그로 구현되었다는 사실이다.

지도

실제 자연의 가상세계성은 공간 시각화인 그림지도로도 나타났다. 공간과 시간에 대한 데이터가 축적되고 그중에서 방위의 개념이 호모사피엔스에게 들어서면서 공감되는 가상세계는 하나의 프로토콜(protocol)이 되었다. 방위 개념을 발견하기 이전에 위치 개념은 멀고, 가깝고, 위, 아래, 오른쪽, 왼쪽 정도밖에 없었을 것이다. 나침반을 만들어내고 나서 방위라는 가상 실재를 실제 실재에 적용하여 정교해진 인류의 가상 실재 구현 메소드는 세상을 극도로 변화시켰다. 나침반을 발명한 가상기술자 덕분에 방향을 정할 수 있는 데이터가 호모사피엔스들에게 공유되었고 지도가 정교하게 만들어졌다. 부감법에 문자가 업데이트된 것이다. 그리고 지도라는 그림 속에 표시된 곳이 내가 밟을 수 있는 땅임을 알게 되자 인류의 영역이 자기 촌락 바깥으로까지 확대되었다.

<그림34 바빌로니아 점토 지도>

지금까지 남아있는 인류 최고(最古) 지도는 고대 바빌로니아의 점토판 지도다. 기원전 700년경에 만들어졌다. 이 역시 돌 위에 새긴 가상세계다.

실제를 기호로 만든 가상 실재를 돌이라는 플랫폼에 나타낸 것이다. 한국에서는 1436년 정척과 양성지에 의해 최초의 실측 지도인 〈동국지도(東國地圖)〉가 완성되었고, 1757년경 정상기가 이를 정밀하게 보완하여 〈그림 36〉의 〈동국대지도(東國大地圖)〉를 만들었다.

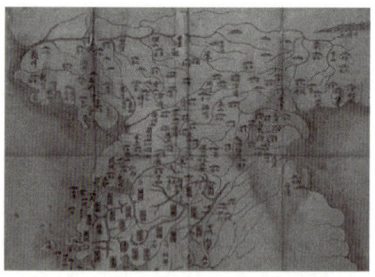

<그림35 동국지도>

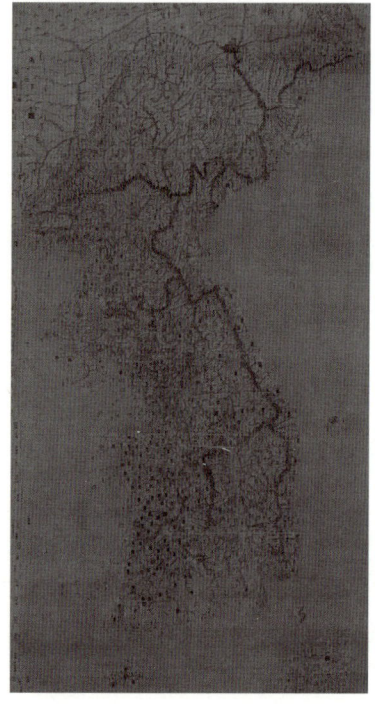

<그림36 동국대지도>

호모사피엔스는 자연의 실제 세계를 가상세계에 나타냈다. 눈에 훤히 보이는 곳부터 숨겨져 있는 곳까지 자연을 파헤쳐 어쩌면 실제 세계는 아직 발견되지 않은 가상 실재들을 실제에서 찾아가는 호모사피엔스의 여정의 공간일 수도 있겠다.

종이 지도는 인터넷이라는 디지털 세계에서 아주 많이 사용되는 앱으로 발전되었다. GPS(Global Positioning System)가 대표적이다. 지도 앱에 사용되는 '길 찾기' 기능을 이용하면 지도 위에 경로가 표시되는 것은 물론 도착하는 데 걸리는 시간까지 알려준다. 플랫폼과 인터페이스가 모두 디지털화되면서 이런 편리함을 얻게 되었다. 점토에서 종이로, 다시 종이에서 디지털로 그 구현 정도가 바뀌었지만, 지도는 아주 오래전부터 호모사피엔스의 현실 삶에 딱 붙어있는 가상세계다.

<그림37 내비게이션 앱>

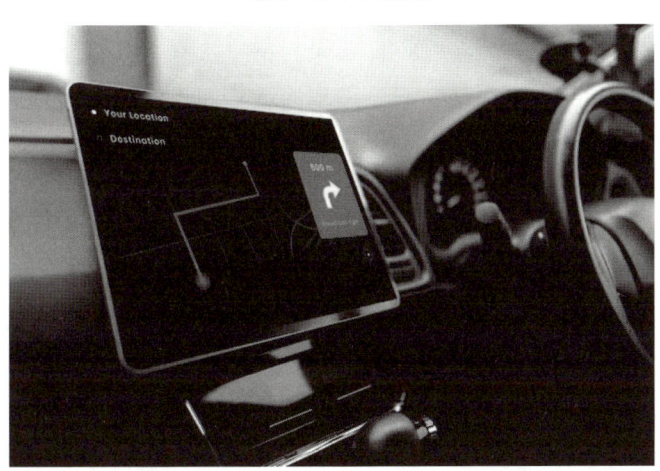

종이

 일반적으로 종이의 발명을 두고 역사적인 의의를 논할 때면 지식의 전파라느니 시민 의식의 확장이라느니 등등의 말들을 하곤 한다. 그러나 가상세계 연구자에게 종이는 플랫폼이다. 그것도 획기적인 모바일 플랫폼이다. 종이 이전에 사용되었던 죽간(竹簡)은 무겁고 불편했다. 비단, 양피지는 비싸서 대중화하기에 어려움이 있었다. 가상기술자의 관점에서 종이의 발명이 가져온 포인트는 무엇보다도 휴대가 간편한 플랫폼의 등장이다. 종이는 기존의 땅이라는 플랫폼을 접어 다닐 수 있게 만든 혁명적 미디어였다. 종이는 가벼워서 휴대할 수 있을 뿐만 아니라 보관도 우수하다. 지구 위에 모든 문명의 호모사피엔스에게서 공통으로 나타나는 발명품 중의 하나였다. 호모사피엔스에게는 휴대하면서 자기의 내러티브를 펼칠 공간이 필요했고, 종이라는 플랫폼의 발명으로 서로의 내러티브가 공유되는 시간이 짧아졌다. 종이의 등장으로 누구나 가상세계를 쉽게 만들고 이를 쉽게 다른 사람과 공유할 수 있게 되었다. 그리고 종이는 공작(工作, craft)할 수 있는 특성을 가지므로 평면을 입체로 쉽게 바꿔 구현할 수 있는 소재이기도 했다. 이로써 인류는 또 다른 차원의 가상세계를 열 수 있게 된 것이다. 메타버스 메소드는 이렇게 진화하고 있었다.

<그림38 점토 장부 1>

<그림39 점토 장부 2>

종이라는 플랫폼이 나타나기 이전에는 땅과 돌이 메시지 전달 플랫폼과 인터페이스의 역할을 했다. 〈그림 38〉, 〈그림 39〉는 메소포타미아 근방에 살았던 가상기술자가 만든 플랫폼에 역시 같은 곳에 살았던 가상기술자의 가상 실재인 '문자'가 새겨져 있는 모습이다. 맥아와 보릿가루 수령 내역을 적은 장부다.

<그림40 태지>

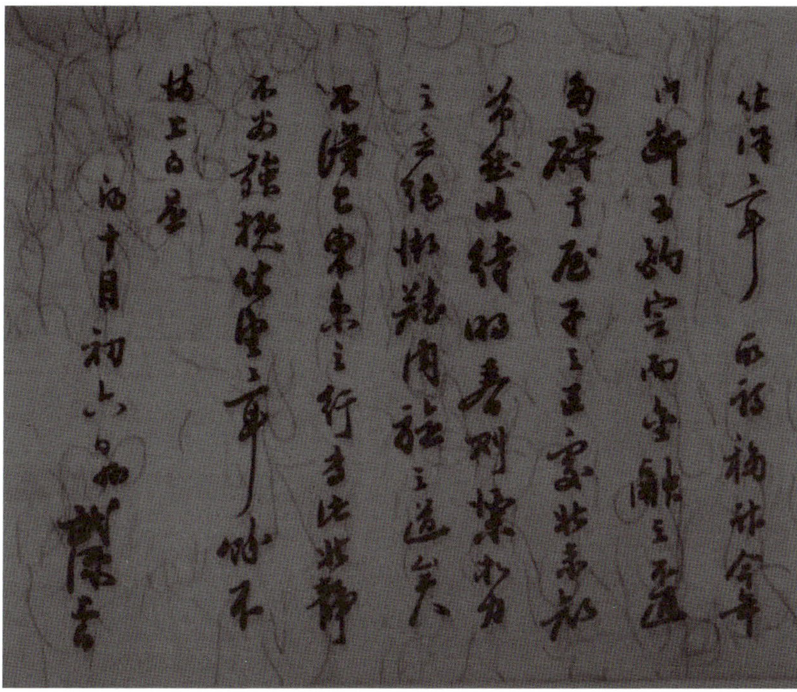

〈그림40〉은 한국에서 조선 시대에 닥나무 섬유와 녹색의 수태(水苔)를 섞어 만든 태지(苔紙)다. 태지는 조선 왕실에서 사용하던 고급 한지다. 위 그림에서 보이는 종이 위의 선들이 해캄이다. 역사적으로 플랫폼이 계속 정교해졌고 이는 가상세계성의 구현에 직접적인 영향을 미쳤다. 종이를 플랫폼으로 이용한 인류의 역사는 지금도 계속되고 있다.

문자

문자는 세상을 그 안에 박아놓고 '내가 있는 곳'으로 이끌고 온 표식이다. 눈앞에 보이는 광활한 자연을 본떠서 '내가 있는 곳'으로 소환하기 위해 사물의 특징을 면밀하게 관찰하고 의미를 꽉꽉 눌러 담아 누구나 직관적으로 받아들일 수 있도록 함축하고 규범화한 것이다. 그만큼 인류의 사고력이 뜨겁게 발휘된 가상 실재다. 이는 호모사피엔스 메타포의 결정체다. 가상세계의 가장 큰 특징은 소환인데, 가상(세계)을 통해서 내가 없는(던) 곳에서 '내가 있는 곳'으로 시간과 공간이 이동하기도 하고 혹은 반대로 내가 그곳으로 가게 되기도 한다. 흡사 타임머신과 같다.

<그림41 포네시안 알파벳>

위의 <그림 41>은 돌을 플랫폼으로 삼아 그 위에 새긴 포네시안 알파벳(Phonecian alphabet)이다. <그림 42>는 노라 스톤(Nora stone)으로 알려진 글자판이다. 당시 인류는 이런 식으로 서로가 데이터를 공유했다. 땅을 플랫폼으로 했을 때보다 돌을 플랫폼으로 이용해서 편리하게 '자기가 있는 곳'에 가상세계를 구현했다.

<그림42 노라 스톤>

<그림43 기원전 문자>

〈그림 43〉은 기원전 3200년의 문자다. 그림과 문자가 섞여 있다. 곡식, 맥주, 버터 오일 등의 회계장부다. 이렇게 그림과 문자를 섞어 데이터를 공유하는 방법을 리버스(Rebus)라고 하는데, 〈그림 44〉를 영어로 읽어보

69

면 'Can You(U) see(C) Well?'이라고 읽힌다. 리버스는 호모사피엔스의 메타포가 인식과 소통의 세계 구조에서 활용되는 사례를 보여준다.

<그림44 리버스>

리버스는 문자와 그림이 갖는 가상세계성을 단번에 보여준다. 저 캔과 우물은 진짜가 아닌 그림이므로 가상 실재의 구현이고, U자와 C라는 글자도 자연을 모방한 실재이므로 가상이다. 잘 알려지지는 않았지만 로마자 알파벳도 상형문자다. 글자는 자연 존재자에 대한 관찰이 오랜 시간 동안 공동체적 공감으로 형성되어 이미지로 구현된 것이다. 데이터에 대한 이러한 분석과 해석의 집단 경험이 가상세계를 구현하는 데에 핵심 요소로 작용한다.

<그림45 알파벳 C 기원>   <그림46 알파벳 B 기원>

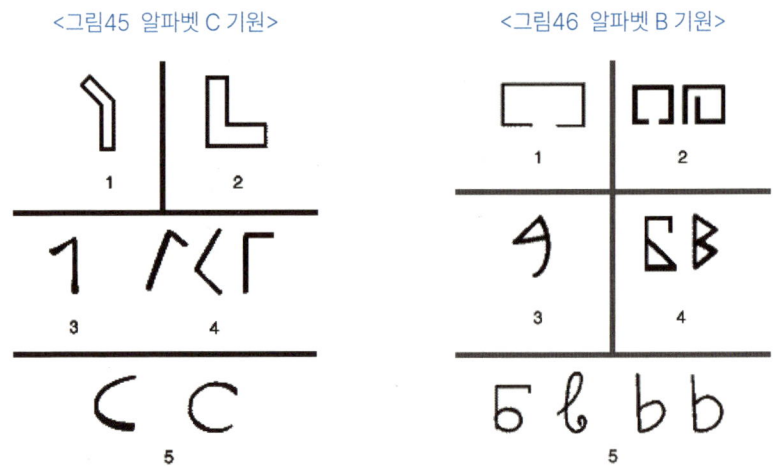

알파벳 C 자는 '막대기를 던지는 모습'을 그린 글자다. 〈그림 45〉에서 1번부터 5번까지는 이 모습의 변형이다. 알파벳 B 자는 집을 그린 것이다. 지금의 모양새를 갖게 된 것은 9세기였다. 지금 쓰고 있는 알파벳에서는 이런 가상세계성을 찾아볼 수 없지만 먼 옛날 호모사피엔스들은 글자를 쓰기 편하게 변형해가면서 가상세계성을 구현했다. 우리의 선조 호모사피엔스들은 자연을 자기의 공간으로 가지고 올 수 있는 아날로그 메타버스 메소드를 갖고 있던 것이다.

한국어의 닿소리 17자는 상형성이 있는 ㄱ, ㄴ, ㅁ, ㅅ, ㅇ을 기본으로 획을 추가했다. 홀소리 11자는 천지인(天地人)을 뜻하는 ·, ㅡ, ㅣ라는 형상을 기본으로 해서 획을 추가하여 만들었다. 이러한 제자원리는 메타포 밀도가 상당히 농후한 가상세계성을 보여준다.

한자는 문자가 갖는 가상세계성을 잘 보여준다. 우리에게 익숙한 가상 실재다. 한자가 상형문자라는 것은 분명하다. 따라서 한자는 그 존재의 연원이 가상세계에 있다. 상형문자로서 한자는 현실 세계의 모습을 추상화하여 글자로 압축한 가상세계성의 결과다. 여기서 가상성은 현실에서 얼마나 멀리 떨어져 있는가를 가늠하는 잣대가 된다. 가상성이 높아질 경우, 주로 추상적인 정보 처리를 수행할 것이다. 반면에 가상성이 낮으면, 해석 수준이 낮아지게 되어, 구체적인 정보 처리를 수행하게 된다. 추상성, 그리고 이를 통한 추상적 사고는 현재의 시간과 공간을 바탕으로 하는 구체성, 그리고 구체적 사고와 반대되는 개념으로 사물의 본질을 이해하게 하고 어떤 대상의 다양한 측면을 이해하게 한다. 추상적 사고는 인지 능력과 관계가 있는데 개별적인 세부 사항을 고려하지 않고 사고에 집중하는 사고방식이기 때문에 이를 통해서 완전히 새로운 어떤 것을 발견하게 한다.

즉, 추상성은 대상이나 상황 간에 존재하는 유사성의 원천이 된다. 그리고 이 유사성은 메타포에 의해 발현되는 역량이다. 메타포는 유비적 사고로부터 나오고 그 자체가 모형이 되기도 한다. 따라서 메타포 역량을 계발하게 되면 추상성과 가상세계성도 길러진다.

가상을 상상적인 수준에 머물리 있게 하지 않고 차원을 받아들이고 전환하거나 포섭하는 문제를 해결하는 데에 바로 이 인지 전환 서사 역량인 메타포가 쓰인다. 인지 메타포(cognitive metaphor) 이론에 따르면 메타포는 인간의 역사적·문화적 경험, 사회적 기억, 그리고 이념과 신념에 의해 형성된 인지 개념에 기인한다. 따라서 메타포는 독자의 인지 개념, 역사적 기억과 경험에 기초하여 문서의 문자적 표현 이면에서 상징적 의미와 그에 상응하는 이데올로기적 비전을 표출한다. 메타포 구성 능력은 고도의 정신 활동이므로 대상에 대해서 충분히 해석하고 마음껏 상상한 후에야 만들 수 있다. 게다가 함축성까지 지녀야 한다. 메타포는 대상, 오브젝트 이미지 표상, 행위, 상황에 적용되고, 현실과 유사한 상황을 연출하거나 추론할 수 있도록 한다. 그리고 한 번 다른 것을 거쳐 간접적으로 무엇을 겨냥하고 있는데, 이 과정에서 기표-기의의 관습적인 결합 관계가 아니라 그 순간 새로 만들어내는 뜻을 발견할 수 있다.

메타포는 모순이 많은 인식의 도약을 꾀해서 새로운 것을 창조하는 데에 일조한다. 그러므로 메타포를 교육하는 것은 이미 알고 있는 개념을 끄집어낼 수 있는 형태적, 상황적 암시나 연출력을 드러내게 해준다. 또한 모든 메타포는 일종의 의사성 믿음(pseudo-belief)이므로 관점을 전제할 수밖에 없고, 그 관점은 당연히 가상에도 적용된다. 따라서 메타포란 인간이 컴퓨터가 생성한 가상의 장면이나 객체들을 어떠한 방식으로 인지하게 할 것인가를 정하는 인지적 상호작용 모델을 뜻하기도 한다. 유용성뿐만 아니라 기능성을 전달하는 방식이기도 하기 때문이다. 인공지능 알고리즘으로 문자와 음성을 인식하고 자연어 처리·머신 러닝 등을 접목해 단어의 사전적 의미를 추출해 자동으로 디지털 영상 콘텐츠를 제작해주는 플랫폼의 작동 원리는 다름 아닌 메타포의 속성을 빌려온 것이다. 한자 제자 원리에서 발견할 수 있는 인지 전환 서사 역량인 메타포가 오늘날 컴퓨터 기술에서도 핵심적인 위치에 있는 바를 보여준다.

관념이 심상을 만들어 낼 때 메타포가 그 구체성에 이바지하는 것이다. 이러한 관점으로 접근했을 때 세상을 증강하는 것이나 가상으로 전환하는 행위 역시 메타포라고 할 수 있다. 쉽게 말해 자연을 보고 영감을 얻어 표현하는 감각적 표현에서도 메타포가 작동하고 기술에 있어서는 소리가 디지털로 전환되어 다른 사람에게 전달되는 전화기 같은 작동 방식 또한 메타포가 되는 것이다. 반도체를 통해 아날로그가 디지털로 전환되는 컴퓨터는 태생이 메타포다. 원관념과 보조관념의 인과관계에 대한 분석이 선행되듯이 가상과 현실, 혹은 현실과 가상 사이에 인지 차원 전환 역량이 충분히 준비되면 아날로그 상태의 콘텐츠를 디지털로 공간만 옮기는 전좌(**轉座**, translocation)가 아닌 정체성이 가상인 디지털 콘텐츠로의 전환이 가능하고 온라인만의, 디지털에서만의, 메타버스만의 콘텐츠를 제작할 수 있음을 뜻한다.

가상세계는 개발자와 참여자가 자기가 생각한 바를 누구나 볼 수 있거나 만질 수 있도록 메타버스 문법에 맞춰 세상에 내보이는 상상력 표현의 산출물이다. 그리고 이때 메타버스의 문법은 상상력이 기호화되어 나타나는 결과다. 다시 말해 현실 세계의 무언가가 사용자의 인지 전환을 거쳐 가상세계로 나오게 되는 것이다. 따라서 가상세계의 문법은 인지적 전환 사고와 이를 구현하는 기술력을 포함한다. 메타포의 영역으로 인식되는 세계는 마치 하나의 시(詩)처럼 개방적이고 함축된 세상이므로 가상세계라 불릴 수 있다.

한자는 구체적 존재의 추상성을 가상세계성의 원동력으로 갖는다. 제자 원리 중에서 상형에 해당한다. 그리고 한자를 만든이의 경험과 의도에 따라 다시 추상성의 중첩이나 추상성의 구체성을 또 다른 가상세계성의 원동력으로 삼고 있다. 이는 제자 원리의 지사(指事), 회의(會意), 형성(形聲)에 해당한다. 즉, 한자 제자 과정에서 보이는 상형성에 포함된 인지력의 형태는 구체와 추상을 넘나드는 메타포라고 할 수 있다. 그 안의 기호성 이미지는 구체적인 것을 떠오르게 하기도 하며 추상 이미지는 그 자체로 우리가 눈으로 볼 수 없는 세계를 보여주기도 하고, 은유적으로 작동하여 특정 세계를 상상하게 만들기도 한다.

이 구체성과 추상성의 넘나듦 속에서 단순함으로 존재자의 공간을 마련하려는 인지력 즉, 가상세계성 역량이 계발된다. 다시 말해 존재자에 대한 이해의 깊이가 단순화로 함축되어 나타나게 되는데 이것이 곧 가상세계성의 구현이다. 존재자에 대한 이해가 누적되기 시작해서 가상세계성이라는 인지력으로 승화되는 것이다. 이러한 전환 과정을 문화 심리적 기제로 보기도 한다.

이에 대한 예로 한자의 부수를 들 수 있는데, 부수에는 다양한 형태가 있고, 형성 과정에서 구상적 사물에 대한 귀납, 정련, 추상과 재구성을 통해 끊임없이 완성된다. 이러한 양상은 추상화 화가의 인지 전환 구조에서도 찾아볼 수 있다. 추상화 화가 역시 존재자에 대해 자신의 상상력과 철학을 투영함으로써 있는 그대로의 대상에서 가상으로 수용할 수 있는 존재를 만들어내기 때문이다.

<그림48 한자의 과일 추상화>

위의 〈그림 47〉과 〈그림 48〉은 추상화와 한자의 생성 원리가 자연에서부터 추출한 재현적 추상의 모습에서 일치하고 있음을 보여준다. 단, 예술 영역에 있는 추상화 화가가 소통의 도구인 한자 제작자보다 보편성을 덜 살렸을 뿐이다. 문자가 받아들여지고 사회 안에 문자 체계가 정립하려면 무엇보다 공감대 형성이 중요하다. 디지털 가상세계를 기술이 아닌 공동체의 수용력에서부터 바라보아야 하는 이유다.

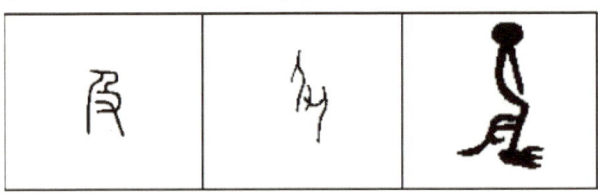

<그림49 及(급) 자 변천 과정>

위의 〈그림 49〉에서 '及(급)' 자는 사람의 모습을 한 그림문자에서 시작했다. 그림문자가 점점 메타포 과정을 거쳐 간명해졌다. 그림에서 사람 발의 모양이 커진 이유는 뛰어가는 느낌을 전달하기 위함인데, 이는 글자 제작자가 표상적(表象的) 사고에서 표의적(表義的) 사고로 메타포를 인지 전환한 양상을 보여준다. 즉, 형상의 존재론적 특성을 살리는 데에서 형상에 의미론적 존재성을 더하는 데에까지 인지 전환 사고가 미쳤음을 보여준다.

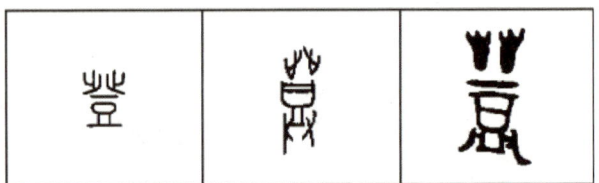

<그림50 쯒(등) 자 변천 과정>

〈그림 50〉의 '등(登)' 자는 상형성이 강한 회의자다. 두 개의 발자국 부분을 선조화(線條化)해서 가상세계 활용의 보편성을 꾀했다. 이러한 보편성은 상형의 정도에도 영향을 끼친다. 가상세계가 공상 세계 혹은 환상 세계가 아니기 위해서는 이러한 보편성의 문제가 해결되어야 한다. 그래서 한자는 선조화의 단계를 거쳤다. 이는 상형(象形)에서 상형이 아닌 것으로 변한 것이다. 이것이 자체(字體) 연변(演變) 과정에서 가장 흔히 보이는 변화이다. 고문자(古文字) 단계 전체에 걸쳐 한자의 상형 정도는 끊임없이 낮

아지기만 했다. 고문자에 사용된 자부(字符)는 본래 대부분 도형(圖形)에 가까운 것이었다. 고대 사람들은 서사(書寫)의 편리를 위하여 그것들을 점차 수평 또는 수직 형태의 선조(線條)로 구성된 형태, 상형 정도가 상대적으로 낮은 부호 형태로 바꾸었다. 이렇게 한자는 수천 년의 변천을 거쳤으며, 가상성이 대중에게 쉽게 전달되어 활용이 간편하도록 점차 한자칠체(汉字七体) 즉 갑골문, 금문, 전서, 예서, 초서, 해서, 행서로 발달하였다.

이러한 변화는 디지털 가상세계가 처음 개발되었을 때의 조잡함이 시간이 지나면서 정교하게 단순화되는 것과 같은 모습이다. 그림 문자적 형태의 한자가 어떻게 선조화 되었는지를 살펴보는 것 역시 한자가 갖는 가상세계성에 관한 구체적인 이해의 실마리가 될 수 있다. 선조화 역시 한자라는 아날로그 가상세계의 구현을 돕는 방법의 하나였다고 볼 수 있기 때문이다.

수천 년 전 한자라는 이미지로 가상세계를 구현했던 인류의 사고방식과 오늘날 디지털 이미지로 가상세계를 구현하는 방식에서 호모사피엔스의 인지적 진화는 다음의 〈그림 51〉을 보면 확연히 드러난다.

<그림51 새〈鳥〉 조형미술>

〈그림 51〉은 새의 한자 이미지를 조형미술에 활용한 모습이다. 현실의 새가 수천 년 전 가상세계의 이미지 존재로 변해 한자 鳥(조)가 되었고, 이 이미지는 종이 위의 한자 가상세계를 벗어나 현실세계인 종이 바깥 세계로 날아간다. 현실에서 추상성과 가상성을 거쳐 가상세계의 새가 된 한자가 다시 3D 이미지로 전환되어 가상세계와 현실 세계를 오고 간다. 즉, 현실의 새라는 존재자가 한자로 한번 전환되었고 다시 한번 더 3D 이미지로 전환된 것이다. 메타포를 거쳐 완성된 글자인 한자가 다시 한번 3D 가상세계 속으로 메타포된 것이다. 가상세계 콘텐츠가 인지 전환 역량에 기인한 결과다. 가상세계를 구현하는 데 있어서 중요한 것은 이처럼 메타포의 넘나듦이다.

그리고 이 가상 실재를 현실에 구현하는 모델링 기법이 한자 필법이다. 〈그림 52〉 추사 김정희가 모델링한 코끼리 상(象) 자를 보자.

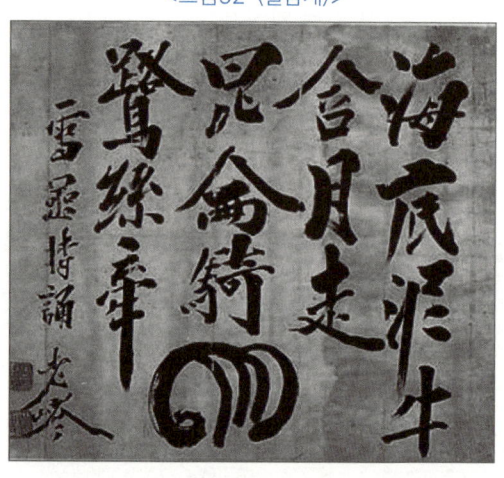

<그림52 〈설암게〉>

추사는 한자의 상형성이 만들어 낸 글자라는 가상세계의 상형성을 풀

어내어 이미 가상 실재가 된 글자를 역(逆) 가상화하여 3D 효과를 꾀했다. 가상화의 역 가상화가 가상 실재를 실제 실재로 돌려놓는 것(undo)은 아니다. 지금의 디지털 가상세계 구현 메소드로 보면 추사 김정희는 디지털 3D 모델링 도구에 해당하는 붓이라는 아날로그 도구로 종이라는 플랫폼 위에 가상세계를 구현했고 그 성질을 보여준 것이다. 추사 김정희는 가상 실재로 만들어진 자연 기물을 다시 자연으로 보내버렸다. 문자라는 가상 실재를 다시 그림이라는 가상 실재로 돌려놓은 것이다.

한자로 글이라는 세계를 모델링하는 사이 실사 코끼리의 모양새를 종이라는 플랫폼에 집어넣음으로써 추사 김정희는 보는 이들에게 현실과 글자가 존재하는 가상세계가 중첩(혹은 와해)되는 긴장감을 제공했다.

<그림53 영화 〈인셉션〉>

김정희가 그린 〈설암계〉의 코끼리는 〈그림 53〉 영화 〈인셉션〉에서 현실 세계가 가상세계로 변하면서 도시가 무너지는 장면과 비슷한 느낌을 준다. 이는 종이라는 플랫폼의 물질성과 코끼리라는 동적 이미지의 가상세계성 사이에 존재하는 긴장 관계에서 오는 느낌이다. 영화 영상을 만들 때처럼 디지털을 이용하면 이 긴장 관계가 더 커지겠지만 아날로그로 구현한 추사 김정희의 그림에서도 충분히 느껴진다. 이를 보면 김정희는 완벽히 가상기술자다. 게다가 김정희는 돌이라는 플랫폼과 가상세계의 기능을 일찍부터 알아봤다. 추사 김정희가 금석문(金石文)에 관심이 깊었던 이유도 바로 이 때문이었다.

<그림54 추사 김정희>

자연이 메타포로 이미지화되어 가상 실재로 변하고 그사이 가상 실재로 변하는 과정에서 정신이 깃든다. 그런데 모든 문자가 상형문자로만 이루어진 것이 아니다. 상형문자가 만들어지면 다른 상형문자와 합해지고 또 다른 문자를 만들어내기 때문이다. 다시 말해 인간은 자연의 가상 실재들을 서로 합해서 또 다른 가상세계의 소재로 사용했다. 그렇게 만든 글자로 사물에 이름을 붙이고 사람에게 이름을 붙였다. 이름을 부르면서 자연 대상과 인류는 모종의 관계를 맺었다. 이것이 가상세계성이 현실과 실제 실재에 부여하는 존재론이다.

우리의 이름에는 자연이 들어와 있다. '너는 호랑이를 닮아라. 그래서 이름이 호(虎)'. '너는 꽃을 닮아라. 그래서 이름이 화(花)'. 이렇게 자연물을 모방하여 상대에게 좋은 것을 주려는 심리가 투영되어 자연의 일부인 인간을 부르는 데에 스스로 만든 가상 실재인 문자를 쓰고, 자연 그대로를 가상으로 만든 실재와 자연에 인간의 생각이 점철된 가상 실재를 혼합하여 인류는 정신세계를 빚어갔다.

이러한 활자의 형식과 철학은 인간을 규정하는 데에도 쓰인다. 인류의 정신 체계를 보이기 위한 가상 실재와 증강 실재의 구현 메소드는 이미 혼합 실재를 이뤄 역사 속에 자리 잡아나갔다. 땅이라는 자연 플랫폼을 인위적인 인터페이스로 만들어 그 위에 자기가 만든 (세상에 없던) 가상 실재를 증강했을 때와는 또 다른 사고가 작용했다. 가상 실재가 제2의, 제3의 가상 실재로 거듭났다.

그런데 시간이 가면서 최초 문자를 만들 때의 사고는 조금씩 잊혀갔다. 그리고 전 세대의 인류가 남긴 문자 속 관념의 경험만이 남았다. 문자로

만 내러티브를 하면서 인류는 점점 문자의 가상세계성을 잊었다. 이때부터 인류의 가상세계성이 축소되기 시작했다. 오랜 시간이 지나고 문자의 가상세계성이 프로토콜로 기성화(旣成化), 고착화(固着化)되었기 때문에 인류가 더는 자연 대상을 품고 메타포할 필요가 없어진 것이다. 마셜 맥루한(Marshall McLuhan)의 말대로 '활자 문화가 사람들이 언어와 공간 형식의 의미에 대해 매우 무감각해지도록 만들었고(the culture of print has rendered people extremely insensitive to the language and meaning of spatial forms)' 인류는 여러 방법으로 최대한 이를 살려내려고 했다. 활자라는 가상 실재가 기성화되면서 가상세계성이 옅어졌고, 활자와 함께 사는 현실 세계는 다른 가상세계를 구상하기 시작했다. 다음의 그림들은 활자가 만든 가상세계에서 인류가 어떻게 살아가고 있는지 인간을 〈곰돌이 푸(Winnie the Pooh)〉에 대입해서 볼 수 있는 애니메이션이다.

<그림55 곰돌이 푸에서 보이는 글자의 가상세계성 1>

<그림56 곰돌이 푸에서 보이는 가상세계성 2>

위의 그림에서 활자는 무언가를 설명하는 보조적 존재가 아니라 존재 자체다. 애니메이션 속 세계에서 글자는 엄연히 하나의 세상을 이루는 존재로 그려진다. 애니메이션 속에 등장하는 캐릭터들이 글자를 사물처럼 대하고 타고 다니기까지한다. 〈곰돌이 푸〉는 1926년 영국 작가 A. A. 밀른(Alan Alexander Milne)이 만든 그림 책이다. 그리고 월트 디즈니 스튜디오(Walt Disney Productions)가 1961년 푸와 그의 친구들의 이야기를 애니메이션으로 제작했다. 원작자와 애니메이션 제작자들은 이미 글자가 갖는 가상세계성과 가상 실재의 역할을 알고 이를 애니메이션으로 표현했던 것이다.

악기

본연적으로 소리는 모든 생명체의 소통 메소드다. 그리고 호모사피엔스는 자연에서 들리는 소리와 자신의 몸에서 나는 소리, 즉 청각으로도 가상세계성을 구현했다. 자연의 소리, 특히 동물의 울음소리를 따라 하려는 시도로 '마치 자연에 있는 것 같은' 느낌을 주는 소리를 만들어 낼 생각을 했던 인류는 악기라는 가상세계 메소드를 만들었다. 눈에 보이지는 않아도 엄연히 눈앞에 있는 공중이라는 허처(虛處)의 세계를 플랫폼 삼아 처음에는 손뼉을 치고 나무와 나무를 부딪치는 등의 소리로 자연의 소리를 흉내 냈을 것이다. 그러다가 점차 뼈와 돌로 만든 플루트, 타악기 등의 단순한 도구에서 〈그림 57〉의 우르(Ur) 하프의 현(絃, string)처럼 차츰 인공 기술이 접해진 악기가 나타나기 시작했다.

<그림57 우르 하프>

악기로 소리의 추상성을 메타포로 만들어내면서 인류는 땅과 돌에 그림과 글을 새겨 넣은 것과 같은 의도를 조금은 다른 방법으로 세상에 나타내고 알리기 시작했다. 생각해보면 근대 들어 전파의 발견과 녹음이라는 가상기술의 탄생은 원시 시대 악기의 발명에서 시작해서 음향 디자인을 거

쳐 음악이라는 커다란 장르의 가상세계로 이어진 것이다. 원시 시대에 플루트(flute), 호루라기(whistle), 불로러(bullroarer), 스크래퍼(scraper) 등 여러 가지 악기가 만들어졌다. 이러한 구석기 악기의 흔적은 현대에도 고스란히 남아있다.

<그림58 불로러>

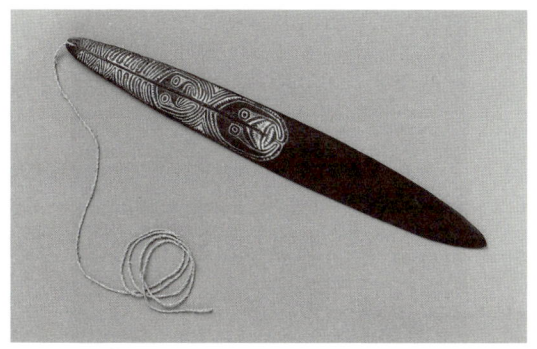

오늘날을 사는 호모사피엔스 중에서 선사 시대 인류의 악기를 재현해서 당시의 가상세계성을 구현해보려는 이들도 있다. 'Art of Primitive Sound - Musical Instruments From Prehistory: The Paleolithic'이라는 프로젝트를 참고해보기를 바란다. 자연의 소리가 갖는 추상성이 있는 그대로 전달된다. 가상세계성에 대한 이러한 시도와 연구의 움직임은 데이터 청각화를 구현하는 데에도 이용할 수 있다. 데이터 청각화로 인류를 둘러싼 소리의 원천과 소리 데이터가 만들어낸 문명의 변화와 진화를 가늠해볼 수 있다.

독일 남부의 슈베비셰 알프(Schwäbische Alb)는 현생 인류 혹은 현생 인류 이전의 네안데르탈인인 인류가 상당히 오랜 기간 거주했던 곳이다. 이곳의 동굴에서 확인할 수 있는 악기 중의 하나가 〈그림 59〉의 독수리 뼈 플루트다. 약 4만 년 전 가상기술로 만들어진 결과물이다. 네 개의 지공이 만들어진 것을 보면 이미 당시 인류에게는 음계에 대한 지식이 있었던 것으로 보인다. 추상적인 소리에 인공적인 기술을 통해 메타포를 추가한 것이다.

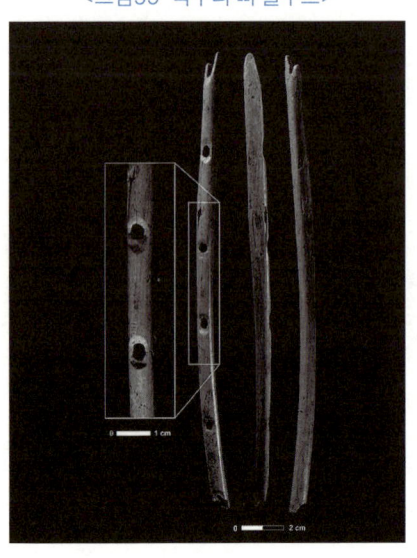

<그림59 독수리 뼈 플루트>

왜 이런 도구를 만들었을까? 악기의 변천에서 주목해봐야 하는 점이 이 물음이다. 생물의 소리는 죽고 나면 남길 수 없고 뭔가 살아있는 메시지를 남기고 싶은데 딱히 그럴 수 있는 기술이 없으니 악기라는 메소드를 만들고 사용법을 전파하여 후세에 어떤 메시지를 전달했을 것으로 볼 수도 있다. 소리를 이용한 메타포의 연장이다. 우리가 어떤 음률을 들으면 들었던 그때의 잔상이 계속 기억 속에 여운으로 남는 현상을 이용하는 것이다. 이러한 방식으로 인류는 청각적 요소를 이용한 가상세계를 열게 되었다.

한국의 전통 악기 아쟁의 소리는 사람의 울음소리를 닮았다는 평을 듣는다. 아니면 아쟁은 애초에 인간의 울음소리를 의도하기 위한 악기일 수도 있다. 아쟁의 제작과 관련해서 전해지는 이야기가 있다. 한국의 고려시대 궁중 악사였던 도학에게 음악적 재능이 뛰어난 아들이 있었는데, 아들이 자신과 같은 궁중 악사가 되는 것을 원하지 않았던 도학은 아들에게 송나라의 알쟁이라는 악기를 배워 올 것을 권유했다. 아버지는 배우기 어려운 알쟁을 공부하면서 아들이 음악을 포기하길 바랐던 것이다. 10년 후 한 청년이 도학을 찾아와 아들의 부고를 알렸다. 도학은 실신하고 통곡했다. 그리고 아쟁이라는 악기를 만들었다. 아쟁은 아들을 잃은 아버지가 사는 세계를 가상으로 펼쳐 보여주는 자연을 모방한 소리다.

그리고 이렇게 만들어진 악기로 자연적인 인간 음성이 아닌 인공 기술이 만들어내는 울음소리는 인간이 만들 수 없는 음역대에서 인간이라는 자연물을 모방해서 인간의 한계를 넘어 가상의 울음소리로 표현하게 될 메타포를 전달하는 것이다. 이러한 형식의 가상세계는 주술과도 맞물려 인류의 정신을 증강 실재로 만들어내기도 했다. 악기와 음악의 기원에 대한 여러 가지 학설이 있으나 중요한 것은 이러한 인공적 소리 제작과 그 기법이 갖는 가상적 효과다. 소리의 퍼져나가는 현상을 관찰한 원시 호모사피엔스는 이를 적극적으로 이용했다. 소리를 이용해서 보이지 않는 영역에 대한 인식의 확장과 더불어 소리가 닿는 곳까지 영역 표시로서의 가상세계를 만들었다. 소리 공간의 퍼짐이 만들어내는 소리풍경(soundscape)을 이용한 가상세계다.

인공적으로 소리를 만드는 것도 가상 실재와 증강 실재 구현의 한 모습이다. 예를 들어 교회의 종소리는 신을 기억하라는 소리다. 소리는 신이 아니다. 그러나 소리는 신을 소환한다. 예배를 알리는 타종은 신과 신자

사이의 평화를 기도하는 의미를 갖기도 하고 '구원하소서!'라는 기도를 담기도 한다. 중세 시대에 교회는 종소리로 영역을 정했고 주민의 행동을 통제하기도 했다. 그리고 교회 종소리는 시계의 역할도 했다. 이 소리는 정보뿐 아니라 이념적 가상세계성을 담고 퍼져나갔다. 한국의 정동제일교회 종탑에는 경세종(警世鐘)이라고 새겨진 종이 있다. '세상을 깨우치는 종'이라는 뜻의 이름이 부여됨으로써 존재론적 가치를 지니도록 증강되었다. 이로써 경세종의 소리는 다른 소리와 달리 이념적 가상세계성을 갖는다. 한국의 성덕대왕신종(에밀레종)은 제작 유래에 관한 독특한 내러티브까지 담고 있어 가상세계성이 한층 증폭되었다.

종은 관련 전설도 많고 특별한 힘이 있다고 믿어졌기 때문에 종의 장식에 상징적인 모티프가 사용되었다. 서양의 종은 기독교와 밀접한 관계가 있으며, 초기 기독교 시대부터 사용되었다. 불교에서도 방울과 종이 널리 이용되었고 많은 풍탁(風鐸)이 바람의 힘으로 큰 소리를 만들었다. 종은 오랜 역사를 가진 타악기이기도 한데, 많은 문명에서 모양과 재료, 장식 등에 최고의 기술과 정성을 집약하여 종을 만들었다. 종은 상징적인 기념물이기도 했다. 과거 전쟁이 나면 정복지에서 종부터 찾아 제거하였고 이를 녹여 무기를 만드는 것은 종이 갖는 가상세계성을 파괴하기 위함이었다.

종소리는 신이나 초자연적인 것과의 소통뿐만 아니라 일상생활에서도 사용되기 시작했고, 근대 과학 발달과 함께 인류의 삶 속에서 가상세계성을 펼치고 있다. 시계의 자명종, 전화기의 종, 초인종 등은 지금의 인류가 너무나도 당연하게 받아들이는 것이지만 가상세계의 역사를 열었던 가상실재다.

음향이 아닌 음악으로 가상세계를 꾀하기도 한다. 이탈리아의 작곡가 안토니오 비발디(Antonio Lucio Vivaldi)가 1723년에 작곡한 바이올린 협주곡 모음집 〈사계(Le quattro stagioni)〉, 프랑스의 작곡가 카미유 생상스(Charles-Camille Saint-Saëns)가 1866년 작곡한 〈동물의 사육제(Le carnaval des animaux - Grande fantaisie zoologique)〉를 들어보면 영락없는 가상세계다. 〈동물의 사육제〉에는 플루트, 클라리넷, 글라스 하모니카, 실로폰, 피아노와 바이올린 각각 두 대, 비올라, 첼로, 콘트라베이스가 사용되는데, 이는 자연을 보고 글자를 만들어 낸 1차 가상세계 실현 후 글자로 이야기를 내러티브하는 2차 가상세계 구현 방식과 똑같이 닮았다. 원시 인류에서부터 이어져 온 방식에서 이어지는 악기의 제작이 1차 가상세계 실현이고 이를 이용해서 자연의 추상적 소리를 인공으로 각색하여 구현하는 것이 2차 가상세계 구현이다. 그리고 이를 디지털로 변형하는 것이 3차 가상세계 구현이다.

<그림60 카미유 생상스>

그리고 소리로 구현하는 1차 가상 실재는 악기, 2차 가상 실재는 음악과 디지털 가상 소리 구현, 3차 가상 실재는 음성 인식 인터페이스다(Voice User Interface, VUI). 이 모든 가상 실재는 각각의 가상 실재가 나타났던 시기에 그만의 가상세계를 열었다. 소리가 퍼져나가는 성질 또한 가상 실재인데 이는 실제에 증강되는 모습이다. 소리는 소리로 존재의 영역을 확장하므로 내가 있지 않은 곳에서의 무언가가 내게로 다가오게 하는 것이 된다. 소리풍경은 시각적 풍경보다 더 가상적이다. 소리의 원천은 보이지 않아도 소리는 정말 어디에나 존재하기 때문이다. 이것이 소리의 가상세계성을 최대로 끌어올린다.

아날로그 소리를 이용해서 디지털 소리를 만들어 낸 지는 한참 되었다. 그리고 현대의 호모사피엔스는 이런 소리를 이용한 인공지능 결합 디지털 가상세계를 펼쳐 보인다. 음성을 텍스트로 변환하는 STT(Speech-to-Text) 기술은 이미 널리 쓰이고 있다. 완벽한 음성 인식 인터페이스가 만들어지면 인공지능과 사물인터넷이 결합한 디지털 가상세계 생태계가 현실의 실제 세계와 자연스럽게 중첩될 것이다. 기존의 명령어 처리 방식에서 진보하여 대화형 음성 인식 인공지능 기술은 사용자의 발화를 이해하고 상황에 따라 적절한 대응을 제공할 수 있다. 오픈소스로 제공되는 인공지능 기반 음성 인식 모델에는 칼디(Kaldi), 딥스피치(DeepSpeech), 이에스피넷(ESPnet), 줄리어스(Julius), 포켓스핑크스(Pocketsphinx), 레스피(Rhasspy)가 있다.

PART 4

가상세계와 심리

4. 가상세계와 심리

원시 인류가 무엇으로 왜 가상세계를 만들었는지 다시 한번 상기해보자. 그리고 지금의 인류는 왜 가상세계를 만들고 있는지도 생각해보자. 가상세계의 연원이 어디에 있는지 모른다면 가상세계는 일부 전문 기술자들만의 전유물이 된다. 땅이라는 플랫폼에 기술(旣述)할 수 있는 가상 실재 구현 메소드를 발견하고 나서부터 원시 인류는 사실 모두가 가상기술자였다. 원시 인류에게 기술이라는 게 딱히 어떤 전문적인 특수 역량이 아니었다. 공유와 공감을 일으키기 위해서 했던 단순 혹은 복잡한 모든 시각화 행위였다. 원시 인류나 현재의 인류나 가상세계는 내러티브의 플랫폼이다. 가상세계를 접할 때 인간은 공간을 이동하는 듯한 포개짐을 느낀다. 최면도 가상세계다. 최면은 개인의 정신적으로만 행위가 일어나는 곳이므로 신체적, 물리적으로 내러티브하지 못해서 내용에 대한 장면이 잘 떠오르지 않을 뿐이다. 명상 또한 가상의 세상이다. 명상을 위해 별도로 마련한 공간이 있었고, 기도를 하는 곳은 수도원으로 발전되었다. 최면과 명상을 통해서 여러 경험에 처해있는 자기 자신을 만나고, 어린 자신과 성인이 된 자신과의 대화하고, 떠나간 사람을 그리는 것은 한 사람이 만들어낼 수 있는 가상세계다.

공간

공간성은 가상세계의 기틀이다. 공간에 대한 인지력의 발달과 공간에 의한 심리적 변화를 알게 되자 호모사피엔스는 공간이 갖는 힘을 깨닫게 되었다. 대지에 대한 인식적 투영이 여러 신과 신화를 탄생시켰고, 허처(虛處, void place)에 대한 관념이 철학을 일깨웠다. 어떤 공간이 나와 얼마만큼의 거리에 있는지, 어떤 공간을 플랫폼으로 삼아야 하는지에 대한 고민이 실제 세상에 반영되었던 것이 가상세계다.

땅이라는 최초의 플랫폼을 이용해서 가상 구현 기술을 사용하는 동안 추상의 구체화에 대한 인지력이 증폭했을 것이다. 실제 실재를 가상 실재로 만든 이유에서부터 그렇게 만든 가상세계와의 거리감을 줄인 이유는 무엇일까? 공감 영역을 크게 하기 위해서다. 가상세계가 쉽게 만들어져야 남들과 공유하기 쉽고 그렇게 해야 공감대가 커지기 때문이다. 이것이 호모사피엔스의 특징이다. 호모사피엔스가 굳이 가상세계를 만드는 이유는 공감 능력이 있어서고 또 공감 능력을 높이기 위해서다.

처한 공간에 따라 인간의 말은 달라진다. 문장, 말투, 톤, 속도도 달라진다. 풍경에 맞춰 말은 말해지고, 풍경과 어울려 다른 감정과 기억을 불러일으킨다. 같은 말이더라도 장소에 따라 다른 생각을 읽게 한다. 누군가가 말을 가상 실재로 남긴다는 것은 타인에게 그 말이 소환될 때 그가 했던 말의 있는 그대로를 들려주고 싶었기 때문이다. 그 말의 기억을 고스란히 소환하고 싶었던 것이다. 공명을 일으키는 심리의 공간이 시간을 초월해서 전해지기를 바랐던 것이다. 가상세계가 구현되는 플랫폼은 이런 이유로 발전된 것이다.

지금도 '3D로 생각하라!', '입체적으로 생각하라!'라고 하는 구호가 나타나는 것은 인간의 사고에 공간이라는 실재가 그만큼 크게 영향을 끼치고 있다는 뜻이다. 공간 심리학은 가상세계를 마주하는 데에 필요한 학문이다. 「심리적 공간구조의 연장적 결합원리 연구」의 결과를 보면 심리적 효과를 중심으로 한 공간인식과 공간구조는 공간을 매개로 인간의 행위에서 심리까지 제어하는 실제적 힘을 발휘한다. 공간에 대한 심리를 뚫어볼 수 있으면 가상세계를 올바로 구현하고 이용할 수 있기 때문이다.

디지털로 혹은 그 어떤 다른 기술을 이용해서 차세대 가상세계를 만들 때 인간의 공간에 대한 특성을 이해하지 못하면 좋은 가상세계가 나타나지 않을 것이다. 디지털 기술을 이용하면 실제 세계 속 나와 가상세계 간의 거리감이 확 줄어든다. 디지털로 구현하는 가상 실재와 가상세계는 구현에서의 분절성이 줄어들기 때문이다.

시간

그리고 한 번 더 호모사피엔스의 생각이 증폭되는 시기가 있었다. 공간이 마련되면서 시간에 대해 생각하기 시작했다. 자연에서 만나는 광활한 공간을 내 앞으로 가져다 놓았다. 이게 농경지와 정원이다. 그리고 그 안에서 물을 주고 가꾸고 하는 등 내가 신이 하던 역할을 하게 되었다. 이렇게 공간이 시간을 가져왔다. 원시 인류가 가상으로 실재를 증강한 이유는 자신의 염원을 신, 절대자에게 전하기 위함이었다. 그러므로 이는 시간을 초월하게 된다. 증강 실재의 목적은 공간을 이용해서 시간을 초월하기 위함이다.

가상세계에서의 시간은 실제의 시간과 같을 수도 있고, 다를 수도 있다. 다양한 시간대를 생각해낼 수 있으므로 호모사피엔스는 이미 멀티버스(multiverse)를 실현하고 있다. 혹은 시간대마다 존재하는 자아를 구성해 놓고 시간대별로 다중 공간을 가상세계로 제작할 수도 있다. 이 여러 시간대의 가상 공간을 넘나드는 기술을 배우면 그 속을 자유자재로 이동할 수 있는 텔레포트가 구현된다. 케언크로스(F. Cairncross)의 『거리의 소멸(The death of distance)』을 넘어 '거리(distance)의 소생'이 일어나는 것이다.

인류는 시간과 공간의 경험을 통해 삶의 방식을 만들어 냈고, 세계에 대응하면서 공간의 의미를 탐험했다. 호모사피엔스에게 이동이란 지식을 쌓으며 지식의 원류인 세상과 접촉하는 길이다. 이동의 능력이 어떠한가에 따라서 세계를 바라보는 눈이 달라진다. 현생 인류는 이동 없이 이동의 결과를 갖게 되기를 바라고 있다. 시간이 공간을 소환하는 멀티버스를 구현한다면 텔레포트도 가능해질 수 있다. 인류가 텔레포트를 하게 되면 시간은 공간에 구애받지 않게 된다. 텔레포트를 넘어서는 텔레파시(telepathy)로 소통하는 앞으로의 인류가 지금의 디지털 기술을 본다면 '원시적'이었다고 할 것이다. 텔레파시로 데이터를 공유하는 시대가 되면 인류의 시간과 공간은 다시금 업데이트될 것이다. 현대의 메타버스는 태동기를 조금 넘은 단계에 와있는 것에 불과하다.

공감

현실 세계를 모방한 것이 가상이다. 단, 이에 대한 공감대가 만들어져야 하고 설득력이 있어야 한다. 이를 위한 가장 좋은 메소드는 시각화다. 그러므로 내가 경험한 것을 누군가에게 전하기 위해서 텍스트로 기록하거나 시각적으로 구현하여 직관적으로 전달될 수 있게 장치한 것이 가상세계다. 공감대 없는 가상세계는 망상 세계, 허상 세계, 환상 세계가 된다. 공유는 가상세계를 만든이와 상대의 공감대 주파수를 맞추는 행위다. 일상의 것이 공유되면 공감대 주파수는 같아진다. 낯선 문화권의 그림을 이해하지 못하고 아이들의 그림을 어른들이 이해하지 못하는 이유는 이 공감대 주파수가 맞지 않기 때문이다.

일상을 일상처럼 공유하도록 공감대를 만드는 게 디지털의 힘이다. 디지털 메소드는 정밀도와 정확도에서 아날로그 메소드를 초월한다. 따라서 디지털로 공유되는 디지털 가상세계는 곧 일상과 구분이 되지 않을 정도로 실감이 난다. 원시 시대에서부터 고대, 중세, 근·현대를 이어 살아오고 있는 인류는 공감의 공유를 실현하고 싶었을 것이다. 그래서 어딘가에 어떻게든 공유물을 남기고 싶었을 것이다. 그래서 그림을 그리고, 기호를 사용하고, 문자를 만들고 나름대로 실감 나는 기법을 발명해서 사용했다. 이러한 공감의 가상 실재 구현 욕구의 최고조에서 일어난 사건이 사진의 발명이다.

메타포

현실을 그대로 온라인에 옮겨놓기만 한다면 메타버스는 존재 이유가 없다. 전좌가 아닌 전환(transformation)을 의도하는 것이 현실을 초월하는 가상세계의 기본 철학이기 때문이다. 가상세계는 개발자와 참여자가 자기가 생각한 바를 누구나 볼 수 있거나 만질 수 있도록 메타버스 문법에 맞춰 세상에 내보이는 상상력 표현의 산출물이다. 그리고 이때 메타버스의 문법은 상상력이 기호화되어 나타나는 결과다. 다시 말해 현실 세계의 무언가가 사용자의 인지 전환을 거쳐 메타버스 세상으로 나오게 되는 것이다. 따라서 메타버스 문법에는 인지적 전환 사고와 이를 감각으로 구현하는 기술력이 포함된다.

메타버스는 마치 하나의 시(詩)처럼 개방적이고 함축된 세상이므로 가상세계라 불릴 수 있고, 이러한 메타버스의 존재론적 근거로 인해 이를 구현하기 위한 인지적 전환 사고의 모습과 방법을 익히는 과정이 반드시 가상세계 구현 기술학습에 선행해야 한다. 그러므로 메타버스 교육에 있어 중요한 것은 단순히 기술을 가르치고 배우는 것이 아니라 그 아랫단의 인지적 기제를 건드리는 교육이다. 이는 행위와 상황을 인지능력 코드에 접목해서 전환을 일으키는 성격의 것으로 상황의 시·공 맥락을 서사적 혹은 감각적 미디어를 이용해 차원 전환의 힘을 길러주는 교육이다. 가상을 상상적인 수준에 머물러 있게 하지 않고 차원을 받아들이고 전환하거나 포섭하는 문제를 해결하는 데에 바로 이 인지 전환 역량인 메타포가 쓰인다.

인지 메타포 이론에 따르면 메타포는 인간의 역사적·문화적 경험, 사회적 기억, 그리고 이념과 신념에 의해 형성된 인지 개념에 기인한다. 따라서 특정 문서에 표현된 메타포는 독자의 인지 개념, 역사적 기억과 경험에 기초하여 문서의 문자적 표현 이면에서 상징적 의미와 그에 상응하는 이데올로기적 비전을 표출한다. 그러므로 메타포는 해석학의 영역에도 포함된다. 메타포를 번역할 수 있는 인지력은 데이터 해석 능력이며 맥락 파악 능력이다. 맥락적 상상력이 없다면 메타포는 존재할 수 없다. 메타포 구성 능력은 고도의 정신 활동이므로 대상에 대해서 충분히 해석하고 마음껏 상상한 후에야 만들 수 있다. 게다가 함축성까지 지녀야 한다.

한 개인이 정신과 경험을 재료로 특정 맥락을 보편적으로 디자인한 결과이기 때문에 좋은 메타포는 누구에게나 공명을 일으킨다. 이는 원관념과 보조관념의 인과관계에 대한 분석이 선행되듯이 가상과 현실, 혹은 현실과 가상 사이에 차원 전환 역량이 충분히 준비되면 이는 아날로그 상태의 콘텐츠를 디지털로 공간만 옮기는 전좌가 아닌 정체성이 가상인 디지털 콘텐츠로의 전환이 가능하고 온라인만의, 디지털에서만의, 메타버스만의 콘텐츠를 제작할 수 있음을 뜻한다.

이 역량은 메타버스라는 개념에 프로그래밍 등의 기술학습이 접목되기 이전의 교육 단계에서부터 모든 교과과정에서 길러져야 한다. 그렇게 생각의 전환이 학습적 습관으로 자리매김해야 가상세계인 메타버스로의 디지털 전환도 자연스럽게 주체적으로 할 수 있다. 일상적 표현이 문학적 표현으로 전환되고 이때의 인지 전환이 기호화될 때 메타포는 기능한다. 이러한 관점으로 접근했을 때 내가 바라본 세상을 증강하는 것이나 가상으로 전환하는 행위 역시 메타포라고 할 수 있다.

인공지능 알고리즘으로 문자와 음성을 인식하고 자연어 처리·머신 러닝 등을 접목해 단어의 사전적 의미를 추출해 자동으로 디지털 영상 콘텐츠를 제작해주는 플랫폼의 작동 원리는 다름 아닌 메타포의 속성을 빌려온 것이다. 인지 전환 역량인 메타포가 오늘날 컴퓨터 기술에서도 핵심적인 위치에 있는 바를 바로 보여주는 사례라고 할 수 있다.

인지 전환 역량으로서 메타포는 디자인 영역에서 쉽게 찾아볼 수 있다. 인문학 정신과 텍스트를 시각화한 디자인은 창의적 아이디어로 '아하! 순간'을 불러온다. 아래 그림은 나이키와 코카콜라의 메타포다. 각각 '운동화=폐', '코카콜라=식사'라는 메타포가 즉각적으로 메시지를 전달한다. 〈그림 63〉 책장 넘기는 소리가 나는 E-book은 청각적 메타포의 사례다. 실생활에서 사람들이 생각하고 행동하고 있는 것을 컴퓨터 시스템에서 사용자 인터페이스를 통해 은유하는 메타포는 시·청각적인 비유뿐 아니라 전체를 하나로 통합시켜 주는 역할을 한다.

<그림61 나이키의 메타포>

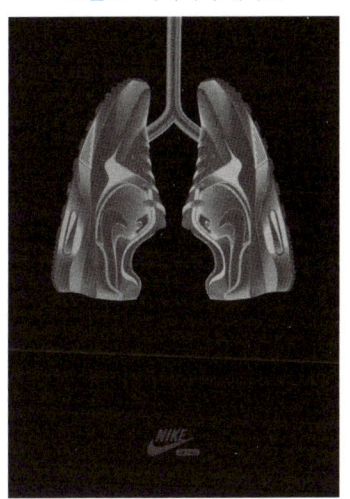

<그림62 코카콜라의 메타포>

문학에서 주로 사용되던 메타포가 인간의 감각 및 움직임에 기반해 형성되는 대상에도 같은 패러다임으로 접근할 수 있게 된 것이다.

<그림63 책장 넘기는 소리 나는 E-book>

메타포는 대상, 이미지 표상, 행위, 상황에 적용되고, 현실과 유사한 상황을 연출하거나 추론할 수 있도록 한다. 그리고 한 번 다른 것을 거쳐 간접적으로 무엇을 겨냥하고 있는데, 이 과정에서 기표-기의의 관습적인 결합 관계가 아니라 그 순간 새로 만들어내는 뜻을 발견할 수 있다. 이러한 인지 전환 역량이 메타포다. 메타포는 모순이 많은 인식의 도약을 꾀해서 새로운 것을 창조하는 데에 일조한다. 그러므로 메타포를 교육하는 것은 이미 알고 있는 개념을 끄집어낼 수 있는 형태적, 상황적 암시나 연출력을 드러나게 해준다.

메타포는 가상세계 내에서 발생할 수 있는 상호작용의 범위와 형태를 결정하는 요인이 된다. 그리고 사용자와 가상세계를 연결하는 작동 방식도 메타포에 포함된다. 여기에는 테이블 메타포(On the table metaphor), 몰입 메타포(Immersive metaphor), 창문 메타포(Through the window metaphor), 매직 렌즈 메타포(Magic Lens metaphor) 등이 있다.

테이블 메타포는 현실의 모습을 가상 속에 기호로 나타내게 된다. 〈그림 64〉는 탁구 게임이다. 현실의 탁구 모습을 게임 속으로 가져가기 위해 전자 게임 속에서 탁구를 형상화하는 메타포를 사용했다. 몰입 메타포는 〈그림 65〉에서 보이는 것과 마찬가지로 HMD(Head Mounted Device) 등의 도구를 이용해서 사용자를 몰입하게 하는 메타포다. 애플 비전 프로(Apple Vision Pro)가 좋은 예다. 〈그림 66〉은 케이브(CAVE Automatic Virtual Environment)로 HMD보다 간편한 안경을 쓴 사용자를 영상 디스플레이가 빙 둘러싸는 방식의 메타포다. 창문 메타포는 〈그림 67〉의 항공기 시뮬레이터로 설명된다. 〈그림 68〉 매직 렌즈 메타포는 QR 코드가 스크린 화면으로 나타나는 방식의 메타포다.

<그림64 탁구 게임>

<그림65 HMD>

<그림66 CAVE>

<그림67 항공기 시뮬레이터>

<그림68 증강 실재 구현>

　이를 보면 메타버스 환경에서의 공간도 하나의 정보적 메타포가 됨을 알 수 있다. 메타버스 3D 공간 메타포의 가장 큰 특성은 정보적 공간을 시각적 혹은 청각적으로 구현하여, 사용자들이 디자인 공간을 메타포를 넘어선 또 다른 사실적 체험으로 받아들이게 한다는 점이다. 따라서 메타포는 우리가 현실을 현실답게 바라볼 수 있도록 해주는 강력한 기제다. 어떤 메타포를 상정하느냐에 따라 가상적 현실 속의 우리의 삶의 모습은 확연히 달라지기도 한다.

　메타포에서 시작한 이러한 사고 체계에서의 인지 전환 서사 연습이 선행되어 있어야만 가상이라는 메타버스의 세계가 온전히 이해되며 디지털 전환의 메커니즘과 존재론적 태도를 견지할 수 있게 된다. 그리고 이러한 인지 전환 역량은 메타버스 교육 과정에 필수적인 이론적 토대가 되어야 한다. 가상세계는 인간 문명의 한 단계이며 하나의 인류적 진화 양상이다. 결국 메타버스도 실제 세계처럼 사회, 문화, 경제 활동이 이뤄지는 곳이 될 것이다. 그리고 메타버스에서의 모양새, 장소, 행위, 감성 등은 실제 현실의 메타포를 사용하게 된다. 실생활의 경험을 가상의 세계로 이전하도록 하는 시·청각적 장치들이기 때문이다. 그러므로 인간사에 관련된 다방면의 고민이 함께 이뤄질 때 기술력을 고도화하기 위해 사용되는 인문학적 메타포는 기술 차원과 인문 차원 모두에서 낯선 이야기를 서로가 이해할 수 있는 내용에 대응해서 이해시킬 수 있어야 한다. 이것이 가상세계 교육과 관련해서 현상학적 접근과 함께 존재론적 접근 역시 필요한 이유다.

파타포

 인지 전환 역량으로서 메타포의 활용은 파타포(pataphor)라는 개념 형성에도 영향을 끼쳤다. 파타포는 메타포의 주변 범위에서 가상과 현실을 오가는 전환의 힘을 가리킨다. 파타피직스(Pataphysics)는 공상과학을 일컫는 말로, 형이상학을 일컫는 메타피직스(Metaphysics)의 패러디이며 형이상학 너머의 세계에 존재하는 상상적 현상을 뜻한다. 특정 대상의 가상성을 표현하기 위해 특성을 상징화시켜 표현하는 가상적 해결의 과학으로 탈 규범성, 모순성, 비논리성, 가상성을 특징으로 한다.

 문학 분야에서는 파타피지컬한 상상력을 재현 가능한 실재로 인식하게 만드는 조건이라고 정의하였고, 과학을 가상성을 실제화시킬 수 있는 파타포의 도구라고 정의한다. 파타포를 통해 인문학적 상상력이 기술력을 생성하므로 파타포는 기술과학적으로 증강된 메타포의 모습이다. 메타포가 사물·대상 간의 유사성을 강조해 비유적으로 표현하는 방법이라고 한다면, 파타포는 새로운 또는 분리된 세상을 묘사하기 위해 현실을 기반으로 형이상학적 유사성을 새롭게 만들어내는 방법이다.

 과학적 상상력을 토대로 현실과의 형이상학적 유사성을 도출하거나 새롭게 만들어, 가상과 현실을 중첩하여 표현하는 방법이므로 메타포와 파타포는 모두 보조관념과 원관념 사이의 전환점을 파악하는 데에 교육적 역할을 하며 현실의 가상 전환을 위한 구조적 사고를 지배한다.

 파타포는 메타포보다 훨씬 더 실천적이다. 오늘날 디지털 가상세계는 아날로그 세계 속의 사물을 대할 때와 똑같은 신체의 동작을 요구하는데,

파타포는 디지털의 일반적인 인터페이스 디자인 원리로 메타포와 현실이 포개지는 시대의 융합 논리이자 상상의 논리가 되었다. 파타포는 곧 기술로 이어진다. 햅틱 기술에서 그 예를 찾아볼 수 있다. 햅틱 기술은 전자기기가 생성하는 촉각 피드백을 통해 사용자에게 정보를 전달하는 기술로 사용자가 기계 속에서 교감할 수 있는 인터페이스 기술이다. 실제가 아니지만, 실제 같은 경험을 전달한다.

<그림69 햅틱과 3차원 영상을 응용한 동물용 증강 실재 훈련프로그램 개발>

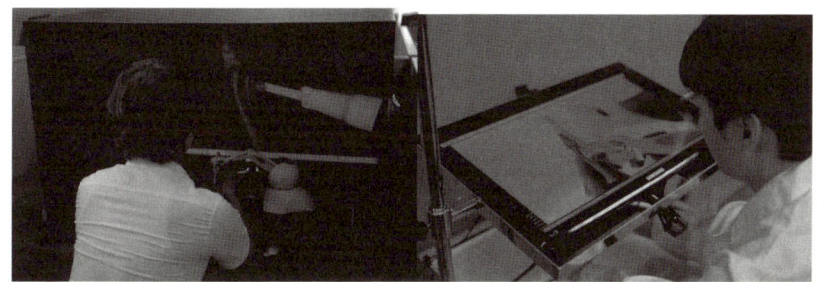

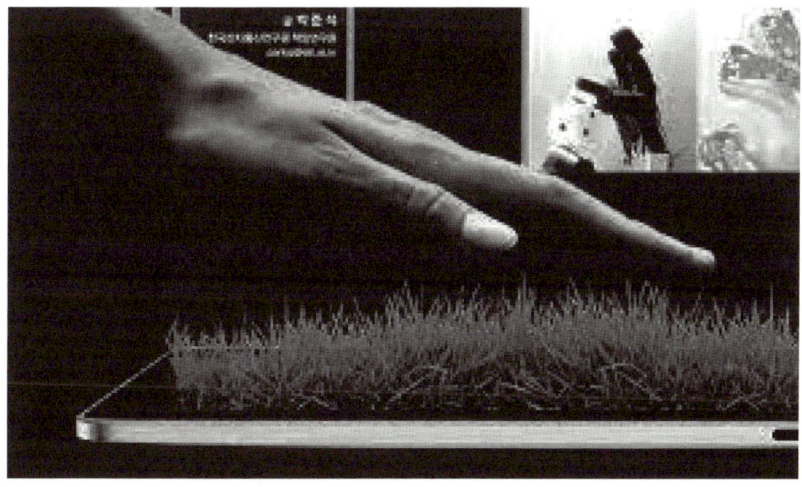
<그림70 햅틱 잔디>

이를 통하면 다양한 감성을 가상세계에서도 영위할 수 있다. 햅틱을 통해서 안드로이드 시스템에서 실제 버튼을 누르는 느낌을 구현할 수 있다. 〈그림 69〉에서처럼 원격으로 실제 주사기의 느낌을 전달하기도 한다. 햅틱 기술은 실제의 힘 작용과 운동감을 느끼고 싶은 사람의 기초적인 욕구를 반영한다. 지금은 원격 촉감을 느낄 수 있는 텔레햅틱(telehaptic) 기술도 나왔다. 메타포와 파타포를 통해 아날로그에서 디지털로 인류의 문명이 거듭 발전하는 가운데 디지털은 다시 아날로그를 추구하는 모습이 나타난다.

가상 실재의 본성을 둘러싼 수많은 형이상학적 논의는 대체로 물질성을 잃는 데이터가 사이버 공간을 가능하게 한다는 데에서 나온다. 가상 실재를 만드는 데이터는 형태가 없으나 쉽게 이해되는 지각 형태로 전환되기 때문이다. 따라서 실제와 가상이 유-무, 실-허로 이분되어지지 않는 중첩된 '현실-가상' 세계에서는 인식의 관념적 내용에 경험적인 특징들이 컴퓨터에 의해 주입되므로 가상공간을 통해 물질화되고 데이터에 형체가 주어진다. 이 사이에 일어나는 사고의 전환에 메타포와 파타포가 작용하는 것이다.

파타피직스와 파타포를 시뮬라크르(simulacre)와 시뮬라시옹(simulation)의 관계로 설명할 수 있다. 시뮬라크르는 실제로는 존재하지 않는 대상을 존재하는 것처럼 만들어 놓은 인공물이고 시뮬라시옹은 시뮬라크르를 하는 행위로 정의된다. 가상 개념이 확실해진 파타포가 확산한 사회에서 시뮬라시옹은 이미 인류의 삶이 되었다. 시뮬라크르는 존재하지 않지만 존재하는 것처럼, 때로는 존재하는 것보다 더 생생하게 인식하게 한다. 실체보다 이미지를 강조할수록 시뮬라르크는 강하게 작용한다.

파타피지컬한 메타피직스 즉, 현실을 패러디한 제2의 현실이 다시 패러디되어 가상을 기반으로 하는 제3의 실제 현실이 나타날 수도 있다. 시뮬라시옹이 다시 시뮬라시옹되어 실제보다 더 실제처럼 보이는 하이퍼 리얼리티(hyper-reality)의 시대가 오게 된다. 하이퍼 리얼리티는 또 다른 기호를 산출하며 기호 스스로가 하나의 주체가 된다. 이때의 기호는 어떠한 근원도 어떠한 지시대상도 찾을 수 없는 하이퍼 리얼리티의 기호이다. 이는 모사된 이미지가 실재를 대체하는 상황을 시뮬라시옹의 공간으로 정의하면서 모사할 실재가 없어진 것으로 소여(所與, Gegebenheit)의 공간이 된다.

가상적 현실을 포함한 매체 영역은 '지금'과 '이곳'이라는 시간과 공간에 얽매인 감각적인 대상은 아니지만, 그 영역은 지각 이후의 의식 활동을 촉발하기 때문이다. 같은 맥락에서 하이데거와 메를로-퐁티는 가상세계에 대해 각각 나름의 성찰을 제시했는데, 하이데거는 이런 현상을 '실제세계-내-존재하는 자기'로 정의하고 '가상세계-내-존재' 문제로 접근했으며, 메를로-퐁티는 '느낌은 세계와의 교감'이라는 명제를 통해 가상세계 문제를 해결하려고 했다.

PART 5

가상세계와 철학

5. 가상세계와 철학

철학에서 가상의 반대는 실재가 아니라 현실이다. 가상도 있는 무엇이며 실재의 중요한 차원 중에 하나다. 따라서 가상 실재와 현실 실재 속에서 가상현실은 모순적이나 실제적이다. 가상화는 인류가 지금까지와는 '다르게 되어감'을 의미할 뿐이다. 가상화를 통제하기 위해서는 이에 대한 충분한 사유가 선행되어야 한다. '가상과 현실'의 문제는 철학 존재론의 핵심적인 논제다. 철학에서 존재론을 살펴봄으로써 일상에서 어떻게 가상을 다루고 어떤 방법으로 교육을 펼쳐나가야 하는지 방안을 도출해낼 수 있을 것이다. 가상화는 실재를 가능적 존재로 만들어 버리는 비실재화가 아니라 정체성의 변이이며 해당 대상의 존재론적 중심이동이다. 결론적으로 가상화도 현실화와 똑같이 실재화의 하나다.

하이데거

하이데거(Martin Heidegger)의 철학을 보면 그는 가상세계를 하나의 '세계'로 이해하고, 실제 세계와 존재의 관계적 사유를 통해 인간의 존재 구조와 존재 방식을 설명했다. 소위 세계-내-존재의 개념이다. 그의 저서 『존재와 시간(Sein und Zeit)』에 따르면 존재의 본래성과 비본래적 일상성은 상반되는 개념이 아니다. 어떠한 윤리적 우열 관계나 발생적 위계질서를 이루지도 않는다. 양자의 관계는 '변양태(Modifikation)'라는 표현으로 설명할 수 있을 것이다. 가상세계는 현실을 있는 그대로 실감 나게 묘사하기도 하고, 또는 전혀 다른 모습으로 구축하기도 한다. 가상세계의 제작자와 사용자(참여자)는 이 두 세계를 엄격하게 구분할 수 없는 모호성을 오히려 새로운 경험의 계기로 삼아 두 세계를 자유롭게 넘나든다. 이 모호성은 두 세계 간 포개짐에서 온다.

<그림71 하이데거>

가상의 세계에는 시·공간의 한계가 없다. 그리고 강제성도 없다. 더욱 중요한 것은 그 세계 안에서 느끼는 나의 존재감이다. 타자가 아닌 자아에 집중하면서 자기를 알아가는 과정이 발생한다. 본격적인 디지털 시대 이전의 가상적 현실에서도 점점 나에게 가까워지는 것들, 즉 자연물에서 인쇄매체로, 흑백에서 컬러로, 컬러 TV 해상도의 진화 등 기술이 발전해감에 따라 실감에 가까워지는 매체들 속에서 내가 중심에 설 수 있게 되었다. 이는 모두 외부의 세계가 사용자에게 더 가까워지는 심리적 공간 거리의 단축을 만들어낸다. 그리고 여기서 다른 존재자들과 만나고, 그들의 존재를 드러내는 것을 도와주면서 상호 주체성과 상호 의존성에 의한 강력한 공감대가 형성된다. 따라서 선악을 배울 수 있는 곳으로도 인식된다. 무형의 것도 만질 수 있게 되기 때문이다. 철학 등 추상적인 무언가를 감각적으로 배울 수 있는 곳이 될 수도 있다. 현실에서는 불가능하거나 충족될 수 없었던 감정들 즉 참여자가 자발적으로 선택한 세계를 빠짐없이 파악하고, 그 안에서 자신의 존재감을 더욱 강하게 느끼며, 자신의 존재와 행위가 매우 유의미함을 느낄 수 있는 방향으로 발전해 나아갈 수 있다. 그러므로 아이러니하게도 현실이 가상적으로 증강되어가는 현실 속에서 자아감도 증강되는 현상이 나타날 수 있는 것이다.

이 두 세계를 존재자의 전체성을 뜻하는 세계로서 이해하고 나면 '세계-내-존재하는 자기가 누구인가, 이 자가 누구이길래 두 세계가 허용 혹은 요청되는가?'가 문제 된다. 분명히 한편으로 실제 세계-내-존재하는 자기와 가상세계-내-존재하는 자기는 서로 다르다. 자기는 세계로부터 결정되므로 통일적 시공간에 의해 틀이 지어진 실제 세계-내-존재하는 자기는 자기 동일적인 반면, 가상세계-내-존재하는 자기는 비-자기 동일적이기 때문이다. 그러나 가상세계-내-존재하는 자기는 불가피하게 실제 세계-내-존재하는 자기를 전제한다. 그리고 인간 현존재는 자기를 넘어서 세계로 초월하면서 세계-내-존재하고 가상세계-내-존재 역시 세계-내-존재의 한 방식으로서, 실제 세계의 구속성을 벗어던지고 스스로가 근거로 있는 세계를 구축하고자 하는 실제 자기의 세계-내-존재의 한 가능성을 극단화한다.

결국 우리가 가상세계에서 무엇인가를 결단하고 요구하기 위해서는, 자기의 한계를 넘어서 세계로 초월하되 이로부터 새로이 자기를 엮어냄을 의미하는 세계-내-존재가 가상적 현실 속에서 언제 어느 정도나 본래적이거나 비(非) 본래적일 수 있는지가 먼저 물어져야 한다. 이러한 점에 관한 고찰이 있고 나서야 메타버스 플랫폼에 대한 사용이 현실적으로 어느 정도 설득력을 가질 수 있게 될 것이다.

내가 가진 데이터를 송두리째 가상적 현실-내-자기에게 집어넣어 가상 현실적 나를 태어나게 한 후 이 가상 현실적 내가 스스로 또 다른 개체로 살아가기를 바라는 것이 아니라면 그래서 현실과 가상적 현실에 각각 현현하는 별도의 '자기'의 존재가 독립적으로 살아가는 시·공간이 마련되는 게 아니라면 세계-내-존재하는 자기와 가상세계-내-존재하는 자기는 결국 하나일 수밖에 없다. 세계-내-존재하는 자기와 가상세계-내-존재하는 자기가 합치시키려는 의도적 현상을 버추얼 아이 클로닝(virtual 'I' cloning)이라고 이름 지어 볼 수 있겠다. 버추얼 아이 클로닝이 실현된다면 이는 대리 현실의 시작이다. 수많은 '나들'[1] 이 가상적 현실에 복제되어 생물학적으로는 유일한 세계-내-나를 대리하게 되기 때문이다. 실제 세계에서 인간 복제를 금지하는 이유는 생존하는 인간의 복제 후손이 태어남으로 인해 인간 개개인에게 중대한 혼란이 초래되고 가족관계 및 사회에 예견하기 힘든 혼돈과 엄청난 재앙의 발생하기 때문이다. 이제부터는 가상적 현실이라는 실제 세계와 연결된 또 하나의 내가 존재할 수 있는 곳에 일어날 일에 대해 대비해야 한다. 법으로 규정되기 전에 사회는 늘 이슈화되는 문제에 관해 철학적으로 합의를 끌어냈다. 가상세계에 관해 철학을 함이란 이런 존재론적인 물음이 우선일 수밖에 없다.

---

1) 나의 복수형.

메를로-폰티

'가상적 현실 체험이 실제적 체험과 같을 수 있는가?'라는 물음에 대하여 메를로-폰티(Maurice Merleau-Ponty)는 몸 지각론과 살 존재론의 관점에서 인간의 몸은 정신과 분리될 수 없으며 인간의 감각 활동은 지각과 판단을 포함한다고 주장했다. 즉, 인간은 가상적 현실과 융합하여 새로운 지각 경험을 축적해 나가고 있으며, 가상적 현실은 강화된 시각 중심성과 현실 세계보다 살의 두께감을 지니지 못한 특징을 지니고 있다고 보았다. 가상적 현실에서의 새로운 지각 경험은 이분법적 사고에서는 거의 불가능하다.

<그림71 메를로-폰티>

메를로 폰티는 육화된 주체가 세계에 몸담은 채 세계로 뻗어나가는 지각적 체험을 강조했고 이를 통해 사실과 본질, 감각과 지성, 몸과 정신 등을 존재론적인 것으로 전회하면서 이들 사이에서 이분법을 근본적으로 해체하고자 한다. 이분법적 사고를 지양함으로써 실제와 가상은 둘로 포개

질 수 있으며, 이는 몸이 접하는 세계 역시 포개질 뿐 한 곳이 다른 한 곳을 흡수한다는 말이 아니다. 메를로-퐁티는 인간의 경험에서 그 경험의 배경을 따로 떼어낼 수 없다고 보았고 인간과 세계와의 사이에서 우리의 몸이 양자를 매개하고 있다고 본다.

 인간이 인식하는 주체로서의 몸을 가지며 그 몸을 통해 세계와 만나고 있는 것이라면, 가상·증강 실재와 만나는 몸은 우리가 의문시하는 것들을 해명할 수 있을 것이다. 다시 말해 몸이 사유의 주체라는 점을 인정하지 않는다면 가상 체험은 인간에게 어떤 변화도 주지 않는 것처럼 보일 수 있으나 몸이 매개되어 우리가 세계와 만난다면 인간의 감각·지각의 작용은 분명히 영향을 받을 수밖에 없다. 경험이 배경과 분리될 수 없듯이 가상적 현실의 경험 또한 가상적 세계라는 배경에서 유리될 수 없으므로 그러하다.

최한기

　하이데거와 메를로 퐁티의 관점에서 이렇게 실제와 가상은 둘로 나뉘는 곳이 아니고 포개지는 바다. 그러므로 서로의 메커니즘이 서로의 '나'에게 영향을 주고받으며 관통하는 기운이 있게 된다는 전제가 발생하고, 이는 하나의 연결된 세상에 존재하는 모든 것은 기(氣)를 통한 상즉상입(相卽相入)을 통해 운동과 변화를 이루므로 세상의 유, 무형의 모든 것들은 개별적이고 독자적으로 존재하는 것이 없다는 관점으로 혜강 최한기의 사상에서 찾을 수 있는 사유체계다. 이 세계가 기(氣)를 통해 상호소통하여 운동하고 변화하는 거대한 유기체로서의 기일원론 혹은 유기론, 유기론적 유물론이라고 불린다. 어떤 세계이든지 가상세계 역시 실제 현실이라는 실재에 뿌리를 두고 있어 둘의 성격이 절대 다르지 않다는 사실은 최한기의 철학을 빌려서도 설명할 수 있는 것이다. 게다가 최한기의 경험에 관한 주장 역시 신기(神氣)에 기반하고 있는데, 신(神)이라고 함은 기(氣)의 정화(精華)를 말하고 기라고 함은 정화로서의 신의 기본 바탕이라는 의미로 최한기의 경험주 역시 경험이 배경과 분리될 수 없는 사정을 강조하고 있다.

<그림72 혜강 최한기>

혜강 최한기는 특이하게 수학교육을 통해 세상을 인식하는 방법을 제시했는데, 숫자 교육에서 시작하여 사칙 연산, 기하학을 거쳐 천체물리학에 이르는 과정이었다. 여기서 그는 세계에 대한 물리적 이해가 인간의 윤리적 노선을 정해준다고 주장했다. 최한기에게 있어 수학은 인간 인식을 가능케 하는 신기를 단련시키는 용광로이며, 사물을 변별하고 조작할 수 있는 저장고였기 때문이다.

여기서 그가 말하는 신기란 과학적이며 객관적인 기준의 확립에 대한 증거이다. 기를 수(數)로 파악한 그의 견해에 잘 나타나 있다. 이를 보면 연산을 통한 실무적 지식으로서 수학적 훈련에서 조금 더 나아가 최한기는 수학을 이용해 카오스 이론에 근접했다고도 볼 수 있겠다.[2] 세상 속의 혼돈계를 변별하고 조작하는 훈련의 공간이며 수학이라는 상상적 추론을 통해 이를 실현하려고 의도했기 때문이다. 이러한 점 때문에 최한기의 사유를 근대적인 인식론과 중세적인 존재론이 중첩되어있는 사유로서 파악했다.

최한기에게 수학은 지금으로 보면 가상세계로 들어갈 수 있게 하는 매개체이자 가상 실재, 즉 개념이자 플랫폼이었다. 오늘날의 메타버스와 성격이 같다. 지금 컴퓨터가 가상세계를 중개하는 것과 같은 이치다. 컴퓨터로 구현되는 모습의 3차원 가상세계는 우리가 사는 곳의 연장이고 이를 모태로 가상의 실재가 현실적으로 나타난다. 가상세계를 현실계 거울이라고

---

[2] 카오스 이론은 겉으로는 무질서해 보이지만 그 안에 일정한 규칙이 있고, 그 속의 작은 변화는 완전히 다른 결과를 가져온다는 혼돈계를 설명하는 학문으로 수학의 한 분야다. 최한기가 수를 이용하여 기의 운행을 미루어 차례를 잃지 않고 기의 화생(化生)을 미루어 사물을 가늠한다고 했던 부분과 카오스 이론이 일맥상통하는 면이 있다. 推測錄 , 卷2, 數理, 推其氣運 不失先後 推其氣化 裁制事物者 經濟世務者之所尙也.

본다면 수학은 가상세계에서 정신으로 통하는 가장 정확히 상상을 공유하는 방법이 된다. 즉, 최한기의 사유체계 속에서 수학은 그의 기학적 사고를 확장하도록 하는 기본 원리(혹은 메커니즘)로 작용하고 있음을 알 수 있다. 최한기가 실제 그랬을지 확인할 수는 없으나 이러한 사유체계라면 수학에서 가상세계를 구현하기 위해 쓰고 있는 합성곱(convolution)과 유사하다. 합성곱은 다른 두 함수의 특징을 모두 갖게 합성하는 연산이다.

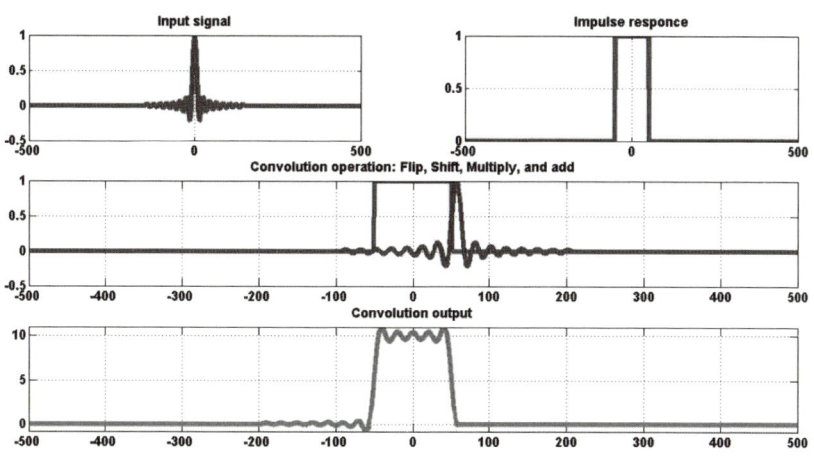

<그림73 합성곱 이미지 1>

합성곱은 위의 <그림 73>에서 보는 바와 마찬가지로 입력 신호(input signal)가 임펄스 응답(impulse response)과 만나면 각각의 성질을 유지하되 새로운 합성곱 출력(convolution output)이 생기는 연산이다. 그러므로 신호와 응답이 각자의 성격을 유지하되 새로운 차원의 결과가 나타난다. 그리고 면적도 변하지 않았다. 이러한 발생의 결과가 그 둘이 아닌 전혀 새로운 것이라고 볼 수 없다. 그리고 충돌 또한 아니다. 아래 <그림 74>에서 보이는 (f*g)(t) 선이 실제와 가상세계의 포개짐 영역이다.

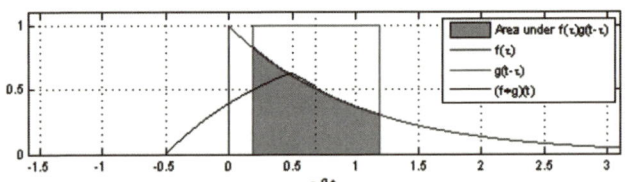
<그림74 합성곱 이미지 2>

이러한 합성곱 원리를 이용하는 합성곱 신경망은 사람의 사고방식을 컴퓨터에게 가르치는 머신러닝의 한 분야인 딥러닝 알고리즘 중 하나로 영상 인식과 음성 인식 모두에서 뛰어난 성능을 보인다. 데이터의 공간 정보를 유지하면서 인접 데이터와의 특징을 효과적으로 추출한다. 이는 가상적 현실을 만드는 데 유용한 수학의 성질이기도 하지만 본 논문에서 주장하는 현실 세계와 가상세계의 포개짐을 잘 보여주기도 한다.

정리하자면 하이데거, 메를로 퐁티, 최한기의 철학을 빌려 가상적 현실이 기능함에 따라 나의 면적은 확장과 포개짐으로 이루어짐을 알 수 있다. 그리고 세계는 나에게 더욱 가까워 짐을 의미한다. 2차원에서는 진짜의 진정성을 볼 수가 없어 매체 속의 진짜를 가짜로 생각하고 보는 데 익숙했다면 가상세계에서는 진짜의 진정성이 증강되어 진짜로 받아들일 수 있게 된다. 즉, 현실 공간에서보다 가상공간에서 더 현실 같은 것을 보게 된다. 누군가가 보여주는 곳만을 응시하는 것이 아니라 가상 속 모든 것의 모든 측면을 볼 수 있기 때문이다. 이로 인해서 사고 또한 입체적으로 변화함은 물론이다. 가상세계를 현실화하는 데에 열을 올리는 이유도 이 때문이다.

가상세계는 소통과 확장이 핵심이다. 그러므로 가상세계에 대해 알아본다는 것은 가상세계의 원리, 즉 소통과 확장이 왜 가상세계를 통해서 일어나는가에 대한 천착이다. 이를 역사에서는 철학이라고 부른다. 호모사피엔스는 삶의 영역을 눈에 안 보이는 곳까지 확장해놓았다. 여기서 말하는 영역이 물리적으로 무언가를 그릴 수 있는 곳만을 말하지 않는다. 정신적 행위의 영역도 엄연히 삶의 장소다. 가상 실재를 만들어낸 것도 이와 무관하지 않다. 따라서 인간 사유의 영토가 넓어졌다. 실제 실재와 가상 실재는 혼재되어 인류의 역사를 메꿔갔다. 인류는 밟고 있는 영토를 딛고 일어났다. 환경이 변하면 그에 따른 인간 사유의 가상세계의 발판도 달라진다. 인간 정신의 영토는 이렇게 소통되고 확장되어 갔다. 인간에게 주어진 정신이 있고 나서 이 가상세계는 사유와 행동의 영역을 넓혔고 이를 통해 호모사피엔스의 사유의 레벨이 높아지고 깊어졌다.

철학을 연구할 때 문제는 '인간이 세상을 어떻게 바라보는가?'이다. 결국 인간이 실재를 규정하는 데 있어 실제와 가상을 어떻게 이해하려고 하는지를 규명하려는 역사가 철학이다. 그러므로 모든 철학자는 가상기술자다. 철학을 한다는 것은 곧 가상세계를 알아간다는 말이다. 인류 역사상 철학자의 숫자만큼 가상세계에 대한 설명이 있다고 볼 수 있다. 일면 허튼소리라고 여겨지는 철학자의 주장도 철학이 가상세계성을 갖는다는 사실을 부인하지는 못한다. 어쩌면 철학을 어렵게 느끼게 하는 두꺼운 장벽은 결국 가상세계로 향하는 인간의 사유 행위를 정작 가상세계에 대한 설명은 없는 채 무턱대고 들이밀었기 때문에 생기는 것이다.

요즘 들어 가상세계에 대한 담론이 활발하게 펼쳐지는 양상을 보면 다행이라는 생각이 든다. 비록 비대면 만남을 가능하게 하는 디지털 장치에서 촉발되긴 했으나 단순히 가상세계를 표방한 디지털 상품을 메타버스와 등가로 매기려는 세태에 대한 반성이 일어나고 있기 때문이다. 드디어 지금의 호모사피엔스들도 플라톤이라는 호모사피엔스가 살았던 시대처럼 가상세계의 원심과 구심을 알아가기 시작했다. 철학을 하면 가상세계에 대한 사유의 역사를 알게 되고 가상세계성을 배우므로 가상세계를 향한 목적성이 세워진다. 산업혁명 이후 전문화라는 이름으로 학문의 분절이 당연하게 여겨지던 세월을 한참 넘어 다시 인류는 가상이라는 실재에 대해 유심히 쳐다보기 시작했다. 철학을 필두로 하는 이러한 정신의 영토 확장은 가상세계를 만드는 데 인류적 공감을 일으킨다. 그리고 가상세계를 만드는 데 필요한 정신의 영토를 집단적(경험)으로 확장하는 선순환이 일어난다. 호모사피엔스는 이 확장의 순환 속에서 가상 실재를 신념화하고 공유해서 살았지만 그렇게 하지 못했던 네안데르탈인은 멸종했다. 이념의 순환과 공감이 이렇게 보이지 않는 곳과 시간까지 초월해 서로 간의 데이터 공유를 통해서도 이뤄질 수 있다 보니 이런 특징을 살려 앞으로의 공감은 텔레파시를 이용하지 않을까 하는 조심스러운 예측을 해본다.

가상세계는 뇌의 확장 영역이다. 소화기관의 확장이 아니다. 현실 세계에서 맛을 바꾸는 어떤 약을 먹고 전파에 의해 신경이 미각을 자극해 가상세계에서는 이런 맛도 났다가 저런 맛도 날 수 있도록 할 수는 있겠다. 그러나 몸이 다 가상세계에 흡수되어야 한다는 이분법적 사고가 없어져야 가상세계가 구현된다. 정신적인 활동만 가능해도 된다. 몸은 여기 있는데 정신은 저쪽에 있다는 들어가고 나오고 하는 그런 식의 가상세계를 생각하면 안 된다. 내가 있는 곳이 실제 실재도 되고 가상 실재도 되는 곳이 디지털 가상세계다. 세계는 시간도 존재하고 공간도 존재하는 곳이다. 가상세계와 관련하여 이렇게 한번 물어보기를 바란다. '나는 가상세계라는 시간에 들어가는가? 공간에 들어가는가?' 혹은 '나는 가상세계를 내 시간과 공간으로 불러내는가?' 지금은 전자의 질문에 대한 내러티브에서 후자로 옮겨가고 있다.

PART 6

가상세계와 예술

6. 가상세계와 예술

도대체 가상세계성이 무엇인가? 가상세계를 만들기 이전에 가상세계성이 무엇인지 알아볼 필요가 있다. 내가 사는 곳이 어떤 성격을 갖는지를 모른다면 나의 존립은 상당히 약해질 수밖에 없다. 가상세계성에 관해 연구했던 철학자들의 의견을 들어보면 가상세계를 조금 더 잘 이해할 수 있을 것이다. 현대에 들어 디지털 가상세계가 나타남에 따라 가상세계의 성격을 디지털 공간에 한정하려는 듯하다. 그러나 가상세계의 성격은 아날로그로도 나타났고 실제로도 아날로그 가상세계가 먼저 발생했다. 현대에 들어 가상세계성과 디지털과의 관계를 필요충분조건으로 보기 시작하면서 가상세계 구현에 있어 디지털 기술이 과도하게 집중된 결과 가상세계는 반드시 디지털로 구현되는 것이라는 인식이 대중에게 굳어진 듯하다. 오늘날 가상세계에 대한 정의도 그러하다.

그러나 가상세계라는 것은 현실의 실제와 똑같이 따라 만들어 보는 모의(模擬)의 것으로 디지털 시대 이전부터 아날로그 구현체에서도 그 양상을 찾아볼 수 있는 성질의 것이라고 할 수 있다. 결론적으로 예술에는 가상세계적 존재론이 이미 내포되어 있음을 확인할 수 있다. 실제를 모방하나 실제의 법칙을 따르지 않는 상상할 수 있는 실재인 예술의 가상세계가 지각대상의 또 하나의 영역이 된 것이다. 존재의 영역이 비실제적인 것으로 확대된 예술 영역은 '지금'과 '이곳'이라는 시간과 공간에 얽매인 감각적인 대상은 아니지만, 그 영역은 지각 이후의 의식 활동을 촉발하기 때문에 소여라고 할 수 있고 따라서 아날로그 예술 기법과 디지털 기술은 모두 실제를 생산하는 탈실제(wirklichkeitserzeugende Entwirklichung)의 방법이라고 할 수 있다.

광의적 맥락에서 보았을 때 디지털 가상세계를 구현하는 근본적 역량은 컴퓨터 기술이라기보다는 '얼마나 상상의 실재를 실제적으로 잘 내러티브하는가?'에 달려있다. 즉, 서사의 세계를 하나의 가능 세계로 보고 그 세계를 구성하는 상상력에 접근하는 관점이 필요한 것이다. 상상력의 활동력에서 오는 표상이 어느 개념에 놓일 때 이 표상은 개념을 무한하게 확장할 수 있고, 상상력은 대상-지성-표상으로 순환적 연결을 가능하게 하므로 결국 가상세계는 '마치 진짜 같은'이라는 메타포가 존재하는 공간이다. 그러나 현실을 완전히 배제하지는 않는 '있을 법한' 곳으로 착각을 시발점으로 삼고 현실의 '내가 있는 곳으로 확장'된 공간 혹은 '내가 있는 곳으로 당겨온' 공간이다.

이러한 확장성은 아날로그보다 디지털이 더 셀 수밖에 없다. 가상세계는 탈경계가 되는 부분이기도 한데 몸의 탈물질화, 확장, 그리고 변이는 디지털 기술이 더 정교하게 만들어서 마치 내가 있는 현실과의 경계 구분을 정교히 포개는 은유적 방법의 역할을 정밀하게 하기 때문이다. 또한 예술의 영역도 디지털 기술을 매개로 하게 되면 가상적인 수용자의 몸 역시 가상세계 예술의 가상성을 구성하므로 현실성이 높아진 가상세계성이 나타난다. 이것이 기존 예술의 가상성과 차별화되는 지점이다.

결론적으로 가상세계성이라는 개념은 컴퓨터 산업의 발달로 이루어진 디지털 가상세계에만 적용되는 것이 아니다. 가상세계성은 물질의 매개 없이 활동적인 힘을 갖거나 혹은 이에 관계하는 것으로 한 사물의 존재론적 그리고 물질성과 비(非) 물질성의 구분을 위해 쓰일 수 있다. 문학도 가상세계성을 매개로 하는 영역이나 디지털 기술이 없었을 때 가장 정밀하게 시각적으로 가상세계성을 구현한 방법은 아날로그 미술 기법이었다.

단순히 심미적 영역에서만 바라보던 예술로서의 그림을 가상세계의 실현성을 일으키는 시각적 이미지 제작 기법이라는 차원에서 접근해보면 가상세계성을 발생시키는 기제로서의 회화 기법을 이해할 수 있게 된다. 예술 장르에서 가상세계성은 창조와 밀접한 연관성을 갖는데 철학자들의 가상에 관한 사유는 그들 사이에 다소의 차이를 보여주긴 하지만, 가상은 넓은 의미에서 창조와 해결책이라는 개념을 수반하고 있다. 요약 정리해보면, 가상은 '해결해야 할 문제'를 지니며 '창조 과정을 확장하고 미래를 열어주는' 것(들뢰즈, Gilles Deleuze), 도래할 미래에 '창조'되어야 할 '대안적 세계'(플루서, Vilém Flusser), 새로운 세계로서 '현실이나 실재에 대한 궁극적 해결책'(보드리야르, Jean Baudrillard)으로 규정되고 있다.

예술에 대한 가상세계성을 철학으로 풀어보기 위해 칸트는 예술의 가상적 진리 역시 본질적 존재론 개념을 가지며 가상을 초월적 가상, 경험적 가상, 논리적 가상으로 구분했고 미감적 상상력의 활동 결과 나타나는 표상은 그만의 방식으로 존재적 진리를 개시한다는 결론을 내렸다. 이러한 예술의 가상세계성에 관한 주장은 니체(Friedrich Wilhelm Nietzsche)와 헤겔(Georg Wilhelm Friedrich Hegel)에 의해서 제기되기도 했는데,

니체에게 가상은 예술에서의 미적 가상뿐만 아니라 현실에서의 삶과 문화를 생성하는 가상의 작용 전체를 의미한다. 헤겔 역시 예술적 가상에 대한 철학을 견고히 했고 이를 통해 가상-본질의 이원론을 해체한 결과 예술은 이념의 가상이라는 결론을 도출했다. 따라서 이들의 철학에서 예술적 가상인 이미지 구현 기법에는 가상세계성이 이미 내포되어있다고 볼 수 있다. 데리다(Jacques Derrida) 역시 없지만 존재하는 것처럼 만들어 놓은 가상세계의 이미지를 긍정하는 철학을 추구했다.

이야기

설화는 신화, 전설, 민담으로 나뉜다. 천지 창조 등의 신성한 이야기, 지역에 얽힌 이야기, 흥미 위주의 이야기이다. 설화는 인류의 집단 경험인 사상, 정서, 가치관의 이념 데이터가 들어있어 새로운 가상 실재의 소재가 된다. 영어의 신화라는 단어 'mythology'는 현대 라틴어 'mythus'에서 유래했고 그리스어 'mythos'에서 나왔다. '만들어 낸' 이야기라는 뜻이다. 생각, 단어, 대화, 신화 등 말로 전달된 모든 것을 의미한다. 자연의 웅장함, 자연의 힘을 설명할 수 없었던 그리스인들은 물리적 세계와 사물의 기원을 이야기로 설명하려고 했다. 결국 자기들의 세계에 대한 해석이었고 일종의 공유 지식이었다.

집단으로 생성된 경험에 덧붙여진 나름의 관념 세계는 문화적 정체성과 사회적 응집력을 강화했다. 이렇게 가상세계의 씨앗은 설화에서부터 심어지기 시작했다. 그리고 이를 신전, 극장에서 시각화하고 공연함으로써 예술로 발전했고 그 안에 삶의 문제를 담기 시작했다. 가상이 실제이고 실제가 가상인 세계는 이미 인류의 역사 한참 속에 자리를 잡았다. 전설의 전(傳)이 뜻하는 것처럼 이런 이야기는 오랜 시간 걸쳐 전해 오는 통(通) 시간적인 성격을 갖고 시간에 따라 전파되므로 공간에 파급된다.

신화는 가장 대표적인 가상 실재의 컬렉션이다. 예를 들어 반인반수(半人半獸, satyr)라는 생물체는 현실에 존재하지 않으므로 상상의 것이다. 그러나 수많은 시간 동안 집단적으로 지속해온 기억의 내러티브이므로 가상 실재로 구현될 수 있다. 지금 우리에게는 완전히 허무맹랑한 실재도 한참 오래전에 지구상에 살던 호모사피엔스들에게는 절대 믿을 수밖에 없는 것으로 여겨졌다. 신화의 이야기는 지금으로서는 전혀 이해할 수가 없다. 그러나 당시를 살던 인류에게는 이런 이야기를 만들어 낼 데이터밖에 없었으므로 신화를 받아들였다. 문학가들은 이 가상 실재를 글로 증강해 소환했고, 미술가들은 회화와 조형물로 증강했다. 이렇게 가상 실재를 현실 세계 속에서 보여준 바는 지금의 혼합 실재 구현의 양상과 일치한다. 단순한 기술이 아닌 과학적인 사고가 점차 보편화되고 시장화되는 사회로 탈바꿈해가면서 이에 따라 인류의 생각도 과학과 기술을 반영했다.

『허풍선이 남작의 모험(The Fabulous Baron Münchhausen)』이라는 기상천외한 이야기 컬렉션을 원시 인류의 암각화에 비교해보자. 글과 그림이라는 표현의 차이만 있을 뿐 발상의 근원은 똑같다. 허풍선이 남작은 18세기 중반 독일에 살았던 실제 인물 뮌히하우젠(Münchhausen)이다. 그는 적당히 그럴듯한 이야기를 만들어냈다. 『허풍선이 남작의 모험』은 뮌히하우젠의 이야기를 들은 사람들이 다른 사람들에게 전해 주면서 재미있게 말을 붙여가며 전파되었다.

이보다 조금 더 실제적이고 그럴듯한 이야기는 『해저 2만리(Vingt mille lieues sous les mers)』다. 1869년에 프랑스 작가 쥘 베른(Jules Verne)이 쓴 고전 과학 소설로 이 소설 속의 소품들이 실물로 개발되기도 했다. 『80일간의 세계 일주(Le Tour du monde en quatre-vingts jours)』에서는 표준시간대 계산법도 고안했다. 『허풍선이 남작의 모험』, 『해저 2만리』, 『80일간의 세계 일주』에 나오는 내용은 현재 시점에서 보면 유치하고 기괴해 보이지만 당시에는 상당히 기발한 상상이었다. 당시 사회에 집적된 데이터로는 『해저 2만리』에 나오는 상황이 호모사피엔스가 상상할 수 있던 최고조의 상상이었다.

<그림75 쥘 베른>

『지구에서 달까지(De la terre à la lune)』에서 쥘 베른은 달을 향해 대포를 쏜다는 내용이 썼는데 이 상상은 당시 사회의 우주에 관한 총 데이터로서는 가상화시킬 수가 없어서 상상으로만 남았다. 그나마 쥘 베른이 미래에 등장할법한 것들에 대한 데이터를 모으고 도메인 지식을 길러낸 후 작중 소품을 개발한 덕분에 가상 실재의 씨앗을 남겨둘 수 있었다. 이런 그의 노력이 없었다면 그의 소설은 판타지 소설로 분류되었을 것이다.

<그림76 『지구에서 달까지』 삽화>

1936년에 프랑스의 시인 겸 소설가 장 콕토(Jean Cocteau)와 그의

친구 마르셀 킬(Marcel Khill)은 베른 탄생 100주년을 기념해 80일간 세계 일주를 한 다음 그 기록을 책 『다시 떠난 80일간의 세계일주(Mon premier voyage: Le tour du monde en 80 jours)』으로 남겼다. 베른의 머릿속에서 만들어진 가상세계를 콕토는 현실 속의 세계에서 탐험했다. 가상과 실제의 중첩은 이렇게 아날로그로도 실천되고 있었다.

사람들의 상상으로만 머물렀던 것이 가상으로 발전하게 된 데에는 사회 속 과학적 사고의 발전이 크게 한몫했다. 쥘 베른의 소설에 나타난 원자력 잠수함, 입체영상, 해상도시, 텔레비전, 우주여행, 투명 인간 등의 개념은 이후 세대의 과학적 사고를 타고 가상 실재로 거듭나기 시작했다. 쥘 베른보다 한 세대 이후에 나타난 소련의 과학자 치올콥스키(Konstantin Eduardovich Tsiolkovskii)는 쥘 베른의 대포를 로켓으로 이론화하여 가상의 단계로 발전시켰다. 오늘날 우주 개발에 큰 역할을 한 과학자들은 모두 어린 시절 『지구에서 달까지』에서 받은 영감을 말한다.

<그림77 치올콥스키>

가상에 관한 이야기는 가상세계의 뿌리다. 가상을 단순히 공상으로만 볼 수 없는 이유는 논리에 있다. 허버트 조지 웰스(Herbert George

Wells)는 『타임머신(The Time Machine)』, 『투명인간(The Invisible Man)』 등 지금 읽어도 영감을 주는 과학 소설을 100여 편 집필했다. 이러한 영감은 사회, 정치, 역사에 대한 그의 다양한 스펙트럼의 도메인 지식이 문장 속에 알알이 자리 잡혀 있기 때문이다. 도메인 지식 못지않게 중요한 것은 이에 대한 내러티브 능력이다. 그는 쥘 베른과 함께 호모사피엔스들의 가상기술에 지대한 영향을 끼친 과학 소설 작품의 리더 역할을 톡톡히 해냈다.

<그림78 허버트 조지 웰스>

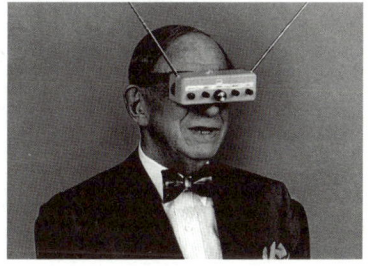

<그림79 휴고 건즈백>

휴고 건즈백(Hugo Gernsback)은 미국 과학 소설 작가 겸 편집자다. 그는 이미 100여 년 전에 현대 기술을 예견하고 과학 소설의 미래를 개척

한 인물이다. 1884년 룩셈부르크에서 태어나 미국으로 이주한 후 라디오나 전화 등 발명품에 빠지면서 아직 실용화되지 않은 기술 정보를 수집했다. 라디오 판매 사업을 하던 중 대중에게 과학이 아직 익숙하지 않다는 점을 깨닫고, 1908년 『모던 일렉트릭스(Modern Electrics)』라는 잡지를 간행했다. 그리고 기술 분야에서 새롭고 혁신적인 내용이나 전자기기의 발명을 소개했다. 그는 5년 동안 이 잡지를 간행했는데, 이 과학 잡지는 당시 사람들이 가상세계를 이해하고 과학 도메인 지식을 높이는 데 큰 도움을 주었다. 1913년 건즈백은 잡지의 이름을 『일렉트리컬 익스페리멘터(Electrical Experimenter)』로 바꾸면서 과학 기사를 게재하는 한편 자신의 소설을 포함한 공상과학, 과학 소설 등의 가상세계성도 다루기 시작했다.

<그림80 생각 기록 장치>

1925년 그가 발행한 『랄프 124 C41 플러스(Ralph 124 C41+)』는 『모던 일렉트릭스』에 1911년 4월호부터 12부에 걸쳐 연재되었고, 1925년 단행본이 출판되었다. 소설 속에 등장하는 아이템은 모두 미래 기술로 식물을 급성장시켜주는 농장, 전기 자동차, 태양광 패널, 레이더, TV 전화, 인공음식, 항공 산업 등이 나온다. 수면 학습 장치, 생각 기록 장치, 태양전지 패널, 중력 해제 장치 등도 있다. 주인공 랄프가 우주 캡슐에 들어가 중력 해제 장치를 이용해 지상 6km 상공으로 떠오르는 가상 공중 도시(Vacation city)도 나온다.

<그림81 『모던 일렉트릭스』>

건즈백은 1926년 과학 소설에 초점을 맞춘 잡지인 『어메이징 스토리즈(Amazing Stories)』를 출판했다. 『어메이징 스토리즈』는 1920년대를 대표하는 잡지로 성장했고 덕분에 과학 소설이라는 말도 널리 퍼졌다.

쥘 베른, 허버트 조지 웰스, 휴고 건즈벡은 아날로그 세계에서도 상상력을 발휘했고, 최고 수준의 지적 쾌감을 제공할 줄 알았던 내러티브 구성자였다. 이를 보면 인류의 역사는 내러티브로 이어졌고 그 내러티브 행위 속에는 '예측함'이라는 시간성이 자리 잡고 있음을 알 수 있다. 내러티브는 인류의 본능에 가까운 것으로 자기 경험에 비롯한 그럴 법한 것을 가상세계로 인식하는 이른바 체화된 인지가 반영되어 나타나는 모습이다. 즉, 내러티브는 인류의 가상세계의 씨앗이다.

「몸-마음-내러티브의 만남: 체화된 인지의 내러티브적 이해」라는 연구에서는 체화성과 경험성과 서사성이 등가적으로 이해되며 구술적 즉흥적 스토리텔링을 의미하는 자연적 내러티브로부터 모든 내러티브의 기원을 찾는다. 인지적 언어학의 체화성이라는 개념을 가져와 문학의 박진성을 구성하는 경험성의 핵심으로 설정함으로써 문학 텍스트 연구 즉 서사학 연구를 텍스트 분석에서 몸의 중심성을 강조하는 인지과정으로 옮겨 놓았다. 몸이 현실에서 겪은 것을 토대로 가상을 형성하기 때문이다. 그렇다고 현실의 모든 것을 경험하는 것은 아니다. 경험하지 못한 것을 자기의 몸으로 이해하는 것이 자연적 서사학 모델이다.

재즈

　문학은 삶의 가치 있는 경험을 상상력을 토대로 하여 언어로 짜임새 있게 표현한 예술로 정의된다. 그렇다면 음악은 문학인가? 분명 음악이라는 장르와 문학은 구분되어 여겨진다. 그러나 이는 단지 둘의 표현 형식의 차이를 놓고 예술이라는 큰 개념의 다른 칸에 편의상 물리적으로 분리해둔 것에 불과하다. 문학의 테크닉은 수학의 규율에도 문학의 감정을 이입한다. 노래 가사도 그렇다. 음률을 배제한 가사는 소멸한다. 그러므로 언어 기호로 짜임새 있게 표현한 음률의 종적은 문학성을 내포한다. 이로써 음악 또한 문학의 성격을 획득하게 된다. 게다가 음악의 시각화는 언어기호를 통해서다. 밥 딜런(Bob Dylan)의 노벨 문학상 수상도 이런 맥락에서 이해할 수 있다. 인류가 시에 음률을 덧붙여 온 세월을 보면 음악과 문학은 함께 진보한 호모사피엔스의 흔적임을 알 수 있다. 그러므로 음악을 한다는 말과 문학을 한다는 말이 다르지 않다.

　특히 문학성이 돋보이는 음악 장르는 단연 재즈다. 19세기 미국의 낭만주의 문학을 대표하는 에드거 앨런 포우(Edgar Allan Poe)의 작품과 마일스 데이비스(Miles Davis)의 20세기 중반 모달 재즈(Modal jazz)의 태동에서 나타난 표현 양식의 변화에서 그 유사점을 찾을 수 있다. 그리고 사회적 이슈를 문학적으로 승화시키는 데에 재즈만 한 것이 없다. 『재즈(Jazz)』라는 제목의 토니 모리슨(Toni Morrison)의 문학작품이 나온 이유도 이런 데서 기원한다. 테어도르 아도르노(Theodor Ludwig Wiesengrund Adorno)가 재즈라는 새로운 음악에 주목한 것은 무엇보다 재즈가 예상외로 빨리 대중을 압도하는 주요한 음악 현상으로 떠올랐기 때문이다. 게다가 그는 재즈를 빠르고 집중적으로 미국을 파악할 수 있는 좋은 재료로 생각했다. 그의 『재즈 에세이(Jazz essays)』의 실질적 주제는 재즈와 관련된 담론 및 대중적 가상이며, 거기에 숨겨진 사회였다.

재즈에 주목하는 이유도 이와 마찬가지다. 단, 지금 시대에 재즈는 미국에만 국한되지 않는다. 재즈는 관찰 대상으로서만 역할을 하는 것을 뛰어넘어 실천 대상으로서 기능하기도 한다. 가상 실재가 실제가 되어가는 현실을 대처하는 실천적 방법으로 재즈를 다시 바라볼 필요가 있다. 지금까지의 연구를 살펴보면 메타버스에서 문학은 콘텐츠로서만 매개되는 경우가 대부분이다. 문학이 갖는 인문 정신을 구현하기 위해서는 문학성이 철학으로까지 담론화되어야 하며 실제로 구현되는 것이어야 한다.

메타버스는 단순한 기기가 아니므로 도구적 관점에서 접근해서는 안 된다. 가상세계는 지금의 내 삶이 고스란히 영위되는 곳이므로 개념적 관점으로 이해되어야 한다. 재즈가 이러한 개념적 관점의 메타버스를 조금 손쉽게 이해시켜주는 방법이다. 곧, 이것이 메타버스를 재즈가 실천하는 접근이다. 아도르노가 재즈의 사회적 담론에 주목하였다면 이제는 재즈가 갖는 모순성에서 메타버스의 차원 전환성을 추론해볼 수도 있다. 다시 말해 재즈는 현실적 악보로 전달되는 음률과 악보 외에 눈에 보이지 않는 직관으로 만들어지는데, 직관은 가상이다. 그러므로 재즈는 가상과 현실이 생명성을 담보하는 모순의 영역이다.

모순이 없다면 재즈는 생겨날 수 없다는 사실 또한 모순이다. 메타버스 시대에 재즈를 주목해야 하는 이유가 여기에 있다. 메타버스는 '가상'+'현실'이고 이 역시 모순이기 때문이다. 메타버스는 모순되지 않으면 존재할 수 없는 개념이자 공간이다. 가상과 현실이라는 모순으로 구성된 메타버스가 이미 인류의 삶이 되어가고 있는 것도 사실이다.

　재즈의 기원은 문학의 기원과 같다. 둘 다 표면과 이면의 불일치에서 시작했다. 그것은 세계의 양면을 모두 파악하면서 파편화된 세계를 총체적으로 종합하려는 인식의 발로이기도 했다. 미국 뉴올리언스(New Orleans)에서 시작한 재즈는 자유에 대한 열망이 점철된 현실 탈피의 상상이다. 혹은 다름에 대한 욕망이 만들어낸 결과다. 현실을 가상화하는 이유는 여러 가지겠지만 재즈는 나의 '지금', '여기'가 마음에 들지 않아서 탄생했다. 이는 그 자체로 유희를 일으킬 수도 있고, 또 다른 세계에 대한 발상의 원천지가 될 수도 있다.

　이러한 재즈의 행태는 음악을 통한 인류 진화의 단계를 보여준다. 또한 재즈를 통해 음악의 문학성이 어떻게 인류 진화의 한 양상을 이루었으며 또 추진체가 되었는지 읽을 수 있다. 재즈의 문학성은 기호성과 텍스트성에 있다. 재즈에는 즉흥연주가 으레 있기 마련이고, 즉흥연주는 재즈를 규정하는 공리가 되었다. 즉흥연주는 재즈의 문학성이며 생명이다. 연주자들의 즉흥연주는 서로의 기억 속에 저장되었다가 은연중 나타난다. 이러한 즉흥연주의 특성은 필연적으로 즉흥연주 텍스트 간의 상호텍스트성(intertextuality)을 만들어낸다.

　재즈의 존재는 모순에서 시작된다. 모순이 없는 재즈는 없다. 재즈는 생태적으로 체계적 폐기(systematic abandonment)를 요구하기 때문이다. 재즈는 악보라는 형식에 구속되지 않고 직관에 의존해서 연주한다. 이는 탈 형식이다. 재즈에서는 모두가 리더(leader)이며 모두 팔로워(follower)다. 자유의 미학을 실현하기 위한 과정의 정점에서 탄생한 프리재즈(free jazz) 스타일은 하나의 장애로 여겨졌던 기존의 음악적 형식성으로부터 탈피하여 자유의 이념을 극대화하는 데에 초점을 맞추고 있다.

하지만 재즈 역시 음악이며, 따라서 음악 고유의 형식성에서 탈피하려는 시도는 실현되기 쉬운 것이 아니었다. 형식성이 없으면 재즈가 되지 않고 탈 형식성이 없으면 재즈가 되지 않는다. 존재하기 위해서는 존재를 할 수 없게 하는 요소가 있어 어느 한 명제가 다른 명제를 모순적으로 보조해야 하기 때문이다. '죽어야만 산다.'라는 종교적 맥심(maxim)과도 흡사하다.

무라카미 하루키(村上春樹)는 '재즈는 우리 속에 갇혀 있으나, 그곳을 빠져나가려고 애쓰는 자유로운 영혼의 날갯짓 소리'라고 재단했다. 이는 가상성을 경험하는 방법으로 차용한 재즈의 특성을 문학적으로 해석한 바다. 상호텍스트에서 벗어나지 않되 악보에 적혀있지 않은 소리가 나는 것을 듣고 있노라면 재즈의 공간은 음률이 만들어내는 가상공간으로 탈바꿈한다.

재즈의 즉흥연주를 들으면 아슬아슬하게 공기 중에 떠돌다가 자기장에 끌리듯이 연주자의 몸으로 들어오는 가상 연주와 현실 연주의 경계를 느낄 수 있다. 즉흥성은 일상성에서 벗어나 가상세계에서 연주하는 듯한 착각을 일으킨다. 이는 단순히 연주자의 상상에 의존하는 연주로 끝나지 않고 청자를 가상세계로 이끈다. 다시 말해, 정해진 대로 움직이는 현실에서 보이지 않던 것을 들리게 하는 것이 재즈라는 말이다. 작곡과 연주는 시간적으로나 인과적으로 연결되어 있고, 이 둘 간의 인과적 관계는 무한소급으로 빠질 가능성이 있는데, 상식적 차원의 연주와 작곡의 경계가 무너질 때, 즉 인과관계가 역전될 때 가상과 현실의 경계를 맛보게 된다. 내면적

소리 이미지가 실현되는 차원이 나타날 때 재즈를 통해서 전위와 전환 현상이 발생하는 것이다.

그렇다고 아무렇게나 연주하는 것에 즉흥성이 발휘되는 것은 아니다. 사실 재즈 연주자의 기억과 계획 속에 즉흥성이 있다. 재즈 연주자는 실시간 계획을 통해 다음 연주의 운지점부터 예상한다. 이것이 클래식 음악 연주자와의 다른 점이고 재즈만이 갖는 메타버스의 성격, 즉 예상적 가상성이다. 그러므로 재즈를 연주하다가 갑자기 캐논을 연주할 수는 없는 것이다. 한 연구에서 피아니스트 30명을 대상으로 뇌파 실험을 했는데 재즈 피아니스트와 클래식 피아니스트가 두뇌를 사용하는 회로가 다른 것이 드러났다.

클래식 피아니스트는 '무엇을'에 더 집중하는 반면 재즈 피아니스트는 즉흥성이 중요하므로 예상하지 못한 화음을 창조하려고 연주하는 것이다. 재즈 피아니스트의 두뇌는 클래식 피아니스트의 두뇌보다 더 빨리 행동을 짜기 시작했다. 재즈 피아니스트에게 예상하지 못한 코드를 화음 있게 연주하라고 요구할 때, 재즈 피아니스트의 두뇌는 클래식 피아니스트보다 더욱 활발하게 움직였다. 운지법을 어떻게 할지 빠르게 계획해야 하기 때문이다. 재즈 피아니스트는 변화에 좀 더 반응할 수 있었으며 연주를 계속할 수 있었다고 말했다.

이러한 전환의 힘은 공감에서부터 시작된다. 타자와의 공감뿐만이 아니라 자아와의 공감도 포함한다. 재즈를 빌려 표현하자면 악보의 음률을 따르는 자아와 즉흥의 힘을 미는 자아 간에 공감이 형성되어야 한다. 공감은 재즈는 모순이지만 모순이 아니라고 하는 모순 연습(이는 최원재 교수가 명명한 것으로 모순 실험이라고 해도 좋을 것이다)에서 나온다. 이는 재즈의 자발성, 불완전성, 제한된 자율성이 있어 가능한 일이다.

재즈의 모순 연습 방법인 '넘나듦'은 메타버스에서 요구하는 차원 전환 역량과 맥을 같이 한다. 기술이 말하는 메타버스는 '가짜를 진짜처럼' 느껴지게 만드는 것이다. 메타버스는 인간의 착각에 기초하기 때문이다. 가상 실재는 '가짜도 진짜처럼'이다. 인류는 가짜와 진짜를 모두 살아갈 것이기 때문이다. 그리고 재즈의 즉흥연주라는 넘나듦이 모순 연습이라는 차원 전환 역량이 되어 메타버스에서 살아가는 방법을 알려준다.

<그림82 〈표절〉>

르네 마그리트(Rene Magritte)의 〈그림 82〉는 모순 연습을 시각적으로 보여주는 가장 '재즈 같은' 작품이다. 그림의 완성은 이쪽과 저쪽이 모두 만들어내고 있다.

메타버스 이전에는 모두 모순을 해결하려고 했다. 갈릴레오(Galileo

Galilei)의 생각 실험(독일어로 gedanken Experiment, 영어로는 thought experiment라고 한다. 사물이나 개념을 이해하기 위해 가상의 시나리오를 이용하는 방법)이 수천 년 동안 이어져 온 모순을 없애는 것이었다면 메타버스 시대의 모순 연습은 모순을 안고 살기 위해 하는 것이다. 앞으로 모순은 존재의 원인이 될 것이다. 가상세계는 양자역학의 세계이기 때문이다.

양자역학에서 하나의 객체는 두 가지 양자적 특성을 갖는다. 입자성과 파동성이다. 이들을 동시에 관측하는 것은 원리적으로 불가능하다. 물리학에서는 이것을 처음에는 이중성(duality), 상보성(complementarity)이라는 용어로 의미화했다. 상보성의 중요한 예로는 베르너 하이젠베르크(Werner Karl Heisenberg)가 찾아낸 불확정성의 원리가 있다. 이 원리로 인해 물리학자는 주관적, 확률적, 불확실한 세상에서 살게 된다. 양자역학으로 인해서 과학자는 모순된 현상까지도 과학으로 받아들이게 되었고 과학은 철학과 떨어질 수 없는 관계를 맺게 되었다. 과학에서 모순은 점점 더 중요한 요소로 자리 잡았다. 이런 양자적 범위에서 관찰과 관찰의 대상은 서로에게 영향을 미친다.

<그림83 베르너 하이젠베르크>

서로 양립할 수 없는 두 개념이 혼재하는 모순이야말로 자연의 본질이다. 가상세계, 메타버스의 원리도 이와 마찬가지다. 가상과 현실은 엄연히 다르나 둘 사이의 상보성은 서로 간의 다름을 하나로 만든다. 메타버스는 현실 공간과 상호작용하며 가상과 현실의 융·복합이 이뤄지는 공간이므로 메타버스 역시 재즈의 성격인 체계적 폐기와 물리학의 성격인 상보성을 갖게 된다. 메타버스는 가상의 나와 현실의 나가 사는 공간이 된다. 일인칭 시점의 나와 삼인칭의 나를 상호 경험한다. 현실 속의 가짜 나, 가상 속의 진짜 나, 가상 속의 가짜 나, 현실 속의 진짜 나, 이 중에서 어느 자아가 진정한 자아인지 혼란스럽다.

이러한 상황에서 우선순위는 두 개의 자아 간 공감이다. 메타버스와 공감이라고 하면 메타버스 플랫폼을 이용해서 타자와 공감을 하는 식의 분위기를 떠올리기 쉽다. 예를 들면 행동 장애가 있는 공격자 또는 피해자의 입장이 되어볼 수 있는 가상적 현실 시스템 같은 것이다. 그러나 자아 간 공감이란 이러한 플랫폼에서의 도구적 공감이 아니라 메타버스의 공감이다. 개념적 범위에서 일어나는 자아 간의 공감이다. 이는 자아정체성을 찾는 일과 같다. 메타버스에서의 자아정체성이 현실 공간보다 진실한 자아라고 느낀다거나, 신체와 사회적 지위를 벗어나 인상관리와 자기표현이 더욱 편리하다고 느낀다는 사람들도 있다. 메타버스는 자아를 찾아야 존립하고 또 동시에 자아를 찾는 방법론으로서의 역할도 하게 된다.

지금이야 메타버스를 만들 수 있는 기술자가 한정되어 있으나 기술의 비약적인 발전으로 코딩 역시 머지않아 가상세계화된다. 지금 가장 대중적으로 주목받는 것은 이미지 생성 인공지능 모델인 달리(DALL-E), 이마젠(Imagen), 미드저니(MidJourney), 스테이블 디퓨전(Stable

Diffusion) 등이다. 한국의 LG 인공지능 연구원의 초거대 인공지능인 엑사원(EXAONE)은 반대로 이미지를 글로 바꿔주기도 한다. 메타(Meta)는 글을 영상으로 만들어 주는 비디오 생성 인공지능 모델을 발표했다. 시나리오 같은 긴 글을 입력하면 인공지능이 텍스트에 일일이 대응되는 영상을 생성하고 이를 이어 붙여 한 편의 영화처럼 만들어낸다. 구글은 또 사진 한 장만으로 동영상을 무한히 만들어 낼 수 있는 도구도 내놨다. 오픈에이아이(OpenAI)는 텍스트로 명령어를 입력하면 고화질 동영상을 만들어내는 서비스 '소라(Sora)'를 출시했다.

음악으로 메타버스를 구현하는 기업도 있다. 이모션웨이브(Emotionwave)의 어비스(Abyss)는 헤드셋, 이어폰, 인공지능 스피커, 사운드바 등과 연동해 인공지능 기술로 특화된 음향 경험을 할 수 있게 해주는 앱이다. 특히 바이노럴(Binaural) 오디오라는 기술을 이용, 음원이 도달하는 위치와 상태에 따른 차이를 느끼게 함으로써 청취자가 마치 실제 소리를 듣고 있는 듯한 착각을 일으키는 효과를 준다. 이른바 공간음향이다. 이러한 시장의 동향을 보면 실물 크기로 실제적인 시각화, 청각화를 가능하게 하는 곳이 메타버스다. 다음의 〈그림 84〉에 보이는 5D 영화의 화재 장면에서 이를 확인할 수 있다.

<그림84 5D 상영관>

앞으로의 메타버스 세상에서는 기술이 절대적 우위를 차지하지 못한다. 중요한 것은 기술이 만들어 놓은 메타버스에서 어떻게 살아갈 것인가에 관한 준비와 실행이다. 문학이 삶의 모순을 드러내 삶을 치유한다고 하면 그 자체로 모순인 메타버스에서는 모순 속에서 삶을 치유할 수 있을 것이다. 비대면 시기에 메타버스가 크게 드러나 마치 어떤 크나큰 절대적 존재로 여겨졌으나 메타버스는 삶의 전체가 아니며 종착지도 아니다. 아바타가 아닌 사용자가 실제로 살게 될 메타버스는 곧 들이닥칠 현실이므로 호모사피엔스의 삶의 진화에 한 부분일 뿐이다. 메타버스가 없어도 문학을 익히고 글을 쓰며 삶을 반추하듯이 메타버스에서도 같은 일어나게 될 것이다. 그러므로 메타버스를 맞이할 연습이 필요하다.

그러나 안타깝게도 이 연습을 할 수 있는 곳이 지금 어디에도 없다. 메타버스에서 살아갈 감각을 기르는 데 있어 현실과 가상 사이에서 감정의 전위가 일어날 수 있는 덜 추상적인 매개물이 필요하다. 현실과 가상의 갭을 어떻게 채우느냐에 관한 답을 보여줄 수 있는 실재감이 필요한 것이다. 현실과 가상의 사이가 너무 벌어지면 자아는 분열한다. 그러므로 가상의 나와 현실의 나 사이를 잇는 공감이 절실히 필요하고 모순을 안고 살아나가는 직관력이 필요하다. 이쪽과 저쪽을 구분하는 이분법에서 벗어나야 한다. 이는 수학이 세워놓은 절대적 아성에 대한 세기적 도전이기도 하다.

주목할 점은 최근의 변화가 단순히 시간과 소비의 양적 증가에 그치지 않는다는 점이다. 가상공간 내 활동 범위와 성격에 대한 질적 변화의 흐름도 감지되고 있기 때문이다. 게임과 엔터테인먼트에 치중되어 있던 가상 실재 서비스는 친교 활동과 교육, 비즈니스의 영역으로 확장되는 중이다. 그 결과, 현실과 가상이 분리된 패러다임에서 매우 제한적 영역에서만 구현되었던 가상세계는 새로운 전기를 맞고 있다. 오감을 접목하여 한층 진화된 상호작용이 가능하게 되었으며, 가상의 경험들이 현실과 긴밀히 연결되고 사용자 또한 두 세계의 공존을 익숙해하는 이른바 혼합세계가 펼쳐지고 있다. 더 나아가 가상의 공간이 실제 현실로 착각할 만큼 정교해지고, 일상의 활동 대부분이 구현됨으로써 굳이 두 세계의 영역을 구분할 필요가 없게 되는 대체 세계까지 바라볼 수 있게 되었다. 양자가 융합되고 현실과 가상의 경계를 허물어지는 이 같은 진화는 확장 가상세계로서 메타버스의 시대가 본격화되고 있음을 의미한다.

메타버스의 시대가 본격적으로 시작한다는 말은 모순의 힘이 모순을 모순이 아닌 것으로 바꿔놓는 시대가 온다는 말과 같다. 모순의 힘은 이쪽과 저쪽이 다르지 않다고 말해준다. 이는 모호함과는 다르다. '모순을 관찰할 수 있는가?'에 대한 답을 내기 위해서는 모호함이라는 개념이 들어설 수도 있으나 모순으로 만드는 세계는 모호함을 포섭할 뿐 모호함과 길항 구조를 구성하지 않는다. 가상세계 사회에서는 그동안 일반적으로 여겨졌던 것들이 모두 달리 보이게 되고, 달리 보였던 것이 모두 일반적으로 여겨지게 된다.

EPR 실험, 슈테른(Stern)-게를라흐(Gerlach)의 실험 결과들이 모순에 해당한다. 중립 K 메존(neutral K mesons)은 상호 양립 불가능한 입자와 반입자의 겹침 상태로 표현되므로 이 역시 모순으로 표현된다. 앞에 열거한 모든 놀라운 현상들이 이 세계가 모순의 원리로 짜여 있으며 바로 그 원리에 의해 작동함을 함축한다. 이는 사변 형이상학의 귀결이 아니라 비트겐슈타인(Ludwig Josef Johann Wittgenstein)이 역설한 모순의 현상학으로 해석한 양자역학의 귀결이다.

<그림85 비트겐슈타인>

 정합성을 이념으로 한 수학을 언어로 그것도 현대 물리학의 총아인 양자역학이라는 검증된 매뉴얼에 의해 번역한 자연 현상이 바로 그 이념을 해체하는 모순의 원리를 구현하고 있음은 그 자체 일종의 거대한 귀류법적 과정으로 여겨진다. 모순을 두려워하지 말라는 비트겐슈타인의 말은 수학적 관념론이 절대로 포기하지 않고 끝까지 움켜쥐고자 하는 정합성의 이념도 내려놓아 보라는 것이다. 이성의 기획이 견지해온 최후의 편견까지 에포케(epoché, 판단중지)했을 때 지금까지와는 다른 좀 더 열린 태도로 실재에 다가갈 수 있을지 모른다. 이러한 태도를 요구하는 곳이 가상세계다.

 메타버스가 일상이 되면 정반합은 사라지고 '정-정-합'이 된다. 이쪽이 곧 저쪽이 되므로 둘 중 한쪽의 삶이 곧 다른 쪽의 삶이다. 그리고 메타버스는 이러한 기술적 구조를 자연적, 사회적 환경으로 인식하고 활성화될 인간 뇌의 관계 형성 능력에 그 잠재성이 있다. 실제-시뮬레이션, 이쪽-저쪽, 안-밖을 구분하지 않고 전위시키는 뇌의 인지력이 핵심이 되므로 지금까지 인류를 지배해온 이분법적 세계관은 메타버스 세계에서 무력화될 것이다.

이를 대신할 인간 뇌의 힘이 필요하다. 재즈가 이런 힘을 길러준다. 재즈를 연주할 때 즉흥연주 부분과 즉흥연주 아닌 부분을 넘나든다. 즉흥연주를 하다가도 다시 악보로 돌아오는 것이 자연스럽다. 이러한 재즈의 특징이 메타버스에서의 삶을 준비하게 한다. 재즈를 통해서 차원 전환 역량, 즉 넘나듦(coming and going)의 감(feeling)을 감(senses)을 통해 손에 잡히게 익히게 할 수 있다.

그림

 미술가 중에는 세상에 아예 없는 것을 가상 실재로 만드는 이도 있고, 실제에 있거나 충분히 있을 법한 것을 가상 실재로 만들어 증강하는 이도 있다. 이들은 시각화에 능한 가상기술자이기 때문에 항상 가상세계를 여는 데에 직관적인 무엇을 내놓는다. 한국의 울산 반구대에 그림을 새겨넣었던 원시 인류를 떠올려보자. 이들은 눈에 보이는 것, 즉 사실적인 고래를 그림이라는 가상 실재로 만들어 바위라는 땅을 인터페이스 삼아 증강했고 이로써 혼합 실재를 완성했다. 사실주의 미술가와 추상주의 미술가 모두 가상 실재를 만든다. 그 공감대 주파수가 다를 뿐 혼합 실재로 만드는 데에 사용하는 메소드는 같다.

<그림86 물의 정원 풍경 액자>

 한국의 경기도 남양주에는 물의 정원이라고 하는 수변공원이 있다. 여기에는 풍경에 액자를 담아놓은 설치물이 있는데 이것이 아주 정확히 가

상세계의 양상을 보여준다. 인류가 가상세계를 만들고 싶어 하는 이유가 이 설치물에 모두 다 들어있다. 액자에 들어온 모습, 내 눈에 들어온 장면을 누군가에게 전하고 싶어서 혹은 내가 원할 때마다 꺼내 볼 수 있도록 하고 싶어서 호모사피엔스는 이를 남겼는데, 그 방법이 조각, 스케치 등으로 발전했고 플랫폼은 바위, 종이로 발전했다. 내 시야에 담긴 액자 속 장면을 남기기 위해서는 이를 어딘가에 배치해야 했고 움직이는 시야 전면의 가상화를 할 수 없던 인류는 그림이라는 정지된 가상 실재를 현실 속에 배치함으로써 증강 실재를 구현했다. 한발 더 나아가 내게 보이는 장면이 아니라 내가 보고 싶은 장면을 가상으로 구현하여 증강하기에 이르렀다.

<그림87 〈대사들〉>

아날로그 방법을 이용한 가상세계성의 발현을 찾아볼 수 있는 대표적인 사례로서는 회화 기법인 아나모픽(anamorphic) 원근법, 부감법, 조형 등을 들 수 있다. 시각적 착시현상은 새로운 공간 확장의 조형적 표현, 더 나아가 가상공간에 대한 가능성을 보여준다. 서양의 대표적인 아나모픽 작

153

품인 한스 홀바인(Hans Holbein)의 〈그림 87〉 하단에는 해골이 그려져 있는데, 이 해골은 시각적인 착시의 하나로 그림을 오른쪽의 높은 곳 또는 왼쪽의 낮은 곳에서 보아야만 해골로 보인다.

이는 물리적 실재를 수정하지 않고도 정상적인 기하학적 구조상에서 자체적으로 거리의 변화를 주고 색채의 변화를 줄 수 있어 독자적으로 요소로서 기능함으로써 가상세계의 성격을 갖는다.

<그림88 〈천장화〉>

또 다른 서양 중세의 대표적 아나모픽 작품은 로마의 성 이냐시오 로욜라 성당(Chiesa di Sant'Ignazio di Loyola a Campo Marzio)의 천장화다. 작가 안드레아 포초(Andrea Pozzo)는 성당 천장에 실제로는 없는 돔을 있는 것처럼 표현했다. 평평한 천장에 비정형 기법을 사용해서 높이를 착각하도록 그려 넣어 실제로는 없는 것을 있는 것처럼 보이게 하는 아날로그 가상세계 구현 기법을 선보였다. 위의 두 그림에서 작가가 의도한 '어떻게 보이려고 한다.'라는 기본 세계관이 회화 기법에 가상세계성을 부여하는 것이다.

다음의 〈그림 89〉는 사무엘 반 호흐스트라텐(Samuel Van Hoogstraten)이 제작한 〈네덜란드 집 인테리어 엿보기 상자(A Peepshow with Views of the Interior of a Dutch House)〉다. 이 또한 그림 겹쳐 놓기라는 기법으로 착시와 현존재-가상 존재와의 현실적 거리를 좁혀 가상세계성을 구현한 대표적인 작품이다.

<그림89 〈엿보기 상자〉>

한국의 조선 시대 산수화는 부감법을 많이 사용하는데 이 역시 가상세계 구현 메소드다. 〈몽유도원도(夢遊桃源圖)〉, 〈촉잔도권(蜀棧圖卷)〉은 실경이 아닌 관념 산수화로 모두 현실 세상에 존재하지 않는 곳에 대한 이미지 시각화다. 그러나 화가와 감상자가 이를 진짜처럼 받아들였기 때문에 가상세계 중에서도 가상 실재를 구현했다고 볼 수 있다.

〈몽유도원도〉는 안평대군의 꿈을 소재로 삼아 만든 관념 산수화다. 화가 안견은 도원을 실제로 본적도 가본 적이 없으나 평소에 그가 도원에 관한 이야기를 들어서 이에 대한 데이터 도메인 지식이 있고 부감법이라는 구현 메소드에 능숙했기 때문이었다. 이는 데이터가 내러티브되어 가상세계로 구현된 결과의 좋은 예다. 이와 마찬가지로 꿈을 소재로 한 소설도 데이터가 내러티브된 사례다.

<그림90 〈몽유도원도〉>

<그림91 〈촉잔도권〉>

　화가의 기본 세계관이 가상세계성을 결정한다. 오늘날 가상세계를 구현하는 방법을 이해하는 바대로 산수화에 대입해보면 관념 산수화는 가상 실재에 가깝고, 진경산수화는 증강 실재의 성격을 갖는다. 그리고 실경 산수화는 디지털 트윈이라고 볼 수 있다. 디지털 트윈은 물리적 자산 또는 환경에 대한 디지털 방식의 재현이다. 일종의 정보 모델로 일반적인 3D 모델과는 다르며 정확한 데이터가 생명이다. 디지털 트윈이 실시간으로 소통하는 가상세계라고 한다면 디지털이 빠진 '아날로그' 트윈은 정적 데이터 모델이다.

부감법이라는 가상세계 구현 메소드를 보고 알 수 있는 것은 데이터 도메인 지식의 중요성이다. 화가가 전체 풍경을 실제로 보면서 그린 것이 아니므로 상상화로도 볼 수 있으나 실제 경험하고 파악해 놓은 데이터를 종합적으로 구현하기 때문에 가상 실재로 보아야 한다. 만약 같은 풍경을 사진으로 찍으면 시야가 한정되겠지만 부감법을 사용하면 화면이 종합적이고 진실에 가까운 그림이라고 볼 수 있다.

궁중 기록화는 부감법의 특징을 확실히 보여준다. 화가에게 가장 중요한 것은 궁궐을 구성하는 여러 전각과 경물들이 어떤 모습으로, 어느 위치에 있는가를 꼼꼼히 따져 그 실제적 전모를 종합적으로 그려내는 일이다. 〈동궐도(東闕圖)〉를 그린 가상기술자들이 높은 곳에 올라 궁궐 전체를 본 적은 없겠지만, 이미 전각과 전각 사이를 다니며 궁궐의 상태와 특징 등을 경험했고 궁궐에 대해 깊이 이해하고 있었기 때문이다. 이들은 화가이기 전에 데이터에 능한 기술자이기도 했다.

〈항해조천도(航海朝天圖)〉는 바다를 건너 중국 북경으로 떠나는 한국의 조선 시대 외교관 이덕형 일행의 사신 행차 모습을 그렸는데, 모두 25점으로 주요한 장면을 골라 간결한 구성으로 사건과 경관을 서사적으로 전달한다. 이를 보면 이때 사람들도 애니메이션에 대한 욕구가 있었음을 알 수 있다. 당시 현장에 없던 사람들에게 이 그림은 가상세계였다. 실제로 이 그림에 이덕형은 '바닷길을 이용해 사행할 다른 이에게 도움을 주기 위해 자신의 사행길을 그림으로 그리게 했다.'라고 적었다. 오늘날의 차량용 내비게이션은 이런 생각이 모이고 진화해서 나타난 결과다.

<그림93 〈항해조천도〉 1>

<그림94 〈항해조천도〉 2>

<그림95 〈항해조천도〉 3>

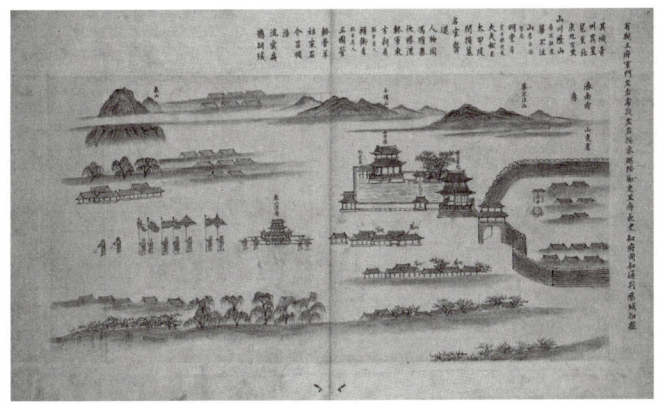

 진경산수화의 진경(眞景)은 말 그대로 실제의 경치를 뜻하기도 하지만 실제 경치뿐만 아니라 성리학적 이상향인 선경(仙景)의 의미가 내포되어 있다. 즉, 대상을 보이는 대로가 아니라 화가의 사고에 맞게 재구성한 이상적인 모습을 그린 것이다. 그러므로 진경산수화는 대상을 사실에 기반하되 사실보다 더 돋보이게 만드는 증강 실재라고 볼 수 있다.

<그림96 〈관서십경도〉>

〈그림 96〉은 한국의 성천(成川) 강선루(降仙樓)를 그린 것인데 정밀하게 묘사한 바가 마치 사진 같다. 이러한 실경산수화는 있는 그대로의 모습을 종이라는 플랫폼 위에 모사했으므로 가상세계 중에서 디지털 트윈의 성격을 갖는다.

<그림97 표암 강세황>

한국의 개성에 있는 박연 폭포를 예로 들어보자. 박연 폭포의 실제 모습을 표암 강세황은 디지털 트윈 메소드로 구현했다. 물론 디지털은 아니다. 그는 대상을 자세히 관찰하며 현장에서 하나하나 묘사함으로써 실제의 모습을 종이 플랫폼에 옮겼다. 그래서 흡사 그림지도와 비슷한 모양새가 나온다. 자연 대상에 대한 이러한 메타버스 메소드 접근은 3D지도를 거쳐 도시 전역을 시뮬레이션할 수 있는 디지털 트윈을 구축할 수 있게 한다. 일례로 서울시가 제작한 '디지털 트윈 S-MAP'은 서울 전역의 지형은 물론 약 60만동의 건물·시설물까지 3D로 생생하게 구현한다.

<그림98 강세황의 〈박연폭포〉>

　가상기술자 강세황의 진면모는 색채에서도 드러난다. 강세황 이전 조선의 화가들은 산과 나무의 녹색을 청색으로 그렸다. 강세황은 옛사람들이 산을 청(靑), 벽(碧), 창(蒼), 취(翠) 등으로 형용한 것은 먼 산을 가리키는 말일 뿐 실제 산의 색은 사실 녹(綠)이라고 해야 한다는 점을 깨달았다. 그래서 이러한 사실을 널리 알리기 위해 직접 관찰한 바의 소신에 따라 녹화헌(綠畵軒)으로 사랑의 편액을 붙였고 1768년『녹화헌기(綠畵軒記)』를 지었다. 강세황은 적절한 데이터를 찾아내며 자신이 관찰한 결과에 대한 소신을 저버리지 않았다.

　〈그림 99〉는 조선 후기의 화가 겸재 정선이 그린 박연 폭포다. 시원하게 떨어지는 박연 폭포의 물줄기를 수직으로 힘차게 가상화했다. 폭포 양쪽에 커다란 바위 절벽을 짙은 먹으로 칠하고 하얀 물줄기를 강조했다. 실제 실재인 박연 폭포는 위의 그림에서 나타나는 것보다 짧다. 그러나 그림에서 물줄기는 떨어지는 소리가 세차게 들리는 듯한 느낌을 준다. 겸재 정

선은 이러한 느낌을 구현하기 위해 물줄기를 실제보다 길게 그려 변형을 주었다. 자연 속에 있는 대상의 사실을 증강한 것이다. 미술 평론가들은 이를 두고 대상을 재해석하는 겸재 정선의 예술성이라고 하겠지만 가상기술자의 관점에서는 겸재 정선을 증강 실재를 만드는 데 탁월한 메타버스 개발자로 보게 된다. 겸재 정선을 뛰어난 가상기술자로 보는 이유는 또 하나 있다.

<그림99 정선의 〈박연폭포〉>

이 그림을 보고 있으면 강렬한 물소리가 들리는 듯한데, 당시 기술로는 폭포수 떨어지는 소리를 녹음할 수가 없으니 그림에 소리를 증강할 방법을 구상한 끝에 겸재 정선은 폭포수와 웅장한 절벽을 흑백 대비로 증강하는 메소드를 꾀했다는 점이다. 박연 폭포는 시각뿐만 아니라 소리까지 증강된 가상 실재다. 쉽게 말해서 '소리'가 '보이는' 그림이다. 이는 미술과 음악의 포개짐이다. 문학에서 말하는 공감각적 심상이 바로 이런 것이다. 소리까지 종이 플랫폼에 담아낸 가상세계를 구현한 것이다. 한 미술학자는 정선의 박연 폭포를 처음 봤을 때 그 청각적 기상에 쓰러질 뻔했다고 진술하기도 했다. 정선은 폭포 소리의 리얼리티와 물줄기의 이미지를 각각 가상 실재로 구현한 후 증강해서 혼합 실재를 완성했다.

<그림100 〈집으로 밀려드는 거리의 소음〉>

이런 겸재 정선의 증강 실재 구현 메소드는 서양화가에게서도 나타난다. 위의 〈그림 100〉은 〈집으로 밀려드는 거리의 소음(Noise of the Street Penetrates the House)〉이다. 움베르토 보초니(Umberto Boccioni)라는 미래파(Futurism) 화가는 소음이 진동하는 움직임을 표

163

현하기 위해 점묘법을 사용했다. 운동의 빠름을 점으로 찍어 표현함으로써 소란스러운 느낌이 들게 했다.

<그림101 움베르토 보초니>

이런 메소드는 피에트 몬드리안(Piet Mondrian)에게서도 보인다. 그의 1942년 작품 〈뉴욕 시티(New York City)〉, 〈브로드웨이 부기우기(Broadway Boogie Woogie)〉가 대표적인데, 〈브로드웨이 부기우기〉는 크고 작은 네모꼴들이 서로 모여 있는 그림이다. 마치 당시 유행했던 재즈 음악의 리듬을 보이는 느낌으로 표현했다.

<그림102 〈브로드웨이 부기우기〉>

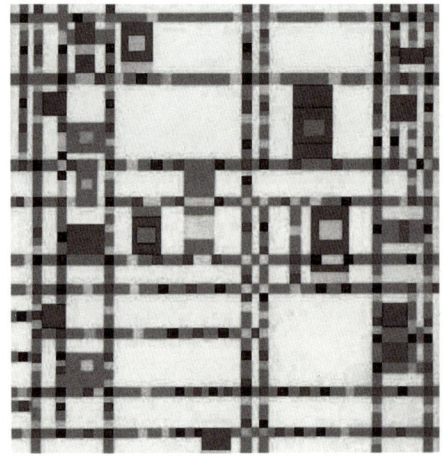

<그림103 피에트 몬드리안>

　한국의 조각가 권진규도 이러한 차원의 통섭 능력을 보여준 가상기술자다. 권진규는 음악으로 양감을 표현하려고 했다. 권진규, 피에트 몬드리안 등은 흔히 말하는 르네상스적 인물이다. 이런 호모사피엔스들에게서는 인지 차원의 전환이 쉽게 가능하다. 권진규나 피에트 몬드리안, 움베르토 보초니 같은 인물이 나타나는 것도 인류의 진화의 한 양상이다. 생물적 유전자와 사회적 유전자가 르네상스적 인간에게 집적되고 이들은 자기에게 끌리는 가상세계를 탐구하게 된다.

<그림104 권진규>

　권진규는 가상과 실제의 통섭 범위가 음악과 조각이었다. 손에 잡히지

않는 실재와 손에 잡히는 실재를 차원 전환해서 표현하고자 했던 한 명의 인간이 나타나기까지 권진규를 둘러싼 인류의 모든 것이 그의 인지력에 영향을 끼쳤다. 그는 추상적인 실재를 구체적이며 한정적인 실재로 나타내려고 했다. 음악이라는 누군가의 가상 실재를 자기만의 세계에서 증강하려고 차원을 넘나들었다. 마치 수학적인 개념이 숫자라는 상징을 통해 증강되듯이 조각이 보여주는 자연물의 실재를 증강해서 이를 가상세계에 안착시켰다.

정선과 강세황이 그린 〈박연 폭포〉를 보고 실제로 박연 폭포에 와본 적이 없는 사람들은 마치 진짜로 박연 폭포에 와 있는 것과 다름없이 느낀다. 이것이 가상세계다. 그리고 실제 박연 폭포에 와서 황진이가 바위 위에 남긴 글씨 위로 올라간 사람들은 바위의 딱딱함이 느껴지는 현실 속 아날로그 가상세계로 들어간 것이다. 이것이 디지털 가상세계에서 구현하고자 하는 햅틱 기술이다. 아날로그는 디지털로 변환되고 디지털은 아날로그를 원하는 모순적인 상태를 희구하는 곳이 가상세계다.

정선과 강세황이 가상 실재를 만들었던 박연 폭포를 가보면 폭포 아래 용바위 위에 황진이의 초서체가 새겨져 있다. 이는 황진이가 한자라는 가상 실재를 땅이라는 플랫폼에 새겨 증강 실재로 구현한 모습이다. 땅이 인터페이스가 되어 수백 년 동안 황진이의 증강 실재를 보여주고 있다.

황진이가 글자라는 가상 실재로 땅 위에 증강 실재를 구현했고, 땅이라는 아날로그 플랫폼이자 인터페이스에 사람들이 실제로 올라가게 되면 황진이의 증강 실재를 밟고 서 있는 사람들은 파타포를 실행하는 것이다. 디지털 기술이 나오기 한참 전부터 손에 만져지는 가상세계가 이미 현실 세계와 포개지고 있었다. 단, 현실에 고정된 가상세계였다. 디지털 기술은 현실의 가상세계를 현실에 고정하지 않는다. 눈앞에 없던 실재가 플랫폼을 통해 나타나게 한다는 것이 증강 실재의 현대적인 정의적 성격이지만 디지털 기술이 없던 시대에는 고정된 플랫폼에 계속 나타나 있게 유지할 수밖에 없었다. 황진이가 오늘날 증강 실재 메소드를 구현한다면 QR 코드를 바위에 조그맣게 새겨두고 우리는 이를 디지털 장치로 보았을 것이다.

<그림105 박연 폭포>

<그림106 황진이 초서체>

이념을 증강한 아날로그 가상세계로서의 그림은 조선 시대 화가 석지 채용신에게서 뚜렷하게 볼 수 있다. 〈그림 107〉에서처럼 석지 채용신은 정밀 묘사를 통해서 대상의 정신을 보여주는 메타버스 메소드를 구현했다. 석지필법으로 불리는 채용신의 증강 실재 구현 메소드는 전신사조(傳神寫照)의 하나다. 초상화를 그릴 때 형상 재현에 그치지 않고 정신까지 담아낸다는 것이다. 석지필법으로 구현한 증강 실재는 근대에 발명된 사진에 의해서 완전히 대체되어 사라졌으나 이후 사진과 영상 이미지라는 메타버스 메소드가 구현하려는 가상세계성을 이미 아날로그 방법으로도 얼마든지 구현할 수 있음을 확실히 보여주었다.

채용신이 정밀 묘사 초상화를 통해서 한 인물의 생애를 증강한 것은 조각가 미켈란젤로(Michelangelo Buonarroti)가 정방형 대리석에서 가상 실재 '다비드'를 증강했던 것과 마찬가지였다. 실제 인간의 모습을 했지만 사실로는 존재하지 않았던 '다비드'가 대리석을 플랫폼이자 인터페이스로 삼아 나타난 가상 실재였다면 채용신의 초상화는 종이를 플랫폼이자 인터페이스로 삼아 나타난 자기 관념의 증강된 상(像)인 것이다.

조형

회화 기법 외에 또 다른 가상세계 구현의 아날로그 인공 기법의 예로 전통적인 동양의 조형 예술 기법을 들 수 있다. 일본 중세에 만들어진 선(仙) 정원은 〈그림 108〉에 나타나는 바와 같이 모두 흰 모래가 있는데, 이는 바다를 나타내며 그 안에 있는 돌은 산을 표현하고 이끼는 섬을 가상화한다. 모두 도교의 영향을 받아 제작된 가상세계성의 아날로그 구현이다. 실제 현실에는 바닷물과 산, 섬, 피조물이 존재하지 않는 정원이지만 이를 가상으로 전환한 세계의 모습이다. 이것이 니체와 헤겔이 말했던 이념적 가상이다.

<그림108 일본 잇시단(一枝坦)의 정원>

가상세계의 아날로그 구현 양상을 가산(假山)에서도 찾을 수 있다. 가상세계성을 구현하려고 하는 심리와 의지가 사회적으로 나타나 이를 바탕으로 와유 문화가 대중적으로 퍼져나갈 무렵 조선의 사대부들은 가상세계성을 구현하는 아날로그적 플랫폼으로 가산을 쌓아 올렸다. 이러한 가상세

계화는 조선뿐만 아니라 중국과 일본에서도 찾아볼 수 있던 현상으로 앞서 소개한 일본의 선(仙) 정원이 가산과 유사한 형태의 한 예이다. 가산은 말 그대로 가짜 산을 뜻하는데 그림보다 더 생동감이 있다. 조형은 그림과 글을 넘어 훨씬 더 입체적인 가상세계 체험을 불러일으키기 때문이다. 그러므로 이러한 정신적 이념 세계가 만들어져있던 조선에서 가산은 단순히 자연물의 모방 미니어처가 아니라 상상의 공간을 가상화해서 현실 세계를 증강하는 가상세계의 아날로그 구현 양상이었다고 볼 수 있다. 다시 말해 가산은 조선의 사대부가 희구했던 인공-자연, 진짜-가짜, 허(虛)-실(實), 유-무의 경계가 사라진 이상향으로 현실과 가상의 이분법적 경계가 사라진 과정에서 나타난 존재론적 가상세계의 구현이었다.

한국의 대표적인 가산의 예로 함양 하환정의 무기연당(舞沂蓮塘)을 들 수 있다. 직사각형의 연당은 길이 20m, 폭 12.5m의 조선 시대 조형물이다. 연못 가운데 기암괴석으로 원형의 당주를 만들어 봉래산을 상징하는 양심대(養心臺)를 만들었다. 이는 천원지방을 상징화한 음·양 화합형의 원리를 따라 조성한 것으로 천지가 화합해 있으니 곧 축소된 우주를 뜻하는 것이다. 또한 가산의 돌에 봉황석(鳳凰石)과 백세청풍(百世淸風)이라는 글귀를 새겨 도교적 이상세계를 구축하고 있다. 땅에 가상 실재인 문자를 새김으로써 땅은 지질학적 물질이 아닌 증강 실재의 플랫폼으로 변화한다.

이를 가상세계의 철학적 요소인 시뮬라크르로 따져 보면 가산 제작에서의 가상세계성을 확연히 알 수 있다. 시뮬라크르는 존재하지 않지만 존재하는 것처럼, 때로는 존재하는 것보다 더 생생하게 인식되는 것을 말한다. 그러므로 앞에서 말한 소여와 같은 성질의 것이다. 지금도 사람들은 실체보다 이미지에 더 반응한다. 이것이 이미지가 실체를 넘어서는 하이퍼 리얼리티(hyper-reality)의 양상이다.

　무기연당의 봉래산은 태생이 가상의 이미지다. 관념 속의 산이기 때문에 봉래산이 어떤 모습을 하고 있는지는 아무도 모른다. 그러나 태생이 가상인 것에 현실적 산의 형태를 입히고 세상에 드러내게 한 것이 무기연당 속 봉래산 양심대다. 사람들은 이 양심대를 보고 저마다 관념을 가상적으로 실체화했을 것이다. 이를 통해 실체보다 더 이미지화된 결과물이 실체를 대신하게 되는 가상세계인 하이퍼 리얼리티가 나타났다. 이를 디지털로 제작했다면 모두가 공유할 수 있는 플랫폼에서 모두의 관념이 통일된 모습이 디지털 이미지로 나타났었겠지만 아날로그 기법으로는 이렇게 모두가 볼 수 있도록 가산을 만드는 수밖에 없었다. 그리고 무기연당을 만든 조형 제작자는 가산의 돌에 '봉황석'과 '백세청풍'이라는 글자를 새기면서 증강 실재를 꾀했다. 한갓 돌에 지나지 않는 물체가 전각이라는 아날로그 기법에 따라 증강되어 이념적 가상세계성을 갖게 된 것이었다.

<그림109 무기연당의 가산>

PART 7

가상세계와 영화

7. 가상세계와 영화

영화 역시 예술이다. 그러나 별도로 떼어 하나의 챕터를 만든 이유는 영화가 갖는 가상세계성이 지금 호모사피엔스의 가상세계 삶에 적중하기 때문이다. 그리고 영화의 가상세계성이 가장 짙고 뚜렷하다. 종이 위에 구현할 수 있는 것은 종이라는 공간의 한계 안에 한정된다. 혹여 이야기마다 이를 시각화하는 그림을 그려 넣을 수는 있겠지만 아날로그 가상세계에서는 연속성에 한계가 있다. 이를 간파한 호모사피엔스가 종이를 변형해서 필름을 만들었고 영화라는 가상세계를 만들었다. 종이를 플랫폼으로 스크린을 인터페이스로 해서 만든 가상세계다. 말 그대로 스크린 속에 만든 또 하나의 세상이다. 가장 가상세계로 인식할 만한 것이다.

말로만이 아닌 실제로 관찰할 수 있는 다른 세상이 만들어지자 호모사피엔스는 영화에 열광했다. 말과 글로만 하는 내러티브와 그림이라는 내러티브보다 훨씬 더 '나의 공간'에 가까워지는 내러티브이기 때문이다. 그리고 지금 시대에 영화는 모든 호모사피엔스의 삶이 되었다. 영화는 누구나 만들어 볼 수 있는 일상의 표현 방법이 되어 영상으로 자기의 일상을 알리는 일이 일반화되었다.

연극

연극 또한 영화와 같은 성격의 가상세계다. 물리적으로 봤을 때 연극은 영화보다 오히려 관객의 침투 가능성(permeability)이 더 많은 가상세계다.

<그림110 연극 무대>

그리스에는 기원전 5세기경 이미 반원형의 목조무대를 세운 야외극장이 있었다. 디오니소스 극장(Dionysus theater) 등에 세워진 연극의 무대에서 호모사피엔스들은 가상세계를 만들어 실제 세계에 포갰다. 그러나 영화는 연극보다 더 매끄러운 확장적 내러티브다. 내가 경험했고 이해할 수 있는 언어로 그려진 다른 이와 다른 세계가 다채롭게 내 눈앞에서 이질감 없이 펼쳐진다. 영화 안에서 일어나는 일은 나와 상당히 가까운 내러티브다. 영화는 그 자체로도 가상 실재이지만 그 안에 보이는 기물 또한 가상 실재다. 그 속에서 일어나는 사건 또한 가상 실재가 된다.

사진

영화와 가상세계의 관계를 설명하기에 앞서 사진을 살펴보아야 한다. 1839년 프랑스에서 루이 자끄 망데 다게르(Louis-Jacques-Mandé Daguerre)의 사진술이 공포되었고 사진은 인류의 흔적을 이전보다 훨씬 정확하게, 그리고 생생하게 기록했다.

이 사진 기술을 본 프랑스 역사 기록화가 폴 들라로슈(Paul Delaroche)는 '오늘로 그림은 죽었다.'라고 말했다. 그리고 1902년 2월 이탈리아 시인 겸 소설가 마리네티(Filippo Tommaso Marinetti)는 『피가로(Le Figaro)』에 '공간은 어제 죽었다.'라고 서술했다. 오늘 그림도 죽고, 어제 공간도 죽은 이유는 바로 사진 때문이었다. 미래파는 시각적 차원을 확대하고 속도라는 관념을 나타내는 데에 사진을 이용했는데, 〈그림 112〉는 에드워드 마이브리지(Eadweard-Muybridge)의 작품 〈뛰기(Hopping)〉로 속도를 사진으로 구현했다. 이러한 연속 촬영법은 조선 시대의 〈항해조천도〉에서 확인한 호모사피엔스의 애니메이션 내러티브 욕구를 사진으로 나타낸 것이다.

<그림112 <뛰기>>

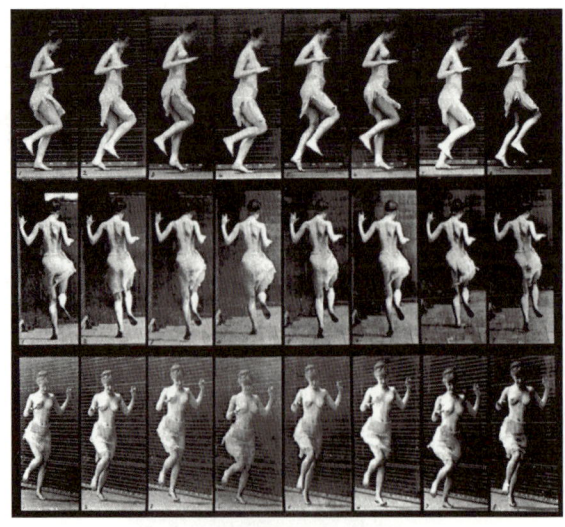

사진의 발명은 15세기부터 19세기까지 축적된 집단 경험의 결과다. 사진의 발명으로 호모사피엔스의 가상세계 구현에 대한 꿈과 욕구가 진일보했다. '본다'를 중시하는 서구 호모사피엔스들은 눈앞에 보이는 실제 현실 세계를 평면 위에 그대로 나타내려는 욕구가 있었고 원근법을 발명했다. 이를 위해 카메라 옵스큐라(Camera Obscura)라는 가상세계 구현 기술이 사용되었다.

<그림113 카메라 옵스큐라>

카메라 옵스큐라란 라틴어로 어두운 방을 뜻하는데 바깥을 보여주는 핀 홀(pin hole)이 뚫려있다. 르네상스 시대에 와서는 구멍에 비치는 상의 질을 개선하기 위해서 핀 홀에 렌즈를 끼워 넣게 되었고, 실제 방만큼 컸던 카메라의 크기도 쉽게 들고 다닐 수 있을 정도로 작아졌다. 이렇게 해서 카메라 옵스큐라는 금 도화지 위에 투사된 이미지를 화가가 따라 그릴 수 있게 해주는 밑그림용 도구가 되었다. 18세기에 와서야 은염(銀鹽)이 빛에 반응하는 성질이 있다는 것이 알려졌고 상을 고정하려는 화학적 연구가 진전되면서 사진으로 완성되게 되었다.

호모사피엔스는 자신의 신분과 모습을 후세라는 시간과 공간까지 이동시키려고 한다. 1853년 무렵에는 미국에서만 이미 연간 3백만 장 정도의 다게레오타이프(daguerreotype) 사진이 생산되고 있었는데, 그 대부분은 초상 사진이었다. 이러한 점은 한국의 조선 시대 석지 채용신의 정밀 묘사 인물화에서도 확인할 수 있었던 호모사피엔스의 니즈다.

<그림114 다게레오타이프 사진>

완벽한 자기의 모습을 남김으로써 영속성을 추구하는 것이 가상세계의 속성 중에 하나다. 석지 채용신은 이런 가상세계성을 통해 인간의 정신적인 면을 증강하려고 했다. 한 사람의 가장 정확한 모습이 가장 명확하게 그의 내러티브를 전달한다고 생각했기 때문이다.

19세기 초에 사진이 등장한 것은 단순히 기술적인 진보뿐만 아니라 시대 상황에 밀접하게 연관되어 있다. 18세기와 19세기 유럽은 프랑스에서 일어난 혁명과 인권선언, 영국의 산업혁명으로 사회가 큰 변화를 겪고 있었고, 인간 존중, 평등, 민주주의의 개념도 등장했다. 사람들에게 정보와 교육의 기회가 확대되었고, 이때 등장한 사진술은 모두가 스스로 경험할 수 없는 세계를 경험할 수 있도록 시각적인 데이터를 전달했다. 21세기 들어 부상한 디지털 가상세계도 최근의 시대정신에 연결해 생각해봐야 한다. 이런 면에서 한국의 조선 시대 〈남승도〉 놀이에 스며들어있던 가상세계성은 명승지에 직접 갈 수 없는 계층에 대한 인류애적 포용성을 진작부터 보여주었다.

<그림115 한국의 보빙사>

한국에서 보빙사를 미국으로 파견했을 때 찍은 위의 사진은 지금의 디지털 가상세계처럼 실시간으로 대중에게 전달되지는 못했지만 '내가 없는 곳'의 분위기를 생생하게 '내가 있는 곳'으로 전달해준다는 가상세계의 특징을 보여주었다. 그리고 사진이라는 인터페이스가 보여주는 현실성은 시간을 이동하여 당시의 인류와 지금의 인류 모두에게 저들이 모여 있던 저 공간과 시간을 생생하게 전달한다. 사진술의 발명과 진화에 이바지한 빛의 물리적 속성을 발견한 수학자들, 이를 간파한 예술가들, 감광재료를 발명한 화학자들 모두가 호모사피엔스의 가상세계에 대한 욕구를 가상기술로 발전시킨 가상세계 구현의 주역이었다.

<그림116 코닥 카메라>

1888년 코닥(Kodak)은 당시 100컷짜리 롤(Roll) 필름이 들어있는 카메라(Original Kodak Camera, Serial No. 540)를 25달러에 판매했는데, 이 카메라로 사진을 찍으면 코닥이 사진을 현상·인화해주고, 새 필름을 넣어서 돌려주었다. 〈그림 116〉의 카메라다. 이렇게 해서 일반인도 쉽

게 사진을 찍을 수 있었고, 더 많은 이들이 가상세계를 접할 수 있게 되었다. 그리고 결국 사진은 인류의 삶의 한복판에 서게 되었다. 가상세계성을 구현하는 호모사피엔스가 폭발적으로 증가했다.

〈그림 117〉은 영국의 왕실 일가의 이동 모습을 촬영하기 위해 차도에 뛰어든 한 사람의 모습을 보여준다. 그는 차에 치이거나 경호원의 총탄에 죽을 수도 있었다. 이런 위험을 감수하고까지 사진을 찍는 이유는 무엇일까? 사진으로 무언가를 남긴다는 것이 그만큼 현생 인류의 큰 특징이다. 다시 말해 가상세계성의 구현은 인류의 본능에 가까운 특징이다. 사진이 없는 사회관계망서비스(SNS)는 찾기 어렵다. 전 세계적으로 셀카를 찍다가 죽는 사람이 계속 늘어나고 있다는 사실은 사진을 찍는 행위가 호모사피엔스에게는 거부할 수 없는 본능과도 같다는 점을 말해준다.

<그림117 사진을 찍기 위해 차도로 뛰어든 남자>

영화

 땅을 이용해서 소통하려고 가상세계를 만들었던 인류가 또 다른 땅을 만들기 위해서 생각해 낸 것이 종이, 그리고 거기에 또 다른 땅을 만든 것이 영화다. 이렇게 제2의 '땅', 제3의 '땅'이 가상세계의 플랫폼으로 만들어졌다. 전기를 상용화할 수 있게 된 이후 영화라는 가상세계가 열릴 수 있는 토대가 마련되었다. 1895년 12월 28일, 프랑스의 한 카페에서 뤼미에르(Lumière) 형제는 직접 만든 세계 최초의 영화 〈열차의 도착(L'Arrivée d'un train en gare de La Ciotat)〉을 상영했다. 이 영화는 스토리 없이 단순히 열차가 도착하는 장면만 보여주는 것에 불과했다. 하지만 19세기 후반의 인류에게 이런 영화라는 가상세계의 등장은 큰 충격이었다.

<그림118 〈열차의 도착〉>

 열차가 진짜 같은 가짜임이 판명되었을 때 사람들은 영화가 주는 오락성(게임성)을 발견했다. 가상세계성이 갖는 게이미피케이션의 역할을 확인할 수 있는 대목이다. 영화라는 가상세계는 현실 실재를 스크린으로 불러들여 실감을 꾀했고, 이렇게 만들어진 가상세계는 다시 가상 실재를 불

러들여 인간의 마음속에 또 다른 차원을 형성했다. 그렇게 영화는 인류를 새로운 상상의 세계로 인도했고 영화를 통해 학습한 가상세계가 우리 인류의 머릿속에 고착화되었다. 영화는 인간의 인식을 바꾸어 놓기도 했다. 영화라는 실제를 반영한 가상 실재는 실제의 실재로 느껴지기도 했다. 가상 실재와도 공감하고 연민을 느낀다. 영화 캐릭터인 아이언맨(Iron Man)이 죽었을 때 관객은 울었다. 애니메이션의 주인공과 혼인을 한 사람도 있다. 픽토섹슈얼(Fictosexual)이라고 한다. 이 역시 인류가 가는 여정에 이미 영화의 가상세계가 깊이 관여하고 있음을 보여주는 방증이다.

오늘날 영화는 호모사피엔스의 삶이다. 이 때문에 영화 속 세계와 현실 세계를 착각하기도 한다. 디지털 가상세계에 대한 기대치가 올라간 데에는 영화의 몫이 크다. 영화라는 미디어에 어떻게 도입하면 구현이 자연스러울지를 먼저 염두에 두고 이야기를 내러티브하기도 한다. 호모사피엔스의 유전자에는 이미 영화가 있다. 그래서 호모사피엔스를 호모시네마티쿠스(Homo Cinematicus)라고 부르기도 한다. 영화는 호모사피엔스의 인식력, 상상력, 인지력을 모두 담고 있다. 그리고 아주 감각적이다. 그래서 시각적이며 청각적이기는 물론 촉각과 후각까지 염두에 둔 영화관도 등장했다. 이런 곳에서는 가상세계성이 무리 없이 증폭된다.

이미 가상세계성으로 만들어진 영화라는 가상 실재는 4D 영화 상영시스템에서 더 가까워진 내러티브를 선보인다. 〈그림 84〉에서 본 것처럼 5D 영화 상영시스템도 나왔다. 이러한 시스템은 감각을 자극할 뿐만 아니라 감각을 넘쳐나게 한다. 반구대 암각화를 그렸던 인류가 지금 한국의 CJ CGV의 스크린 엑스(Screen X)를 본다면 어떤 표정을 지을까? 스크린 엑스는 화면 정면을 넘어 양쪽 벽면까지 3면을 스크린으로 확장한 형태의 다면 특화관이다. 여기에서 상영되는 영화는 원본 자원이 VFX(Visual effects, 특수 시각 효과) 기술을 활용해 다시 제작된다. 디지털 기술을 이용해 내러티브의 현장감을 최적화하는 것이다. 광활한 경관, 빠른 속도감, 무중력, 전쟁 등의 가상세계를 체험하는 데 적합하다. '내가 있는 곳으로 그곳을 가져온다.'라는 호모사피엔스의 가상세계성이 여실히 구현된다. 천장과 바닥까지 스크린으로 설치된 곳이라면 시간과 공간의 분절성이 극히 최소화된다. 디지털을 만든 가상기술자는 문자를 만든 가상기술자가 구현하지 못했던 시간과 공간의 분절성을 극복하고 조금 더 매끄러운 내러티브를 가능하게 했다.

<그림119 스크린 엑스>

스크린 엑스 영화 상영관이라는 공간에서는 다른 이의 이야기를 내러티브한 가상의 공간을 만나게 된다. 즉, 물리적 가상세계와 영화적 가상세계를 모두 경험할 수 있게 된다. 이렇게 함으로써 영화 스크린이라는 닫힌 플랫폼에 대한 관객의 침투성을 넓힌 열린 공간으로서의 인터페이스를 구성할 수 있게 된다.

다음의 <그림 120>은 미국 라스베이거스에 있는 영상 상영관 스피어

(Sphere)다. 규모가 축구장 7배 면적으로 LED 스크린 120만 개, 스피커 16만 개가 설치되었다. 〈그림 122〉에서 보이듯이 상영관 내부에서 상영되는 영상은 관객이 단순히 영상을 보는 것 이상으로 마치 그곳에 가있는 듯한 느낌을 주기에 충분히 크다.

<그림122 스피어 내부 상영 모습>

영화가 보여주는 가상세계성은 복합적인데, 영화는 가상세계이면서 파타포를 구현하는 미디어이기도 하다. 영화로 나온 이야기가 어느새 실제 현실이 되어가는 것은 이를 증명한다. 영화 〈스타워즈(Star Wars)〉에 나오는 로봇 R2는 홀로그램을 허공에 쏘고, 스탠리 큐브릭(Stanley Kubrick) 감독의 〈2001: 스페이스 오디세이(2001: A Space Odyssey)〉에 나오는 태블릿 PC는 지금 누구나 사용하는 기기가 되었다. 이 영화는 1968년에 개봉되었다. 〈백투더퓨처(Back to the Future)〉가 1989년에 선보인 자동으로 끈을 조여주는 신발 기능은 2015년에 나왔다. 2002년 개봉한 〈마이너리티 리포트(Minority Report)〉에 나온 홍채인증 기술은 이미 여러 곳에서 사용 중이다. 〈딕 트레이시(Dick Tracy)〉에 나온 스마트 워치도 대중화되었다. 〈스타 트랙(Star Trek)〉의 물질 재조합 장치는 오늘날의 3D 프린터 원리를 미리 보여주었다. 〈인터스텔라(Interstellar)〉에는 중력 렌즈가 나오는데, 이를 이용해서 90억 광년 떨어진 이카로스

를 발견했다. 블랙홀에 관한 내용 전개에 있어서 〈인터스텔라〉가 옳았다는 사실이 최근 밝혀졌고, 이는 영화가 더 이상 허구를 좇는 상상의 이야기를 넘어 인류의 삶을 고스란히 파타포하고 있음을 보여준다. 영화 〈매트릭스(The Matrix)〉에서처럼 인간을 가상세계에 연결하는 마이크로로봇(Micro-robot) 기술도 개발되었다. 〈이너스페이스(Innerspace)〉에서도 인간의 몸속으로 들어가는 극소형 잠수함 기술이 나왔다.

 이처럼 영화 속의 소품, 내용이 현실과 괴리되지 않는 이유는 영화 속 내러티브가 단순히 상상에만 근거한 것이 아니기 때문이다. 『고대 그리스에서 1년 살기(A year in the life of ancient Greece)』 그리고 『고대 이집트에서 1년 살기(A year in the life of ancient Egypt)』 라는 소설이 자세한 데이터와 작가의 상상력에 의해 이질감 없이 다가 오듯이 영화는 연속되는 현실 사진에 의해 자연스러운 가상세계를 구현했다. 영화를 통한 미래에 대한 상상은 궁극적으로 지금의 우리가 중요하게 여기는 삶의 가치를 따져 보게 하고 이를 가상으로 생각해보게 한다. 책이 나오고 그 안의 이야기가 현실이 되듯이 영화가 나오고 그 안의 이야기가 현실이 된다. 이는 책이든 영화든 그 안에서 벌어지는 이야기의 중심에 인류가 있고 인류의 집단 경험이 텍스트와 이미지로 공감 주파수를 맞추기 때문이다. 내러티브로 만들어 낸 '그럴듯한' 가상 실재는 호모사피엔스들에게 공유되어 공감을 일으키는 것이다. 현생 인류가 살아오는 동안 늘 그래왔다. 방법이 달라졌을 뿐이다. 어떻게 내러티브를 할지에 대한 고민이 여러 가지 플랫폼과 인터페이스를 만들어왔다.

도로시 구두

도로시는 소설 『오즈의 마법사(The Wizard of Oz)』 속 주인공이다. 『오즈의 마법사』는 영화로도 제작되었는데, 도로시 구두는 텔레포트를 가능하게 하는 영화 속의 가상 실재다. 그런데 이 가상 실재가 실제 세계에서 도난당하는 일이 벌어졌다. 영화에서 사용된 소품이 도난당한 것이다. 누군가가 텔레포트를 하기 위해서 훔쳐 갔을까? 그렇다면 절도범에게 도로시 구두는 가상 실재인가? 실제 실재인가? 영화라는 가상세계 속에서야 텔레포트를 구현하는 실재이지만 실제 세계에서는 그런 기능이 있을 리가 없다. 영화의 흥행으로 여주인공이 신었던 구두에는 높은 가치가 매겨졌고 절도범은 텔레포트의 기능이 아니라 '영화 소재'로서의 구두를 훔쳤다. 이런 현상이 파타포가 나타나는 지점이다. 저 구두가 영화라는 가상세계에서 나오지 않았다면 높은 가치를 가질 수 있었을까?

<그림123 영화 〈오즈의 마법사〉>

이는 또 다른 모방성이다. 그리고 영화라는 '땅'에서 나타난 상징성이 실제 세계로 침투한 것이다. 영화에서 주인공 누가 썼던 무엇, 영화 속에

서 누가 죽었던 장소 등은 모두 현실 세계에서도 인기가 많다.

　인류가 실제 세계를 스크린이라는 인터페이스로 옮겨놓은 것이 영화라는 가상세계다. 그런데 영화라는 가상세계에서 쓰인 가상 실재를 실제 세계로 가져온다. 영화가 만든 가상 실재가 실제 실재가 되는 이러한 현상은 왜 일어나는가? 영화를 제작한 장소는 많은 이들이 찾는 성지가 된다. 영화에서 보던 곳을 실제로 가면 고대 유적지를 밟아보는 느낌이 든다. 영화가 역사극이라고 하면 더욱 그렇다. 당시의 실재가 증강되어 지금의 인류에게 전해지는 것이다. 영화라는 가상세계를 만들 수 있는 토대인 실제 세계에 사는 인류는 그 가상세계 영화를 토대로 증강되어 영화와 함께 실제 세계를 산다. 이것이 파타포다.

백투더퓨처 데이

 2015년 10월 21일은 영화 〈백투더퓨처 2〉에서 주인공이 타임머신 자동차를 타고 날아간 미래다. 1985년부터 총 3편에 걸쳐 제작되어 세계적인 인기를 끌었던 〈백투더퓨처〉 시리즈가 개봉 30주년과 영화에서 예견한 백투더퓨처 데이(Back to the Future Day)를 맞아 미국 전역에서 축제가 열렸다. 영화 속에 등장했던 버거킹, 펩시콜라, 나이키 등의 기업들은 특별한 마케팅을 진행하기도 했다.

 영화 속에서 주인공은 30년 후 미래인 2015년에 도착하자마자 '카페 80's'에 들어가 펩시콜라를 주문한다. 이 카페에서는 인간이 아닌 로봇이 서빙을 하는데 테이블에서 독특한 병 디자인의 펩시콜라가 튀어나온다. 이를 기념해 영화 속 펩시콜라와 같은 모양의 펩시콜라 6,500병이 한정판으로 한 병당 20.15달러에 판매되었다. 버거킹은 영화에서 주인공이 타는 '호버 보드(hover board)'를 패러디해서 '호버 트레이(hover tray)'를 광고로 제작했다.

 이쯤 되면 영화라는 가상세계, 그곳의 가상 실재, 그리고 영화 스크린 바깥의 실제 실재가 구분이 모호해진다. 이것이 지금까지 호모사피엔스가 이룩한 가상세계의 모습이다. 수많은 '도로시 구두'가 만들어진 것이다. 그리고 영화 속으로 들어가 보기를 원하는 많은 사람이 있었다. 영화 〈라스트 액션 히어로(The Last Action Hero)〉는 영화 속으로 들어가서 펼쳐지는 플롯으로 전개된다. 〈쥬만지(Jumanji)〉는 영화와 비슷한 가상세계인 게임으로 들어가는 내용의 영화다. 이렇게 가상세계 속으로 '들어간다'라는 개념은 타임머신으로 대표되는 호모사피엔스의 유전자다.

<그림124 영화 〈라스트 액션 히어로〉>

<그림125 영화 〈쥬만지〉>

어떤 이들은 영화 등장인물의 옷을 입고 흉내를 낸다. 마치 저 옛날 원시 인류가 자연을 보고 따라 하듯이 말이다. 오늘날을 사는 인류에게 영화는 분명히 그만으로 하나의 독립된 세계다. 실제 세계에서 영화라는 가상 세계로 오고 갈 수는 없지만, 호모사피엔스가 영화라는 가상세계에서 완전히 독립되어 살아갈 수 없는 것은 확실하다. 그리고 지금의 인류는 생각을 바꿔서 영화로 들어가려고 하지 않고 '내가 있는 곳'을 영화처럼 만들려는 가상세계성의 구현을 선보인다. 이는 영화 〈트루먼 쇼(The Truman Show)〉에서 이미 예견된 바다. 〈트루먼 쇼〉에서 주인공의 삶은 만들어진 세트장과 그 안을 채운 가상 실재 속에서 실제로 일어나는 일이 된다. 이 영화에서 가상 실재는 등장인물도 포함하는데, 앞으로는 디지털 가상 인물이 이를 대체할 것이다.

<그림126 영화 <트루먼 쇼>>

PART 8

가상세계와 기술

8. 가상세계와 기술

　자연의 모습을 보고 따라 하려 했든지, 마음속에 생긴 어떤 영감을 실행에 옮겨보려 했든지 간에 역사 속 세상의 모든 기술자는 가상기술자다. 여기서 말하는 기술자란 어떤 연장을 들고 무언가를 뚝딱뚝딱 만드는 사람만을 가리키지 않는다. 이론가도 기술자에 들어간다. 이들의 가상세계 구현의 노력은 어쩌면 '오고 가는 행위가 시간을 초월하고 공간을 바꾼다.'라는 전제로 모든 기술의 근원이었는지 모른다. 예나 지금이나 물리적으로 불가능에 가깝다는 타임머신을 계속 이야기하는 이유도 호모사피엔스의 유전자에 시간과 공간을 지배하고 싶은 욕구의 내러티브가 흐르고 있기 때문이다. 자전거, 자동차 등의 교통 수단은 인간이 스스로 기구, 기계를 이용해 시간과 공간을 잡고 싶은 이런 마음의 산물이다.

　그리고 선대 기술자가 만든 가상세계는 후대 기술자의 가상세계의 토대가 된다. 파타포도 그렇게 나타났고, 이렇게 인류는 사고의 영역을 키웠다. VFX로 만든 가상의 장면을 통해 관객은 실제 세계에서 영상으로 만들어진 가상 실재들을 만나 가상세계의 실감을 느낄 수 있고, 영상 속에서 진행되는 내러티브를 통해 메시지를 전달받을 수 있다. 영상 장면이 주는 표면적인 실감은 실제 세계와의 분절성을 없앤다.

영상 미디어 기술을 통해 이전에는 보이지 않았던 영역에 대한 실천력이 생겨난 것이다. 게다가 최근 VFX 기술의 비약적인 발전으로 인해 데이터의 영상화가 가능해지고 영상 데이터가 일반적으로 사용됨에 따라 영상은 가상세계를 구현하는 메소드로 확산하고 있다. VFX 메소드를 이용하면 영화라는 거창한 제작 프로젝트가 아니더라도 가상세계를 만들 수 있다. '내가 서 있는 곳'이 가상세계가 되는 것이다.

가상세계의 기본은 '내'가 있는 곳을 '그들'이 있는 곳으로 만드는 내러티브다. 그들 입장에 서보면 그들이 있는 곳을 내가 있는 곳으로 만들게 된다. 내가 누군가에게 지난날을 떠올리게 하거나 저 멀리서 발생한 일을 설명하는 순간부터 내러티브는 시작된다. 예측이나 가정도 모두 내러티브에 들어간다. 인류의 기술은 이 내러티브에서 시작했다.

유리

기원전 1세기 로마에서 투명한 유리가 만들어졌다. 이 투명함이 호모사피엔스의 가상세계성에 불을 지폈다. 호모사피엔스는 태양 광선을 실내로 끌어들여 방 밖의 풍경을 실내에서도 바라볼 수 있기를 바라게 되었고, 내가 밖에서 보았던 것을 실내에서도 볼 수 있게 할 방법을 고안하기 시작했다. 투명한 유리로 내가 있는 곳에 태양과 풍경을 옮겨놓을 수 있었으므로 인류는 시각적 가상세계성에 매료되었다. 전구나 텔레비전을 생각하게 된 계기도 바로 이 투명 유리에서 시작하는 것이다. 영상 이미지에 대한 아이디어도 여기서 시작했다. 처음에는 핸드 블로잉(hand-blowing) 기법으로 만들던 유리가 판유리로 제조되었고 더 많은 시각적 가상 실재가 다채롭게 구현되었고, 스테인드글라스(stained glass)가 세상에 나타났다.

<그림127 스테인드글라스>

스테인드글라스는 아날로그 데이터 내러티브의 절정이다. 데이터인 이야기를 유리에 그림으로 입히고 태양 빛을 이용해서 이를 실내로 쏘는 것이다. 기독교의 '십자가 길'이라는 콘텐츠가 스테인드글라스로 많이 내러티브되었다. 지금의 디지털 가상세계가 따르려고 하는 양상은 스테인드글라스에 모두 나타나 있다. 아날로그로 구현되었기 때문에 계속 한 자리에 머물러 있다는 점을 빼놓고는 목적과 구성 양식이 모두 디지털 가상세계에서 나타나는 바와 같다. 오늘날에도 스테인드글라스는 사용된다.

스테인드글라스는 약 7세기에 중동지역에서 시작해서 11세기경 유럽의 기독교 문화권에 들어와 교회 건축의 필수품이 되었다. 말하자면 실내조명을 책임지는 아이템이었다. 고딕 건축으로 인하여 벽이 얇아지고 창문이 커지면서 어두운 성당 내부를 밝게 비추는 중요한 역할을 맡게 되었다. 단순히 실내를 밝게 하려고만 했다면 요란하게 문양을 넣고 색색을 구현하려고 하지 않았을 것이다. 마치 천상에 있는 분위기를 만들고, 현실세계의 천국 같은 곳이라는 가상세계를 만들기 위한 장치였다.

<그림128 샤르트르 대성당 스테인드글라스 1>

13세기 프랑스의 샤르트르(Chartres) 대성당의 스테인드글라스는 176개의 창으로 이루어졌는데, 들어오는 빛이 마치 보석처럼 오묘하게 천국이 있다면 이런 곳이겠다고 할 수 있을 만한 가상세계를 만들어낸다.

<그림129 샤르트르 대성당 스테인드글라스 2>

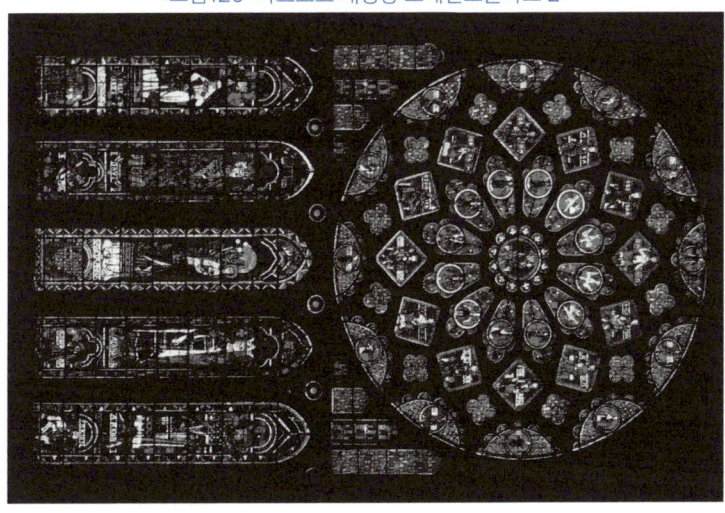

<그림130 샤르트르 대성당 스테인드글라스 3>

거울

인류 최초의 거울은 자연의 물 표면이었다. 그러므로 땅이 유일하게 가상세계 플랫폼이었던 시절 물도 역시 가상세계의 플랫폼이었다. 물은 땅과는 성격이 조금 달랐는데, 누군가와의 공유와 공감을 위한 플랫폼이라기보다는 지극히 개인적인 목적의 가상세계였기 때문이다. 그러나 물의 표면은 쉽게 흔들리고, 무엇보다도 결정적으로 휴대할 수가 없었기 때문에 휴대성을 갖춘 돌을 갈아 매끈하게 만들어 거울로 사용하기 시작했다.

튀르키예 아나톨리아(Anatolia) 지역의 고대 무덤에서 기원전 6000년 전 것으로 보이는 흑요석 거울이 이를 증명한다. 최초의 금속 거울은 기원전 3000년경 이집트인들이 구리를 이용해서 사용한 것이었다. 12세기에서 14세기를 거치면서 유리의 제조 기술이 발달하여 투명하고 면이 고른 유리를 만들 수 있게 되었다. 유리 제조의 중심지였던 이탈리아의 베네치아에서는 16세기 초 무색투명한 유리판에 얇은 주석과 수은의 합금을 붙이는 방법이 개발되었고, 이 거울이 유럽에 확산하면서 금속 거울은 사라지게 되었다.

거울은 호모사피엔스에게 완벽한 자기만의 공간을 선사했다. 오늘날 말하는 디지털 거울 세계(mirror worlds)는 거울을 만들었던 오래전 호모사피엔스의 생각에서 계속 이어져 온 결과다. 현실 세계를 사실적으로 나타내면서도 이를 확장한 가상세계가 거울 세계다. 거울이 연 가상세계는 인류의 사고에도 크게 영향을 끼쳤다. 거울을 통해서 자아의 정체성을 찾기도 했고 나의 '또 다른 나'를 봄으로써 몸으로 '만질 수 있는 나'와 '만져지지 않는 나'라는 포개짐의 사고 구조가 생기기 시작했다.

한국의 20세기 초 시인 이상(李箱)의 시에서 보이는 정신 분열적 모습은 사실 '현실의 나'와 '가상의 나' 사이가 포개지지 못하는 기술적 후진 사회에서 살았던 건축가 겸 시인의 몸부림이다. 가상세계에 대한 기술력이 부족했던 사회에 살았던 시인 이상은 이 두 세계의 중첩을 다음의 시에서 보이듯 글자의 포갬으로밖에 표현할 수 없었다.

거울

이상

거울속에는소리가없소
저렇게까지조용한세상은참없을것이오

거울속에도내게귀가있소
내말을못알아듣는딱한귀가두개나있소

거울속의나는왼손잡이오
내악수(握手)를받을줄모르는—악수(握手)를모르는왼손잡이오

거울때문에나는거울속의나를만져보지를못하는구료마는
거울아니었던들내가어찌거울속의나를만나보기만이라도했겠소

나는지금(至今)거울을안가졌소마는거울속에는늘거울속의내가있소
잘은모르지만외로된사업(事業)에골몰할께요

거울속의나는참나와는반대(反對)요마는
또꽤닮았소
나는거울속의나를근심하고진찰(診察)할수없으니퍽섭섭하오

이처럼 만져지지 않는 나를 발견하고 이를 다시 만질 수 있게끔 기술적으로 전환하는 쳇바퀴가 호모사피엔스의 역사다. 아날로그성을 뛰어넘어 디지털성을 만들어낸 아날로그는 다시 디지털 속의 아날로그성을 요구한다.

유리 거울은 또 하나의 커다란 가상세계의 문을 열었다. 유리거울이 선보인 가상세계는 실제 세계의 대칭이자 비대칭이었다. 이는 공중, 하늘, 우주처럼 바로 눈앞에 있지만 느낄 수 없던 존재다. 호모사피엔스는 실제 세계에서 자신의 모습을 확인할 수 없이 살다가 가상세계를 통해 자기의 모습을 관찰하기 시작했다. 제 모습을 관찰하려는 사람들의 욕망은 유리 거울이 만드는 가상세계를 빠르게 확산시켰다. 그리고 내 앞에 있지 않은 것을 갖고 와서 보여주는 가상 실재적 특성으로 여러 층위의 가상세계적 사고를 일으켰다. 대표적인 것이 망원경이다.

608년 네덜란드의 안경 제조업자인 리프셰(Hans Lipershey)는 두 개의 렌즈를 일정한 간격으로 두었을 때 멀리 있는 물체를 크게 볼 수 있다는 사실을 발견했다. 망원경은 리프셰라는 호모사피엔스의 우연한 대발견에서 시작했다. 갈릴레이(Galileo Galilei)는 이 소식을 접하고 볼록렌즈와 오목렌즈를 조합한 망원경을 제작하였다. 1610년 그는 직접 만든 망원경으로 금성, 달, 목성을 관찰했다. 이로써 갈릴레이는 지동설을 확신하게 되었다. 지동설은 이후 호모사피엔스 사고와 사회에 일대 대변혁을 일으켰다. 저 멀리에서 손에 잡히지 않던 또 다른 가상세계나 다름없던 곳을 내가 있는 곳으로 데리고 온 망원경은 케플러(Johannes Kepler)식 굴절망원경으로 개발되고 뉴턴(Isaac Newton)식 반사 망원경으로 진화했다.

<그림131 허블 우주망원경>

허블 우주망원경(Hubble Space Telescope, HST)은 지구 밖에서 우주의 깊은 곳을 관측한다. 지구대기는 가시광선을 포함한 몇몇 파장대만을 통과시키므로 전 파장대의 영역을 관측할 수 없으므로 과학자들은 망원경을 지구의 대기 바깥으로 보냈다. 허블 우주망원경은 1990년 우주로 발사되었고, 우주의 자세한 모습을 보여줌으로써 전설로 점철된 가상세계를 실제 세계로 더 정교하게 중첩했다. 허블 우주망원경에 이어 2021년에는 제임스 웹 우주 망원경(James Webb Space Telescope)이 발사되었다.

<그림132 제임스 웹 우주 망원경>

현미경

옛날부터 호모사피엔스들은 맨눈으로 볼 수 있는 것보다 작은 것들의 세계를 보려고 했다. 물질을 확대하는 지식은 이미 고대 그리스의 아르키메데스(Archimedes) 때에도 알려져 있었으나 최초의 현미경은 1590년경 네덜란드의 미들부르크에서 안경을 만드는 일을 하던 얀센(Zacharias Janssen)이 만들었다. 그리고 70년 후 1660년경 네덜란드의 안톤 판 레벤후크(Anthony van Leeuwenhoek)가 물체를 확대하여 관찰하는 데에 있어 획기적인 방법을 고안했다. 이후 로버트 훅(Robert hooke)도 자신만의 현미경을 만들어 처음으로 세포를 관찰하였고 1665년 『마이크로그라피아(Micrographia)』에 면도칼, 바늘, 섬유 등 다양한 대상을 확대경으로 본 모습을 기록하였다. 이 무렵부터 그동안 알지 못했던 미생물의 세계가 열렸다.

<그림133 로버트 훅>

유리와 렌즈가 연 가상세계는 특이한데, 호모사피엔스 옆에 늘 있었으나 상상으로만 머물렀던 곳을 현실 세계로 바로 이어버렸기 때문이다. 실제 세계였으나 볼 수 없어서 가상세계로 여겨지던 곳을 열어버린 것이다. 저 멀리에 있던 바깥의 가상세계를 보려고 했던 호모사피엔스는 '나만의

바로 그 공간 속'을 보게 되었다. 가장 멀리 있던 것이 가장 가깝게 있던 것이다. 거울이 만들어낸 가상세계가 나를 달리 보이게 했고 그 결과 가상세계성의 비대칭과 대칭이라는 절대 겹칠 수 없는 개념을 인류의 사고 속에 넣었다면 유리와 렌즈가 찾아낸 가상세계는 실제 세계와 가상세계가 절대 겹칠 수밖에 없다는 개념을 인류의 사고 속에 자리 잡게 했다.

이를 확인한 것이 내시경이다. 1805년 독일의 필립 보치니(Philipp Bozzini)가 최초로 내시경을 만들었고, 1868년 아돌프 쿠스말(Adolf Kussmaul)이 금속관을 이용해 위와 식도를 관찰했다. 그는 긴 칼을 목구멍에 넣었다 뺐다 하는 차력사의 쇼를 보고 영감을 얻었다. 호모사피엔스의 영감은 계속 순환하는 집단화를 이루는데 이것이 인류 역사의 촉매제다. 1957년 미국의 바실 허쇼위츠(Basil Hirschowiz)는 현대적인 형태의 내시경을 발명했다. 허쇼위츠는 또 사람의 머리카락을 보고 영감을 받아 카메라를 연결할 수 있는 섬유를 이용해서 파이버스코프(Fiberscope)라는 내시경을 만들었고 인체 내부를 관찰할 수 있도록 했다. 드디어 호모사피엔스가 스스로 자기의 속을 볼 수 있게 되었다.

살갗 밖의 세계를 현실 세계로 규정했던 인류의 사고는 살갗 안의 세계로까지 확장되었다. 이전까지만 해도 자기의 속은 늘 미지의 세계였고 상상의 세계였다. 가장 나와 가깝지만 보려고 해도 볼 수 없던 공간이다. 죽어서도 나는 볼 수 없던 곳이다. '내 안이 우주'라는 말은 어쩌면 생각으로 짐작한 나의 속 세계를 메타포한 것일지도 모른다. 1931년 막스 놀(Max Knoll)과 에른스트 루스카(Ernst Ruska)는 전자 현미경을 개발했다. 현실 세계의 다층면을 볼 수 있게 해준 현미경은 가상세계 구현과 가상 실재 이념에 커다란 영감을 남겼다.

텔레파시

1989년 영화 〈엑설런트 어드벤처(Bill & Ted's Excellent Adventure)〉를 보면 공중전화 타임머신을 타고 주인공은 과거로 돌아가 역사적 위인들을 만나고 이들을 자신의 현재 현실로 데려온다. 1989년을 살던 인류는 이런 생각을 갖고 있었다.

<그림134 영화 〈엑설런트 어드벤처〉>

이 내러티브는 앞서 보았던 한국의 조선 시대 게임 〈승경도〉에 깔린 사고에 나타난 것과 똑같다. 구현 메소드에서 차이가 있을 뿐 내러티브는 바뀌지 않았다. 지금이라면 어떻게 접근할까? 저들의 데이터를 모두 한데 모아서 마치 저들이 살아있는 것처럼 데이터를 디지털로 연결할 것이다. 가상 아인슈타인이 나타나 상대성이론을 설명해주고 소크라테스, 공자, 세종대왕 등과 대화하는 컴퓨터 시뮬레이션도 등장할 것이다. 나의 시·공간, 데이터의 시·공간, 데이터를 생산한 주체의 시·공간이 모두 얽혀서 실감 데이터가 나타나게 될 것이다.

그러므로 디지털 가상세계는 시·공간이 엉켜질 수 있는 곳이다. 지극히 개인적인 곳이며 또한 상당히 집단적인 곳이다. 이곳을 존재하게 하는 것은 개인적이기도 하고 동시에 모두의 것이기도 한 데이터다. 가상 실재 간의 중첩과 융합이 빠르게 일어나 호모사피엔스는 마치 실제로 그런 일이 벌어지는 듯한 느낌을 받고 이를 실제적 실재처럼 여긴다.

최근 가상 실재를 통해서 아인슈타인(Einstein)을 체험할 수 있는 디지털 가상세계가 등장했는데, 단순히 아인슈타인이 나타나는 시뮬레이션 영상이 아니라 사용자가 직접 아인슈타인이 되어보는 것이다. 소위 가상 실재 빙의다. 가상 실재 구현은 실제 인물과 가상 신체의 움직임이 일인칭 시점으로 실시간 반영되기 때문에 자신의 몸을 대체하는 가상 신체 소유 환상을 생성할 수 있다. 이는 사람의 뇌가 시각에 의지하고 있다는 점을 이용하여 가상 실재를 만들어 뇌라는 영역을 기술적으로 내러티브에 포함한 것이다. 인간은 정보 중 80%를 시각에서 얻으므로 시각이 뇌에 미치는 영향은 상당히 크다. 한 실험에서는 가상 실재 영상을 보면서 똑바로 걷는다고 생각한 피실험자들이 실제로는 원을 그리듯 걷고 있었으나 이를 몰랐다는 결과도 있다. 영상 기술로 가상세계를 구현하는 프로젝트가 늘어나는 데에는 이런 이유가 있다.

인류는 인간의 뇌 속을 탐험하는 오랜 여정을 계속하고 있다. 꿈이라는 심리·생물학적 현상에 대한 접근은 인간의 마음을 보고 싶은 호모사피엔스에게 흥미로운 도전이자 뇌를 통한 새로운 차원의 의사소통을 할 수 있게 하는 가상세계로의 진입로다. 이미 꿈에 관한 많은 이야기, 해몽, 연구는 뇌에 대한 호모사피엔스의 관심을 보여준다. 인류는 꿈이라는 가상세계의 공간을 기록하고 저장하려고 애썼다. 인간의 뇌가 플랫폼이 되어 나타나는 가상세계 속으로 들어가 가상세계의 장면을 끄집어내려고 했고, 이를 기록하고 저장하려고 했다. 이 가상세계를 신의 메시지로 해석하기도 했고, 미래에 대한 예견으로 보기도 했던 인류는 여러 결과물을 남겼다. 한국의 『달천몽유록』, 『원생몽유록』, 『꿈하늘』 등의 몽유(夢遊)소설은 수백 년 전 호모사피엔스가 꿈이라는 가상공간을 어떻게 생각하고 이용했는지 보여준다.

현대에 들어서 꿈에 대한 기술적 접근이 본격화되었고, 기능성자기공명영상장치(fMRI)를 이용해 인간의 뇌 활동을 측정해 생각을 엿보는 작업이 나타나기 시작했다. 모란 서프(Moran Cerf)는 꿈을 전기적으로 영상화시킴으로써 인간의 꿈을 녹화하는 기술에 도전하고 있다. 이는 개인별로 특정 이미지와 반응하는 뉴런에 대한 조합을 데이터베이스로 만들면 꿈을 영상 이미지로 기록할 수 있다는 원리에 기반한다. 그리고 이 데이터베이스는 다양한 장면을 보는 사이에 나타나는 뉴런의 활동을 모니터함으로써 확장된다.

이 분야의 선구적 가상기술자인 잭 갤런트(Jack Gallant)는 꿈과 공상을 찍는 카메라를 개발하고 있다. 이른바 '마음을 읽는 기술'이 현실에 등장한다면 공상을 하는 과정을 영상으로 담아낼 수 있고, 꿈을 꾸면 시각피질을 측정해 이를 동영상으로 남길 수도 있다. 이때가 오면 호모사피엔스에게 꿈은 디지털 영상으로 전달할 수 있는 가상세계가 된다. 심리·생물적 가상세계를 컴퓨터 모델을 통해 분석하고 디지털 가상세계로 전환하여 공유할 수 있게 되는 것이다. 유명 배우가 나오는 꿈을 꾸고 이를 영상으로 남길 수 있게 된다. 잭 갤런트는 자신의 연구에 대해 이렇게 말했다. "이 연구는 마음속의 영상을 재현해내기 위한 중요한 도약이다. 우리는 인간 마음의 영화 속으로 들어가는 창문을 열었다(This is a major leap toward reconstructing internal imagery. We are opening a window into the movies in our minds)."

사람의 생각을 읽고 문장으로 바꿔주는 인공지능도 등장했다. 미국 텍사스 대학 연구진은 사람의 뇌 활동을 기능적자기공명영상으로 측정해 생각하거나 상상하는 내용을 문장으로 재구성하는 인공지능 시스템을 개발했다. 이 시스템은 사람이 듣거나 생각하는 것을 단어 단위로 해독하기보다는 인공지능 모델을 사용해 사람이 생각한 내용의 요지를 파악하는 방식으로 작동한다. 메타(Meta)는 비침습적 신경 영상 기술인 자기뇌파검사(Magnetoencephalography, MEG)를 활용해 뇌 활동을 시각적으로 표현할 수 있는 인공지능 시스템을 개발했다. MEG는 뇌신경세포의 전기적 활동에서 발생하는 미세한 자기장을 측정하여 영상화하는 기술이다. 뇌파를 통해 인간의 마음을 읽으려는 기술이 최근 계속 나타나고 있다.

뇌-컴퓨터 인터페이스(brain-computer interface, BCI)로 개발 중인 기술에는 시각 외에 촉각을 이용하는 가상 구현 기술도 있다. 촉감의 데이터를 컴퓨터에 저장한 뒤 역(逆)으로 이용하면 가상의 촉감을 만들 수 있다는 원리다. 악수하는 시늉만으로도 뇌에서 손바닥 촉감에 관여하는 부위가 활성화되고 실제 악수하는 듯한 느낌이 일어날 수 있는 것이다. 이런 가상 구현의 경험은 우리의 인지과정을 바꾼다. 머나먼 과거를 살아가던 호모사피엔스들이 그 당시의 첨단 기술을 통해 인지력을 높였고 새로운 것을 발견하고 새로운 시도를 하기 위한 세계관을 확장했던 것과 마찬가지로 지금의 최첨단 기술을 통해 오늘을 살아가는 호모사피엔스들은 한 번 더 사고의 레벨업을 이룬다.

미국에서는 인간의 뇌를 역(逆) 설계하는 연구도 진행 중이다. 구글·마이크로소프트 등의 인공지능 프로젝트는 결국 개인의 두뇌 능력 증강 비용을 낮춰줄 것이다. 브레인 디코딩(brain decoding)이라고 하는 이 기술은 뇌를 직접 읽어 컴퓨터나 로봇을 작동시키는 뇌-컴퓨터 인터페이스를 위한 기술로 활용된다. 일론 머스크가 세운 스타트업 뉴럴링크(Neuralink Corporation)는 사람의 뇌를 컴퓨터와 직접 연결하는 뇌 임플란트 기술을 개발 중이다. 영화 〈매트릭스(The Matrix)〉에서처럼 뇌와 컴퓨터를 연결하여 마음과 기억을 다운로드할 수 있는 기술이다. 한국 대구경북과학기술원(DGIST)의 로봇 및 기계 전자 공학과도 신체 내부의 신경망을 외부에서 연결할 수 있는 마이크로로봇 기술 개발하는 데 성공함으로써 뇌-컴퓨터 인터페이스 기술 실현에 한 걸음 다가갔다. 뉴럴링크는 의학적인 목적 외에도 인간의 텔레파시를 실현하는 데에 최종적인 목표를 두고 있다. 손만 닿아도 휴대전화에 내장된 데이터가 상대방의 휴대전화에 전달되는 '인체통신' 장치가 2002년 개발되었는데, 무매체 가상세계를 만든 호모사피엔스는 하드웨어 자체를 아예 없애버리는 수준의 가상세계를 계획하고 있다.

<그림136 알렉산드라 스테파노프>

　위의 <그림 136>은 1930년 NBC 라디오에서 테레민(Theremin)을 연주하는 알렉산드라 스테파노프의 모습이다. 테레민은 두 개의 안테나에서 발생하는 전자기장을 손으로 간섭시켜 소리를 내는 원리의 악기다. 뇌-컴퓨터 인터페이스는 아니지만 매체 없이 무언가를 성취한다는 호모사피엔스의 염원이 성취된 결과다.

　호모사피엔스들이 마주할 다음 단계는 어떤 플랫폼일까? 보이지 않는 플랫폼, 즉 텔레파시일 가능성이 크다. 텔레파시로 소통하는 시대, 즉 모두가 자유롭게 공감할 수 있는 시대가 오면 모두가 자기의 공간과 시간을 조절하게 될 것이다. 이러한 생각이 가능할 수 있었던 것은 전파의 증명, 전기 발전기, 라디오, 텔레비전, 그리고 엘리베이터의 발명 덕분이다.

전파

가상기술자 중 가장 획기적인 가상기술자는 제임스 클라크 맥스웰(James Clerk Maxwell)이라는 호모사피엔스다. 제임스 클라크 맥스웰을 전후로 인류의 가상세계 플랫폼은 오프라인과 온라인으로 나뉜다.

<그림137 제임스 클라크 맥스웰>

18세기부터 지구에는 여러 가상기술자가 나타나는데 그중에서도 전기와 전파를 공부한 이들은 인류가 사는 삶의 모든 방식을 송두리째 바꿔놓았다. 이들이 대단한 이유는 새로운 패러다임으로 인류의 여정을 아주 거대하게 한 단계 바꿔놓았기 때문이다.

원시 시대 땅이라는 플랫폼을 사용하던 인류는 종이라는 새로운 플랫폼을 발명하여 역사를 새로 썼고, 전파라는 플랫폼을 이용하면서 눈에 보이는 곳과 눈에 보이지 않는 곳에 대한 개념을 정립하였고, 플랫폼과 일치되었던 인터페이스는 분리되기 시작했다. 호모사피엔스는 늘 그랬듯이 자연에 있는 플랫폼을 손에 넣고 진화한다. 자연은 항상 그 자리에 있다.

인류는 자연에 들어가 발견하기만 된다. 저 먼 옛날 인류가 숲속이라는 가상세계에 들어갔던 것처럼 말이다. 인류는 드디어 눈에 보이지 않는 자연 공간에 전파라는 기저 플랫폼을 놓고 인간의 세상 저 너머에 무궁무진한 가상세계의 잠재력이 있음을 알게 되었다. 호모사피엔스는 전파를 발견하고 만듦으로써 인류의 궤적을 전 우주적으로 확장하는 데에 성공했다. 이를 따라 당연히 인류의 가상세계성도 커졌다. 지금 우리가 사용하는 모든 디지털 도구는 전파라는 기저 플랫폼을 근거로 하고 있다.

제임스 클라크 맥스웰은 1865년 이전 과학자들로부터 연구되어 온 전기학과 자기학의 특성을 수학적인 네 가지 공식으로 통합했고, 패러데이의 법칙과 앙페르의 법칙을 활용해서 전자기파라는 에너지를 수식적으로 예견했다. 그리고 공간에서 전자기파가 퍼져나갈 수 있음을 설명했다. 이후 1887년에 하인리히 루돌프 헤르츠(Heinrich Rudolf Hertz)가 실험실에서 전파를 만들어냄으로써 맥스웰이 상정한 전자기파의 실체를 증명했다.

<그림138 하인리히 루돌프 헤르츠>

교류 발전의 원리를 이용해 인류는 원하는 영역 대의 전파를 만들 수 있었고, 다양한 영역의 전파를 이용해 원하는 데이터를 공간상으로 날려 보낼 수 있게 되었다. 굴리엘모 마르코니(Guglielmo Marconi)가 1896년에 무선 전신을 발명하는 등 많은 통신 장치의 발명이 뒤를 이었고, 이를 통해 전파는 점차 인류의 가상세계성을 실현할 수 있는 가장 실제적인 메소드로 자리를 잡았다.

<그림139 굴리엘모 마르코니>

'데이터를 보이지 않게 어디든 보내는' 전파의 특성은 시간과 공간을 정복하려는 호모사피엔스의 내러티브를 무한대로 가능하게 했다. 전파는 전화기, 라디오, 텔레비전, 인터넷, 무선 충전, 홀로그램, 디지털 네트워크 등을 가능하게 했고, 이루 말할 수 없을 정도의 엄청난 규모와 강도로 호모사피엔스의 사회를 가상세계로 덮어버렸다. 인류는 이미 전파가 만들어 낸 가상세계에서 살고 있었으나 이를 가상세계로 생각하지 못한 채 살고 있던 것이다. 보이지 않기 때문이다. 그리고 전파를 통해 전달되는 디지털 시각화의 결과를 보면서 마치 그것만이 가상세계인 줄 알고 있다. 고글을 쓰고 보는 가상 실재, 스마트폰에 나타나는 증강 실재는 인류가 한참 전에 만들어 놓은 가상세계의 가상 실재들로 구현된 하나의 최종 디지털 상품일 뿐이다.

라디오

호모사피엔스는 무선 전신이 발명되고 나서 전신을 통한 메시지의 암호-해독 과정 없이 음성을 직접 상대에게 전달하는 상상을 하게 되었다. '자신의 공간에서 상대의 공간을 듣는다면 어떨까?' 하는 가상세계성을 구현하고 싶었다. 내 육성(肉聲)을 그대로 전달한다면 이보다 더 정확한 내 러티브는 없을 것이라는 생각이었다. 전파를 통한 가상세계를 열기 위해서는 음성을 공기가 아닌 전류를 통해 전달 할 수 있는 장치를 개발해야 했다. 이 무렵은 인류 역사에서 호모사피엔스가 가상세계에 관한 상상을 획기적으로 또 구체적으로 실현해보려는 시기였다. 가상세계에 대한 사회적인 집단 경험이 최고조로 무르익었던 때였다. 1837년 새뮤얼 모스(Samuel Finley Breese Morse)가 전신기를 만들었고 1844년 모스 부호를 이용한 전신 연락이 성공했다. 이때부터 본격적으로 공간의 제약을 넘어 데이터를 공유하고 감정까지 생생하게 전달하려고 했던 호모사피엔스의 욕구가 가시화되었다.

<그림140 새뮤얼 모스>

종이라는 플랫폼을 만들어내고 한참 만에 또 다른 플랫폼을 만들어 낸 것이다. 이로써 눈에 보이지 않는 자연 영역을 인류의 활동 영역에 적극적으로 포함하기에 이르렀다. 독일의 필립 라이스(Johann Philipp Reis)는 1860년 '인공 귀'라는 특이한 장치를 발명했다. 이것이 세계 최초의 전화기였다.

<그림141 필립 라이스>

이탈리아의 안토니오 무치(Antonio Meucci)도 전화기를 발명하여 1871년 전화기 임시 특허를 냈다. 1876년 엘리사 그레이(Elisha Gray)는 전화기 특허를 신청하러 왔다가 벨(Alexander Graham Bell)보다 두 시간 늦어 선수를 뺏겼다. 여러 기술자가 앞다투어 전화를 개발하려고 애썼다는 점은 호모사피엔스가 사람의 목소리를 있는 그대로 전달하는 가상세계를 만들고자 하는 데에 큰 관심이 있었다는 것을 방증한다. 1877년에는 에디슨(Thomas Alva Edison)이 축음기를 만들어 음성을 기록할 수 있게 되자 무선 방식에 의한 음성의 전달도 충분히 가능할 것으로 여겨졌다. 보이지 않는 방법으로 데이터의 공유하면서 서로의 실시간 감정의 내러티브가 가능해진 것이다.

1901년에 캐나다의 레지날드 페든슨(Reginald Aubrey Fessenden)이 전파에 음성을 전달하는 기술을 개발했는데, 이는 마이크를 통해 소리를 전기신호로 바꾸고 전파에 결합하는 방식이었다.

<그림142 레지날드 페든슨>

<그림143 레지날드 페든슨과 동료들>

마르코니가 1904년에 파장 조정기를 만들어 수신자들이 원하는 주파

수를 직접 조정할 수 있게 되었고, 1906년 미국의 리 디 포리스트(Lee de Forest)가 3극 진공관을 만들어 전류를 증폭함으로써 음성을 전달하는 라디오 방송이 가능해지게 되었다.

<그림144 리 디 포리스트>

마침내 청각화된 내러티브 공간 이동이 전자적 가상세계를 열었다. 음성 텔레포트의 주인공은 페든슨이었다. 1906년 12월 24일 페든슨은 진폭 변조를 이용하여 인류 처음으로 음성과 음악을 전파에 실어 공중으로 날려 보내는 데 성공했다. 공중을 이용해 실제 세계를 가상세계의 공간으로 바꿔버린 역사적 순간이었다. 매사추세츠주의 브랜트 록(Brant Rock)에 있는 그의 송신소에서 보낸 신호는 많은 지역에서 수신되었고, 심지어 대서양에 떠 있는 배에서도 수신이 확인되었다.

<그림145 레지날드 페든슨의 송신소>

이후 라디오 기술은 혁신을 거듭했고 1933년 암스트롱(Edwin Howard Armstrong)이 주파수 변조(FM)를 이용한 라디오 방송 송출 기술을 발명하여 1935년 최초의 FM 라디오 방송국을 설립해 방송을 시작했다. 라디오의 발전에서 중요한 것은 전신과 전화가 발명되고 나서 하나의 선을 이용해서 여러 명이 동시에 신호와 음성을 주고받을 수 있는 다중 전신, 다중 전화를 여러 기술자가 계속 만들려고 노력했다는 점이다. 모스의 전신이 다중 전신으로 발전하면서 텔레타이프라이터(teletypewriter)가 개발되었고, 이런 일련의 과정에서 시분할 다중화(time-division multiplex), 주파수 분할 다중화(frequency-division multiplex) 등과 같은 다중 전신·전화 기술이 나타난 것이다. 이로써 호모사피엔스는 개인마다 가상세계를 열 수 있는 기술을 손에 넣었다. 코페르니쿠스적 전환이었다.

<그림146 텔레타이프라이터>

전기

전파와 더불어 호모사피엔스 역사상 가상세계의 신기원을 연 것은 전기다. 이탈리아의 과학자 알레산드로 볼타(Alessandro Giuseppe Antonio Anastasio Volta)가 최초로 전지를 발명하여 전기를 실질적으로 사용할 수 있게 된 이후 사람들은 전선을 통해 신호를 보내는 방법을 연구하기 시작했기 때문이다.

<그림147 알레산드로 볼타>

기원전 550년경 그리스의 철학자 탈레스가 호박이라는 보석에 작은 물체가 붙는 현상을 통해 전기를 처음 발견했다. 그리고 1940년 오스트리아의 고고학자 빌헬름 쾨니히(Wilhelm König)는 이라크 국립박물관에 있는 한 항아리를 살펴보고 이를 인류 최초의 전지라고 결론 내렸다. 높이 14㎝의 작은 항아리 안에는 돌돌 말린 얇은 구리판과 철봉이 들어있었고, 항아리의 바닥과 윗부분에 역청이 발라져 있었다. 이것을 두고 파피루스가 변형된 것일 뿐 전지로 보는 것은 무리라고 주장하는 고고학자들도 있다. 그러나 만약 이것이 전지라면 볼타가 전지를 만들었던 때가 1800년이

었으니 이보다 약 2000년 앞서 호모사피엔스는 전지를 제조했다고 볼 수 있다. 이 전지로 당시 사람들이 무엇을 하려고 했는지는 모른다. 그러나 전기를 손에 쥐고 싶어 했었다는 그들의 마음은 확인할 수 있다. 이는 에너지를 독립적으로 사용하고 싶어 했던 인류의 모습이다.

호모사피엔스는 자연에 얽매이지 않고, 자연 속에서 일어나는 일에 영향을 받지 않고 무언가를 하고 싶어 했다. 가상세계 역시 인류가 자연을 동반하면서도 독립적으로 살아가는 세계를 직접 만들고 싶어 하는 공간이다. 결국 에너지를 손에 넣게 되면 가상세계가 구현되는 환경이 만들어진다는 점을 고대 인류도 알고 있었다고 봐야 한다. 그러므로 전기는 전파와 더불어 호모사피엔스의 가상세계를 더욱 폭넓게 만들어 내는 쌍두마차라고 할 수 있다. 그것도 이전의 정지된 가상세계와는 확연히 다른 양상의 가상세계를 만들어내는 새로운 기술이다. 이 기술로 호모사피엔스는 실제 세계와 가상세계를 아주 조밀하게 밀착시키기 시작했다.

<그림148 뮈센브루크>

18세기부터 전기로 가상세계를 구현하려는 가상기술자가 대거 등장했다. 독일의 클라이스트(Ewald Georg von Kleist)는 1745년에 전기를 모으는 데에 성공했고, 1746년 네덜란드 라이덴 대학 실험물리학자 뮈센브루크(Pieter van Musschenbroek)는 라이덴 병(Leyden jar)을 발명했다. 이는 정전기를 유도해서 마찰 전기를 모으는 장치였다.

<그림149 라이덴 병>

미국의 벤자민 프랭클린(Benjamin Franklin)은 1752년 그 유명한 연날리기 실험을 통해 라이덴병을 충전했다. 이때 그가 사용했던 전력원은 번개였다. 1780년에는 이탈리아의 해부학자 갈바니(Luigi Aloisio Galvani)가 동물전기를 발견했는데 갈바니의 동료였던 볼타(Alessandro Volta)가 여기서 아이디어를 얻어 볼타전지를 발명했다.[3] 이렇게 시작한 인류의 전지는 방전 후에도 다시 충전해서 반복적으로 사용할 수 있는 2차 전지로 발달했다.

---

3) 갈바니의 실험은 소설가 메리 미셸에게도 영감을 주었다. 1815년 메리 미셸은 이 실험에 관해 듣고 나서 『프랑켄슈타인』을 집필했다.

<그림150 갈바니>

<그림151 볼타>

　프랑스의 물리학자 앙드레 마리 앙페르(André-Marie Ampère)는 전류가 흐를 때 생기는 자기력의 방향을 발견했고, 패러데이(Michael Faraday)는 '전류가 흐를 때 주위에 자기장이 생긴다면 역으로 자기장을 변화시키면 도선에 전류가 흐르지 않을까?'라고 생각했다. 이것이 패러데이 법칙이다. 패러데이는 전기와 자기가 서로 연관된다는 사실을 알았지만, 그 관계를 이론적 수식으로 규명하지는 못했다.

<그림152 앙페르>

<그림153 패러데이>

이 둘의 관계를 정리하여 방정식으로 만든 사람이 앞서 소개한 제임스 클러크 맥스웰이다. 패러데이의 법칙을 이용해 발전기를 만들려는 가상기술자들이 많이 나타났고, 드디어 독일의 지멘스(Werner von Simens)가 1866년 전자석을 이용하는 대형발전기를 만들었다.

<그림154 지멘스>

전기를 이용해서 만든 가장 인상적인 가상세계는 에디슨의 백열전구로 구현되었다. 호모사피엔스가 빛을 손에 넣고 쥐락펴락하기 시작했다.

<그림155 에디슨 백열전구>

1882년 9월 4일 전기 시대가 가상세계를 열었다. 이날 에디슨 조명 회사(Edison Illuminating Company)는 맨해튼의 펄 스트릿(Pearl Street)에 있는 발전소를 가동해서 전기를 공급했고 가정과 공장에서 전기 사용은 폭발적으로 늘었다. 〈그림 156〉은 1882년 6월 21일 하퍼스 위

클리(Harper's Weekly)에 실린 삽화다. 삽화의 제목은 '집집마다 전기빛: 뉴욕의 길에 전선용 튜브 놓기(The Electric Light In Houses : Laying The Tubes For Wires In The Streets Of New York)'였다.

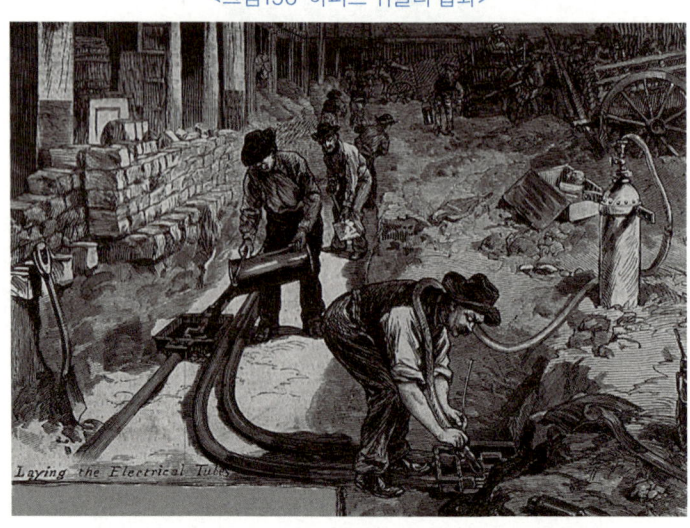

<그림156 하퍼스 위클리 삽화>

전구와 전기가 합쳐져 인류 삶의 패턴이 완전히 바뀌었다. 자연의 밤이 인류에게는 낮이 되는 가상세계가 열렸다. 자연의 법칙에 굳이 순응하지 않아도 인류는 가상의 태양이 만들어내는 가상세계에서 살 수 있게 되었다. 조명기구의 등장으로 교통, 통신 분야도 가상세계성을 크게 발휘할 수 있었다. 인류가 상상할 수 있는 관념의 공간이 훨씬 확장했고, 바다와 우주라는 미지의 공간도 인류의 발걸음을 허락했다.

백열전구의 개발은 호모사피엔스에게 전자공학이라는 분야도 일깨웠다. 에디슨이 전구를 개발하기 위해 실험을 하던 중에 대나무 필라멘트가 증발해 전구 안쪽에 검댕이 생기는 현상이 발생했고, 이를 해결하기 위해 에디슨은 전구에 금속 조각을 넣어 검댕이 금속 조각에 붙도록 했다. 그리고 이 실험에서는 전극으로 연결되지 않은 금속 조각에서 전기가 통하는 현상도 나타났는데, 영국의 물리학자 조셉 톰슨(Joseph John Thomson)이 그 이유를 밝혀냈다.

<그림157 조셉 톰슨>

톰슨은 진공관 양 끝에 전극을 붙인 다음 전압을 걸고 음극에서 양극으로 향하는 빛을 발견했다. 그는 이 빛을 음극선이라고 불렀고 후에 이 음극선은 전자의 흐름으로 밝혀졌다.

톰슨의 발견으로 호모사피엔스는 전자의 움직임을 손에 쥐게 되었고, 이를 이용해서 전기신호를 증폭시키거나, 교류를 직류로 바꾸는 일도 가능해졌다. 톰슨의 관찰로 발견된 전자는 진공관 안에서의 전류실험을 통해서였지만 그 원리는 이후 반도체 물질에도 적용될 것이었다. 전자혁명이라고 평가되는 가상세계를 여는 트랜지스터의 개발은 톰슨 덕분이었다.

트랜지스터

전자혁명은 트랜지스터가 진공관을 대체한 일로부터 시작되었다. 1904년 개발된 진공관은 너무 크고 유리관인 탓에 잘 깨졌다. 트랜지스터는 1947년 미국 벨 연구소의 과학자인 윌리엄 쇼클리(William B. Shockley), 존 바딘(John Bardeen), 월터 브래튼(Walter H. Brattain)에 의해서 개발되었다.

<그림158 윌리엄 쇼클리>

디지털에서는 주로 트랜지스터의 스위칭 기능을 이용해 이진법 신호로 사용되는 0과 1을 구분한다. 또한 전자회로를 설계할 때 트랜지스터를 조합해 AND, OR, NOR, NAND, XOR 등의 논리 게이트를 만들 수 있고, 이를 조합하면 연산기, 기억장치 등을 만들 수 있다. CPU, GPU, RAM, 플래시 메모리 등이다. 트랜지스터의 활용은 TV, 컴퓨터, 냉장고 등의 가상 실재를 작게 만들었고 휴대할 수 있게 했다. 이로써 호모사피엔스는 본격적으로 자기의 공간을 가상세계로 탈바꿈할 수 있었다. 현대 전자공학의 역사는 가상세계의 보편화를 일으켰고 이는 트랜지스터의 탄생 전과 후로 나뉜다.

팩시밀리

1843년 영국의 전기학자 알렉산더 베인(Alexander Bain)이 화학식 전신기를 발명했는데, 이것이 팩시밀리(facsimile)의 시작이다. 드디어 이미지를 전송할 수 있는 시대가 열린 것이다. 이 전신기의 송신기 추는 이미지의 어두운 부분을 읽은 후 모스 부호처럼 긴 줄과 짧은 줄로 전송했고, 수신기 추는 이 부호를 화학 처리한 종이 위에 기록했다. 이것이 팩스의 기본 원리다.

<그림159 알렉산더 베인>

1865년 조반니 카셀리(Giovanni Caselli)가 최초의 팩스인 팬텔레그래프(Pantelegragh)를 만들었다. 1906년에 독일의 아서 코른(Arthur Korn)이 금속 드럼과 광전관을 이용해서 이미지를 전기신호로 변환해서 전송하고 인쇄하는 기계를 발명한 이후 전자식 팩시밀리의 기본 원리가 만들어졌다.

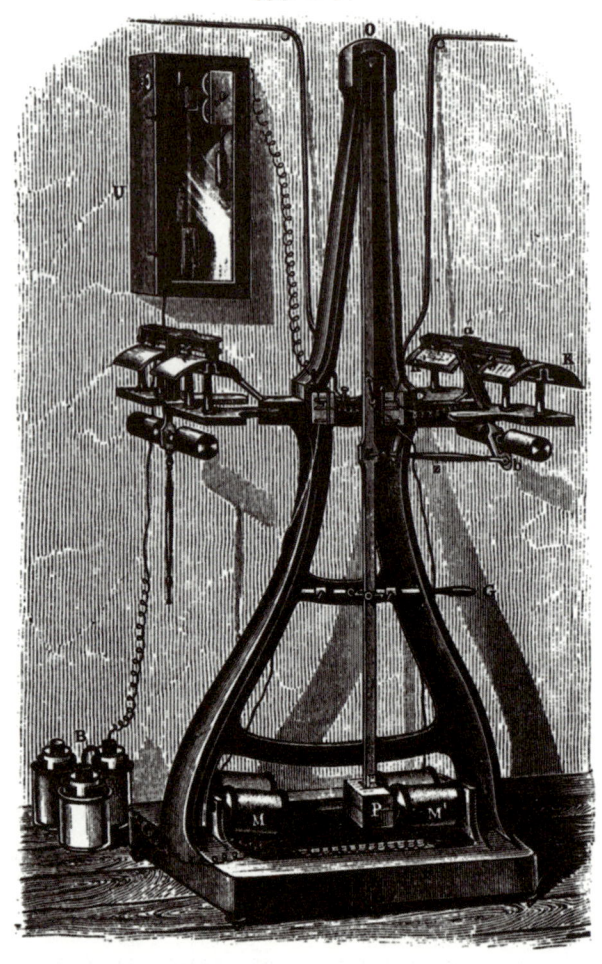

<그림160 팬텔레그래프>

텔레비전

1843년 알렉산더 베인은 텍스트를 행으로 나누고 그 밝기를 점으로 주사하는 방법을 발명했다. 그리고 1873년 셀레늄(selenium)이 발견되었는데, 셀레늄은 빛을 받으면 전기의 성질을 갖게 되는 광전효과가 있었다. 가상기술자들은 '셀레늄과 전신기 기술을 결합하면 영상을 전달할 수도 있겠다.'라는 생각을 했고, 이후 셀레늄은 초기 TV 기술자들의 기계식 TV 발명에 사용되기 시작했다. 1884년 독일의 파울 고틀립 닙코프(Paul Julius Gottlieb Nipkow)는 전기신호를 영상으로 바꾸는 장치를 발명했고 텔레비전의 원리를 처음으로 선보였다.

<그림161 닙코프 디스크>

그는 셀렌 광전지 판 앞에 구멍을 뚫은 회전원판을 만들고 모터로 돌렸다. 구멍을 통해 물체의 이미지를 담은 빛이 순차적으로 광전지에 도달하므로 여기서 발생하는 신호도 순차적으로 나온다는 원리였다. 이는 영화의 원리이기도 했는데 시차를 두고 영상신호를 보내더라도 잔상효과로 인해 전체의 이미지를 표현할 수 있었다. 그 결과 수많은 광전지에서 발생한 신호를 한 개의 전선으로도 다른 곳에 보낼 수 있었고, 이 전기신호를 수신하는 쪽에서는 그 반대 방식으로 이미지를 재생하면 되는 것이었다.

1917년 전구보다 강력한 네온등이 발명되었고, 전기신호의 강약에 따라 밝기가 다를 수 있었다. 드디어 1926년 존 로지 베어드(John Logie Baird)와 젠킨스(C. Francis Jenkins)는 각각 영국과 미국에서 기계 스캐닝 방식의 디스크를 통해 TV 영상을 구현했다. 젠킨스가 만든 텔레비전의 이름은 라디오 비전(Radio-vision)이었다.

무선을 통해 이미지를 보게 됨으로써 나의 공간과 타인의 공간이 한 곳에 존재하는 가상세계가 가능해졌다. 나의 여기(here)와 그의 저기(there)가 한곳에서 머무르면서 '져기(twohere)'를 만든 셈이다. 영상의 이동은 호모사피엔스의 자기 공간 이동이라는 염원이 최고조에 달한 결정적 사건이다. 비록 진짜 몸은 텔레포트를 할 수는 없지만 자기의 모습은 텔레포트를 할 수 있기 때문이다. 호모사피엔스는 위성통신을 통해 영상을 주고받음으로써 더 멀리 더 넓게 공간을 텔레포트하게 되었다. 한국의 강의실에서 독일의 강의실을 볼 수 있는 세상이 된 것이다. 한국의 강의실이 독일의 강의실로 공간 이동할 수 있는 가상세계가 열리게 된 것이다. 가상기술자들은 전화기를 무선으로 만들고 전화기와 TV를 합치려는 생각도 슬슬 해나가기 시작했을 것이다.

무선 조종

<그림162 니콜라 테슬라>

니콜라 테슬라(Nikola Tesla)는 1898년에 무선 조종 배(radio-controlled boat)를 시연했다. 이를 지켜본 사람들은 배가 텔레파시로 작동된다고 생각했다. 당시의 인류가 무선 기술에 대해 어떻게 생각하는지 엿볼 수 있는 대목이다. 라디오의 발전에도 테슬라의 코일이 큰 역할을 했고, 테슬라는 무선 전력 송신 기술의 상용화를 시도하기도 했다. 무선 전송 시스템에서 특히 두각을 나타냈던 테슬라는 지구에서 어디에 있든지 거리에 상관없이 에너지와 데이터를 주고받는 세상이 올 것이라고 믿고 이를 실현하려고 했던 가상기술자였다.

1900년 테슬라가 44세였을 때 J.P 모건으로부터 15만 달러를 투자받아 뉴욕주 롱아일랜드 토지(약 81 헥타르)를 구입하고 무선 전송 시스템의 개발을 시작했다. 그에게 토지를 판 제임스 워든(James Warden)의 이름을 따서 <그림 163> 워든클리프(Wardenclyffe)라고 부른 무선 전송용

탑을 세웠다. 이 무렵인 이탈리아의 굴리엘모 마르코니가 영국 해협을 사이에 두고 50km 거리의 무선통신에 성공했다. 이 시기의 가상기술자들은 무선 전송 기술을 놓고 한창 연구와 경쟁 중이었다. 인류의 눈에 보이는 플랫폼에서 보이지 않는 플랫폼으로의 차원 전환은 이때의 가상기술자 호모사피엔스들 덕분이다.

<그림163 워든클리프>

테슬라의 바람은 단순히 라디오 주파수를 이용한 송수신이 아니었다. 그는 지금에나 가능한 5G처럼 대량의 데이터를 주고받을 수 있는 기술을 당시에 원했다. 그의 연구가 성공했더라면 호모사피엔스는 거리에 상관없이 안테나 하나로만 에너지와 데이터를 공유할 수 있었을 것이다. 테슬라는 데이터뿐만 아니라 에너지도 손실 없이 무선으로 전달하는 기계를 만들고자 했던 가상기술자였다. 그리고 또한 박애주의자였다. 테슬라는 생존 당시에는 '망상 기술자'라는 소리를 듣기도 했지만, 보이지 않는 플랫폼의 잠재력을 볼 줄 아는 과학자였고 지금 인류가 디지털 가상세계를 구현하는 데에 필수적인 기반을 세웠다. 다음의 〈그림 164〉, 〈그림 165〉,

〈그림 166〉은 테슬라의 실험을 대대적으로 보도한 여러 매체에 실린 기사들이 특히 〈그림 166〉의 신문 기사 제목('테슬라의 무선 "세계 시스템"이 지구를 거대한 발전기로 만들려 한다')을 눈여겨 보기 바란다.

<그림164 테슬라의 무선 전력망에 관한 기사>

<그림165 테슬라의 무선 전력망에 관한 기사>

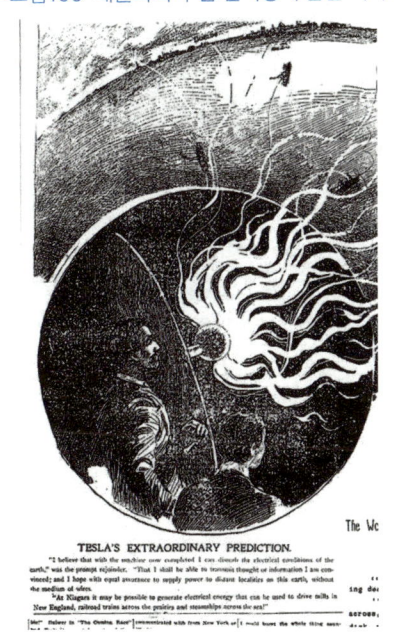

237

<그림166 테슬라의 무선 전력망에 관한 기사>

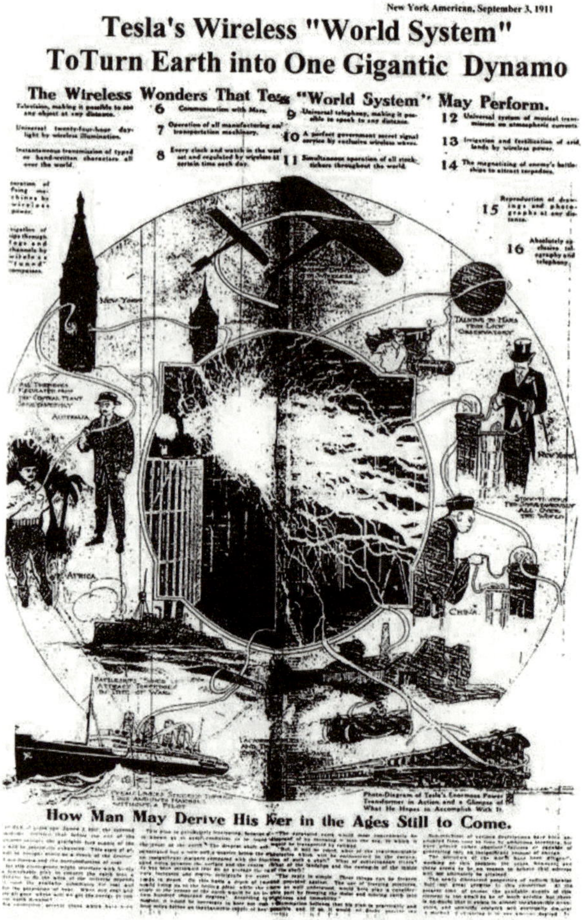

New York American, September 3, 1911

Tesla's Wireless "World System" ToTurn Earth into One Gigantic Dynamo

The Wireless Wonders That Te "World System" May Perform.

Television, making it possible to see any object at any distance.

Universal twenty-four-hour daylight by wireless illumination.

Instantaneous transmission of typed or hand-written characters all over the world.

6 Communication with Mars.

7 Operation of all manufacturing and transportation machinery.

8 Every clock and watch in the world set and regulated by wireless at certain time each day.

9 Universal telephony, making it possible to speak to any distance.

10 A perfect government secret signal service by exclusive wireless waves.

11 Simultaneous operation of all stock tickers throughout the world.

12 Universal system of musical transmission on atmospheric currents.

13 Irrigation and fertilization of arid lands by wireless power.

14 The magnetizing of enemy's battleships to attract torpedoes.

15 Reproduction of drawings and photographs at any distance.

16 Absolutely exclusive telegraphy and telephony.

Photo-Diagram of Tesla's Enormous Power Transformer in Action and a Glimpse of What He Hopes to Accomplish With It.

How Man May Derive His er in the Ages Still to Come.

휴대전화

무선통신기기의 보급은 1941년부터 시작되었고, 1959년에는 처음으로 위성을 통한 대륙 간 무선통신이 이루어졌다. 그리고 마틴 쿠퍼(Martin Cooper)는 1973년 4월 3일 휴대전화 발명에 성공했는데, 전화기에서 선이 없어지면서 개인이 공간을 이동하면 가상세계도 이동하게 되는 시대가 왔다. 호모사피엔스에서의 가상세계는 정적 가상세계에서 동적 가상세계로 변화해갔고, 대형 가상세계에서 소형 가상세계로 진화해갔다. 그 결과 가상세계에 대한 밀착도가 더 높아졌다.

<그림167 마틴 쿠퍼>

많은 가상 실재가 영화라는 내러티브에서 영감을 얻었던 것처럼 마틴 쿠퍼 역시 TV 드라마 <스타 트랙>을 보고 나서 휴대전화라는 가상 실재를 떠올렸다. 그는 <스타 트랙>에 우주인이 커뮤니케이터(communicator)를 들고 다니며 통화하는 장면에서 영감을 얻어 휴대전화를 개발하기 시작했고, 무게 약 1㎏, 길이 25㎝의 가상 실재 다이나택(DynaTac)을 선보였다. 이 전화기로 20분간 통화하는 데에는 무려 10시간의 충전이 필요했다. 그리고 10년 후 450g 무게의 다이나택 8000X가 1983년 상용화되었

다. 호모사피엔스들에게 가상 실재는 더는 가상으로 여겨지지 않기 시작했고 많은 가상 실재들이 정교해져 세상으로 확산했다. 휴대전화를 통해서 자기 손에 자기의 시간과 공간뿐 아니라 다른 사람의 시간과 공간도 공유할 수 있게 된 것이다.

여기에서 더 나아가 가상기술자들은 가상세계를 구현할 수 있는 가상 실재 구현 기술들 - 카메라, TV, 전화, 컴퓨터 - 을 한 곳에 응축했는데, 이를 스마트폰이라고 명명했다. 그리고 호모사피엔스는 디지털과 영상 이미지가 넘쳐나는 가상세계로의 본격 진입을 개시했다. 최초의 스마트폰은 1992년 IBM에서 개발한 사이먼(Simon)이다. 2000년대 들어서면서부터 다양한 스마트폰이 출시되었고 2007년 애플이 아이폰(iPhone)을 내놓으면서 스마트폰의 기능이 눈에 띄게 업그레이드됐다. 당시 애플의 가상기술자 스티브 잡스(Steve Jobs)와 아이폰이 '혁명적'이라는 평가를 받는 이유도 가상세계의 구현 가능성을 보편화했기 때문이다. 그리고 궁극적으로 사물 인터넷(IoT) 네트워크는 휴대전화에 디지털 가상세계 콘트롤이라는 기능을 추가했다.

엘리베이터

호모사피엔스의 자기 공간 이동 욕구는 엘리베이터에서도 나타난다. 평평한 땅의 공간에서 수직적 사고를 현실화한 가상 실재를 만들어 가상세계를 연 것이다. 자기 공간 이동에 대한 호모사피엔스의 생각을 살펴보면 늘 한결같았다는 점을 알 수 있다. 구름이 움직이는 모습을 보고 이를 따라 '구름을 타고 돌아다니면 어떨까?'라고 생각했을 수도 있다. 다가갈 수 없는 곳이었기 때문에 공중은 처음부터 인류에게 있으면서도 없는 공간이었다. 그만큼 동경의 공간이기도 했다. 그래서 현실 속에서 가상적 세계에 맞는 가상 실재를 내러티브했다.

<그림168 구름>

『서유기(西遊記)』에서는 손오공이 근두운 술법을 이용해 구름을 타고 다니고, 『아라비안나이트(Arabian Nights)』에는 하늘을 나는 양탄자가 등장한다. 기독교에서 구름은 절대자와 깊은 연관이 있다. 마치 수레처럼 절대자 신은 구름을 타고 어디로든지 가실 수 있다고 믿었다. 당시의 호모사피

엔스는 아마도 흘러가는 구름의 모습에서 영감을 얻었을 것이다. 한국의 설화에는 구름을 타고 이동하는 신선이 자주 나온다. 구름은 한 군데 있지 않고 돌아다닌다. 지상에서 멀리 떨어져 있는 공중에서 빠르게 미끄러지듯 먼 곳으로 이동하는 구름을 보면서 인류는 공중을 이용하면 빠르게 이곳저곳을 다닐 수 있을 것이라 확신했던 모양이다.

<그림169 구름>

이렇게 수평적 사고에서 수직적 사고로의 전환이 인류에게 나타났다. 그 결과 높은 곳과 낮은 곳을 쉽게 이동하려는 마음은 엘리베이터라는 가상 실재로 나타났다.

기원전 236년경 로마의 마르쿠스 비트루비우스 폴리오(Marcus Vitruvius Pollio)라는 건축가는 그리스 수학자 아르키메데스가 발견한 도르래의 원리를 이용해 인류 최초의 엘리베이터를 제작했다. 1743년 프랑스의 루이 15세는 베르사유 궁전에 '공중을 나는 의자(flying chair)'를 설치하기도 했다. 19세기 들어 엘리샤 그레이브스 오티스(Elisha Graves Otis) 덕분에 엘리베이터라는 가상 실재는 하나의 커다란 산업군을 이루었다. 1911년 런던 지하철역에 에스컬레이터를 설치했을 때는 당시의 영국인 호모사피엔스들이 에스컬레이터 사용을 두려워해서 나무 의족을 착용한 사람이 타는 방법의 시범을 보였다. 가상 실재가 만들어내는 가상세계는 처음이 어렵고 두렵다.

지금도 엘리베이터는 진화를 거듭하고 있는데, 파터노스터(paternoster)라는 엘리베이터는 문이 없이 천천히 움직이기 때문에 쉽게 타고 내릴 수 있다. 그리고 최근 많은 엘리베이터는 층수를 누르고 휴대폰과 승강기 버튼을 연동시키는 비접촉식 층 등록 기술을 갖추고 있다. 그리고 에어터치(air touch)와 터치리스(touchless) 기술은 각각 적외선 센서와 레이저 센서를 이용하므로 탑승자가 직접 버튼을 누르지 않아도 층을 입력할 수 있다. 사물인터넷 생태계의 발전 속도는 가상세계 구현의 속도와 비례한다.

엘리베이터의 최고는 우주 엘리베이터다. 우주 엘리베이터는 지상과 우주정거장, 위성 등을 케이블로 연결하는 것이다. 떠다니는 구름처럼 어디든지 훨훨 미끄러지듯 가보고픈 그 옛날 호모사피엔스의 마음이 세대를 거치고 거쳐 우주에까지 이르고 싶은 마음으로 커진 것이다. 1895년 러시아의 치올콥스키가 처음으로 구상하였는데, 그는 프랑스 파리의 에펠탑(The Eiffel Tower)에서 우주 엘리베이터(혹은 궤도 엘리베이터)의 영감을 얻었다. 이를 보면 호모사피엔스의 가상 실재와 증강 실재는 그 후대로 계속해서 영향을 끼친다. 땅이라는 플랫폼 위에 세워진 탑은 우리가 지금까지 알고 있던 대로 단순히 기념의 기능을 갖는 것이 아니라 가상세계성을 담고 있는 호모사피엔스의 증강 실재인 것이다.

1979년 영국의 소설가 아서 클라크(Arthur C. Clarke)는 그의 작품 『낙원의 샘(The Fountains of Paradise)』에서도 우주 엘리베이터를 다루었다. 그는 저렴한 전기로 움직이는 단순한 엘리베이터가 로켓을 대체할 것으로 예견했고, 최근 탄소 나노 튜브와 같은 고강도 소재가 개발됨으로써 우주 엘리베이터의 제작 가능성이 점차 커지고 있다.

<그림170 『낙원의 샘』>

반구대 암각화, 왕릉의 석물, 에펠탑에서 나타난 가상세계성이 과학 소설로 나타나고 실제 실험을 통해 실현되는 우주 엘리베이터 현실화 과정은 호모사피엔스의 내러티브 구현 프로세스다. 가상세계는 호모사피엔스의 역사와 처음부터 함께했다.

엘리베이터 전문 제조 기업인 TKE에서 만든 멀티(Multi)라는 엘리베이터는 로프가 없는 자기부상 엘리베이터로 탑승자가 원하는 곳을 찾아간다. 하늘의 구름을 보고 얻은 자유 이동에 대한 호모사피엔스의 가상세계성은 이렇듯 수직이 아니라 수평 이동 엘리베이터로도 나타난다.

<그림171 멀티 1>

<그림172 멀티 2>

초전도체

　인류가 바라보았던 하늘의 구름에 가장 흡사한 움직임이 초전도체이다. 결국 원시 인류에서부터 이어져 온 호모사피엔스의 텔레포트에 대한 여정과 갈망은 초전도체에서 한 획을 긋게 될 것이다. 움직이나 움직이지 않는 듯한 가상세계의 실현은 초전도체의 기술로 한 번 더 눈 앞에 펼쳐진다. 이런 운동에 대한 기원은 자석의 발견에서 시작되었다. 고대 그리스의 한 목동이 쇠지팡이를 들고 양을 치러 다니다가 바위에 지팡이가 붙는 현상을 발견했는데, 이 바위가 자철석이었고, 그리스의 마그네시아(Magnesia) 지역에 자철석이 많아서 영어로 자석을 마그넷(magnet)으로 부르게 되었다. 그리스에 살던 호모사피엔스가 쇠지팡이로 땅을 땅땅 치고 다니지 않았더라면, 그리고 이러한 현상에 대해서 궁금해하고 관찰한 호모사피엔스가 없었더라면 자석의 힘이 주는 가상세계는 열리지 않았을 것이다. 이 가상세계는 나침반이라는 가상 실재로 인해서 확연히 나타났다.

　현생인류는 기록을 남길 때 '메모리'라는 저장장치를 이용한다. 대부분 전자기기는 디지털로 작동하는데, 디지털은 주어지는 정보를 0과 1의 2진법으로 기록하고 처리한다는 뜻이다. 어떤 데이터든 0과 1의 데이터로 컴퓨터에서 처리되고 저장된다. 자석은 2진법으로 작동하는 컴퓨터의 메모리에 가장 특화된 물질이다. 원자의 수준까지 물질을 작게 만든다고 해도 항상 N극과 S극이 존재할 수밖에 없고 N극과 S극은 바로 0과 1에 대응한다. 자석의 존재는 그대로 2진법이었다. 카세트테이프, 플로피 디스크 등은 모두 자석으로 되어 있어 0과 1의 정보를 저장할 수 있었다. 하드디스크도 동그란 판에 얇게 자성물질을 깔고 나서 판을 회전시키면서 탐침을 이용해 자석의 극을 N극이나 S극으로 정렬시킨다. 이렇게 정보를 기록한다. 기록된 정보를 어떻게 읽는가에 대한 문제는 거대자기저항 효과의 발견이 해결했다.

하드디스크는 원형으로 생긴 판이 있고 판 위에 탐침이 있다. 이 탐침이 데이터를 기록하고 읽는다. 하드디스크는 자석으로 되어 있으며 N극과 S극의 방향으로 1과 0의 정보를 기록한다. 원형판 위에 기록되어 있던 1과 0이라는 정보는 탐침의 저항이 바뀌는 거대자기저항 효과로 발생한 저항의 차이로 측정할 수 있게 된다. 이것이 하드디스크의 실용화를 가져왔고, 데이터 기록과 저장의 플랫폼이 진화할 수 있었다. 거대자기저항 효과를 발견한 호모사피엔스는 알베르 페르(Albert Fert)와 페터 그륀베르크(Peter Grünberg)다.

<그림173 알베르 페르>

<그림174 페터 그륀베르크>

호모사피엔스의 기술 속의 가상세계성을 본 결과 '나의 공간과 시간'을 자유롭게 이동하려 한다는 특성이 있다는 사실을 알았다. 땅을 플랫폼으로 삼아 시간과 공간을 공유하던 원시 인류에서 종이를 플랫폼으로 만들어 휴대성을 갖추고 중세 인류에 이어 근대 인류는 공중을 텔레포트하는 음성과 영상을 만들었다. 결국 호모사피엔스는 데이터와 감정을 있는 그대로 어디로든 옮기려고 하는 내러티브를 발전시켜가는 여정에 있는 것이다. 자기의 몸까지도 물리적으로 이동시키려는 욕망은 늘 호모사피엔스의 마음속에 자리한다. 그런데 이것이 어렵다는 것을 알고 있는 인류는 여러 가지 방식으로 계속 도전했다. 이런 플랫폼 변화의 시도는 당시 인류의 집단 경험에 기초한다. 인류 서로의 사고와 경험이 공유되어 보편화되고 어느 정도 시간이 지나면 사회의 관념 체계는 또 다른 관념 체계를 향해 꿈틀거린다. 그러므로 사고와 경험이 어떤 사회에 가득 차면 다음 단계로의 문명 이동이 훨씬 빨라진다.

라디오, 텔레비전, 영화를 지나 지금 인류에게 가상세계 플랫폼은 여전히 전파와 통신에 기초하고 있다. 아직 인류의 내러티브를 레벨업할 새로운 플랫폼은 나타나지 않은 상태다. 라디오를 개발했던 호모사피엔스의 경험과 사고에서 디지털 영상 미디어를 사용하는 호모사피엔스의 경험과 사고로 발전했을 뿐이다. 즉, 기저 플랫폼은 전파와 통신이 그대로인 채 파생 기술이 정교해진 것이다. 인터넷 또한 전파와 통신이라는 플랫폼에 기초하는 기술에 불과하다. 인터넷만 떼어내서 독립된 플랫폼이라고 할 수는 없다. 전기와 전파 없이 인터넷 네트워크는 아무것도 아니다. 땅과 종이만 못한 것이 된다. 전파의 증명과 라디오의 발명 이래로 어쩌면 가장 세련되고 정밀한 통신 세계를 지금 인류가 누리고 있는 것일지도 모른다. 지금은 모두가 이런 기술을 당연한 기술로 받아들인다. 기술에 대한 저항도 크지 않다. 인류의 다음 플랫폼은 지금의 익숙한 기술이 아닌 문명적 충격이 있는 어떤 매체일 것이다.

인터넷이라는 통신 기술이 나타나 지금 인류 집단의 사고와 경험이 폭발적으로 향상했다. 그리고 컴퓨터에 대한 접근성도 확대되어 컴퓨터를 이용한 행위가 다각적으로 공유되고 보편화되었다. 빅데이터라는 말도 생겨났고 디지털 미디어가 발전하는 현상이 나타나고 있다. 그동안 만들어진 기계류 가상 실재들이 또 다른 가상 실재를 만들어내고 있는데 가상으로 드러나 보이는 것들 즉 디지털로 시각화된 어떤 것들이 나타남으로써 호모사피엔스들은 소프트웨어 가상 실재를 실감하게 되었다. 선대 가상기술자들이 만들어 놓은 가상 실재 구현 기술을 갖고 가상세계를 펼치기만 하면 되기 때문이다. 물론 지금도 세상의 어떤 가상기술자들은 다른 방식의 플랫폼을 만들기 위해 연구하고 있다.

그 결과 오늘날 사회의 관념 체계는 또 다른 관념 체계를 향해 꿈틀거리고 있다. 인류가 컴퓨터를 자기의 내러티브 안에 본격적으로 포함했고 인공지능이라는 인류의 또 다른 가상 실재를 만들었다. 시간과 공간을 점령하려는 호모사피엔스에게 컴퓨터는 더없이 좋은 가상 실재 개발 도구다. 뇌-컴퓨터 인터페이스를 이용해서 몸이 이동할 수 없는 곳을 디지털 트윈이라고 부르는 똑같이 하나의 세계로 만들어 정신으로만 이동할 수 있게 하려는 움직임도 보인다.

이는 물리적 세계를 이동하고 싶으나 그럴 수 없었던 과거의 호모사피엔스와는 달리 아예 물리적으로 다니지 않아도 되는 세계를 만들고 그 속을 유영하면서 실제 몸이 있는 세계와 통섭하겠다는 완전히 다른 차원의 가상세계성 구현이다. 눈을 감고 꿈을 꾸면 자신만의 세계가 열리는 것과 마찬가지로 또 하나의 꿈의 세계를 인공적으로 만들겠다는 것이다. 꿈이 자신만의 세계라면 꿈과 같은 가상세계를 인공적으로 만들면 누군가와 공유하고 공감할 수 있는 장소가 된다. 이런 세상이 부자연스럽지 않으면 인류 모두는 살(flesh)이 있는 곳과 영(靈, spirit)이 있는 곳이 굳이 하나이지 않아도 되고 같지 않아도 된다.

인공지능을 기술의 측면이 아닌 인류학적 관점에서 보면 인공지능의 역사에는 19세기에 출간된 메리 셸리(Mary Wollstonecraft Shelley)의 소설 『프랑켄슈타인(Frankenstein)』도 들어가게 된다. 근본적으로 인공지능은 무엇보다 호모사피엔스의 삶을 편안하게 해주기 위해서 존재한다. 그 누구도 인공지능에게 점령당하기 위해서 인공지능을 개발하지 않는다. 인간의 편리하고 쉬운 삶을 위해서 만드는 것이 기계다. 효율성을 높이려는 인류에게 시간을 벌어다 주는 것은 기계의 숙명이다. 인류가 도구, 기계를 처음 개발했을 때는 일의 주체가 나였고 기계는 나를 돕는 부차적인 것에 지나지 않았다. 그러나 점점 호모사피엔스는 내가 없어도 나 대신 내일을 할 기계를 찾게 되었고 인간을 대체할 기계, 즉 인공지능 로봇까지 만들게 되었다. 그것도 인간을 닮은 기계를 만들려고 한다.

『프랑켄슈타인』도 이런 상상에서 기인했던 결과다. 비록 당시의 기술로는 구현되지 않았지만 몇백 년 전의 호모사피엔스는 인간을 닮고 인간처럼 행동하는 '것'을 희구했고 이런 생각의 연장이 인간의 몸에 인공지능을 결합하려는 기술로까지 발전했다. 이 역시 시간을 점령하려는 호모사피엔스의 욕구다. 과거로의 타임머신은 불가능하지만 미래로의 타임머신은 이렇게 하면 가능하기 때문이다. 자신의 '지혜로운' 두뇌에 '젊은' 육체를 결합하면 또 다른 제3의 실재가 탄생하듯이 자신의 몸에 인공지능을 투입해 사이보그를 만들면 – 더 나아가 신체 기관을 모두 로봇으로 대체하면 – 그 옛날 설화 속 상상 속에나 등장하던 반인반수가 아니라 반인반기(半人半器)라는 가상 실재가 현실 속에 등장하게 된다. 이를 보면 호모사피엔스의 가상세계에 대한 내러티브 욕구는 정말 오랜 시간을 이어오는 참으로 질긴 것이다.

PART 9

가상세계와 교육

9. 가상세계와 교육

 2021년 세상 모든 기업은 디지털 가상세계 플랫폼을 활용한 서비스를 선보였고, 대학도 디지털 가상 캠퍼스 하나쯤은 만들어야 시대를 따라간다고 여긴 모양이다. 이때 메타버스의 개념이 일종의 상품으로 축소되어 확산했다. 메타버스와 가상세계가 이원화되어 이해되는 혼란도 이 무렵 가상세계에 관한 교육이 부재했기 때문이다. 이때 메타버스의 개념이 일종의 상품으로 축소되어 확산했다. 메타버스와 가상세계가 이원화되어 이해되는 혼란도 이 무렵 가상세계에 관한 교육이 부재했기 때문이다. 그러나 COVID-19 사태 이후 비대면 활동이 줄어들면서 이때 만들었던 플랫폼은 유명무실해졌다. 그렇게 '메타버스 사태'는 조금씩 진정을 찾아가고 있어 보인다. 메타버스라는 용어의 광풍이 불었을 때는 당장 급해서 디지털 플랫폼 대세라는 급류에 쏠려 갔을지는 모르나 지금부터는 하나씩 따져 생각할 것들이 많이 있다. 비대면에서 대면 생활로의 회귀가 재개되는 지금 시점에 디지털 가상세계 플랫폼 이용자 수가 떨어져 가는 것을 염두에 두고 디지털 가상세계의 생태계를 한번 관찰해볼 필요가 있다. 가상세계는 이미 어떤 식으로든 우리의 삶으로 진행되기 때문이다.

 교육은 사회와 시대를 반영한다. 250만 년 전 부모도 당시를 살아갈 수 있도록 자식을 가르쳤고, 지금의 부모도 지금을 살아가는 법을 가르쳐준다. 전문적인 교사뿐만 아니라 모든 부모가 교사다. 그런데 세상이 디지털 가상세계로 바뀐단다. 그렇다면 무엇을 가르쳐주어야 하는가? 답은 자명하다. 디지털 가상세계가 무엇인지, 그리고 어떻게 참여하는지다. 하나 더 덧붙인다면 그 세계에서는 무엇을 해야 잘 살 수 있는지를 가르쳐야 한다.

19세기 말과 20세기 초 아직 붓글씨가 통용되던 한국에 새로운 필기구가 전파되었다. 필기구를 잡고 쓴다는 메커니즘은 같았으나 삶에 끼치는 영향의 정도가 달랐다. 연필은 휴대가 간단했고 사용에 불편함이 별로 없었다. 그래서 메모가 쉬웠고 소통이 더 자유로워지기 시작했다. 내 생각의 기록뿐만 아니라 모두의 기록이 간편해지고 공유되기 쉬웠다. 땅바닥에 돌멩이로 무언가 기록했던 때에 비교하면 이건 가히 혁명이었다. 필기의 방법이 바뀌니 생각을 쉽게 공유할 수 있다. 개인에서 집단으로 옮겨가는 데이터의 기록과 공유, 그리고 무엇보다도 인지의 찰나 '아하 순간'을 놓치지 않을 수 있다는 측면에서 필기구의 발전은 인류의 진화에 크게 이바지했다.

태어나 처음 글자와 숫자를 배울 때 인간은 가상 실재를 처음 마주한다. 그러나 안타깝게도 누구도 문자를 가상 실재라고 설명해주지 않았다. 학교에서 문자의 기원을 알게 해주는 커리큘럼을 찾을 수 없다. 문자를 단순히 소통의 수단으로만 가르치는 교과과정만 있을 뿐이다. 간혹 어떤 아이들은 자기만의 문자를 만들어 갖고 논다. 비밀을 써놓고 싶을 때 주로 그런다. 나름의 규칙도 있다. 인류의 문자는 자연을 보고 모방하며 메타포의 상징체로 바꿔 가는 인지적, 정서적 과정의 결과로 발생한 실재다. 아이들의 비밀문자도 그들만의 인지적, 정서적 어떤 경험이 들어간 가상 실재다. 누구도 이를 가상세계성이라고 가르쳐 주지 않아 모르고 넘어갈 뿐이다. 어린 호모사피엔스에게 가상세계성을 현상학적으로 가르치고 철학적으로 다가가게 해야 한다.가상세계성을 가르쳐 주지 않아 모르고 넘어갈 뿐이다.

이미 학교는 가상 실재를 이용해서 생각에 가치를 부여하는 법을 가르치고 있었다. 앞으로는 이미 만들어진 결과로서 문자를 이용해서 무언가를 수행하는 것 이전의 과정을 배워야 한다. 문자를 만든 수천 년 전 사람들의 인지 전환 능력을 말이다. 이러한 교육 과정을 제대로 만드는 것이야말로 경이롭고 대단한 창의력을 요구한다.

지금의 교육계는 이점에 초점을 맞춰 교과과정을 만들어야 한다. 가상 기술자가 되기 위해서는 기술도 알아야 하겠지만 가상이라는 호모사피엔스의 집단 경험을 알아야 한다. 지금의 삶 속에서 원시 인류가 문자를 만들어냈을 정도의 메타포를 일으킬 기제를 교육 속에 집어넣어야 한다. 문자의 어원을 찾아가는 공부도 좋은 방법이다. 이는 곧 가상세계의 연원을 찾는 일이기 때문이다. 이는 인류의 생각과 심리를 파악하는 일, 즉 인류의 메타포를 벗겨가는 과정이다. 이렇게 인류의 사고력의 연원과 변천 과정을 되짚어볼 수 있다. 다시 말해 인류가 빚어놓은 가상세계성의 실마리를 알아가는 과정을 학교 커리큘럼에 넣어야 한다. 원시 인류가 문자를 제작하는 데 쓴 것 이상의 메타포를 다시 구현할 수 있다면, 다시 말해 원시 인류가 문자로 연 가상세계를 상회하는 가상세계를 지금의 인류가 만들 수 있다면 지금의 문명을 뛰어넘을 수 있을 것이다.

땅에서 종이로, 그림에서 문자로 변화하면서 가상세계 플랫폼과 메타버스 메소드는 모두 작아졌고 휴대할 수 있게 되었다. 가상세계를 만나고 다루는 시간과 공간이 모두 응축된 것이다. 지금은 전력 에너지원이 투입된 디지털이라는 메소드로 가상세계는 초응축되었다. 그리고 전파를 이용하기 시작하면서 사람들 간 공감의 주파수를 맞출 수 있는 공유의 시간은 더 빨라졌다. 이런 흐름대로라면 앞으로의 메타버스는 중간 플랫폼이 아예 사라질 가능성도 크다. 인간의 몸 속으로 들어올 수도 있다.

오늘날 디지털이라는 방식으로 메타버스 세계관을 표출하기 위해서는 음악을 만들어내기 위해 악기 연주법을 배우듯이 메타버스의 (디지털) 문법을 배워야 한다. 쉽게 말해 컴퓨터를 이용해서 가상 실재를 구현하도록 배워야 할 것들이 있다. 여기에 과거 세대의 교과과정과 차별되는 것이 한 가지 있다. 필기구가 디지털로 바뀐다는 점이다. 더는 연필과 종이가 필요하지 않은 시대가 오고 있다. 그러므로 디지털 리터러시 교육은 아이가 연필을 쥐고 글씨를 쓰는 단계처럼 수행되어야 한다. 가상세계성의 기원과 원리를 알게 하고 디지털 도구로 그 조작성을 알려주는 것이 교육의 최초 단계가 되어야 하는 시대가 되었다.

메타버스라고 불린 디지털 가상세계 플랫폼의 인기가 시들해진 큰 이유가 바로 이러한 교육 과정의 부재다. 비대면 삶의 형태도 끝나가고 대면 생활로 다시 돌아가는데 굳이 내가 저렇게까지 컴퓨터를 배워가며 없어도 잘 살았던 것에 신경 쓸 필요가 없어졌다는 인식 때문이다. 또 한 가지 이유는 대학이 메타버스를 활용한 마케팅을 펼치고 호들갑을 떨었으면서도 정작 메타버스와 관련해서 유의미한 강의는 개설하지 않았다는 점이다. 전국의 대학 정규 강의에서 메타버스와 관련한 강의는 실망스럽게도 손에 겨우 꼽을 정도였다. '메타버스 교육'을 주제로 한 연구 논문은 2021년, 2022년 총 270편으로 괄목할만한 실적을 냈다. 그러나 메타버스를 배울 수 있는 강의는 대학 교육혁신 지원 사업의 비교과 프로젝트 강의 외에는 없는 것이나 다름없었다.

　누군가의 세계관은 그에 맞는 학업이나 표현의 정도가 일정 수준 정련된 상태에서 나타난다. 메타버스에서만 통용되고 인정되는 별도의 학문은 없다. 그러므로 디지털 메타버스(에 참여할) 활용 기술이 글쓰기와 그림 그리기처럼 편리해져야 비로소 메타버스가 모든 이들의 세계관을 나냄에 있어 방해받지 않을 것이다. 그래서 자기가 원하는 메타버스를 선택해서 이에 알맞은 구성으로 나타내고자 하는 바를 메타버스에서 이해되는 방식으로 피력할 수 있어야 한다. 컴퓨터를 다룰 때 높은 수준의 기술이 요구되는 세상에서는 전(全) 인류적인 메타버스가 오롯이 구현될 수 없다. 앞으로 대학은 그동안 진입장벽이 높았던 그 수준을 누구나 갖출 수 있는 리터러시의 수준으로 낮출 수 있는 강의를 충분히 개설해야 한다.

　메타버스를 철학, 물리학과 같은 형이상학으로 다가가는 수업은 극소수다. 그 사이 메타버스는 하나의 플랫폼 혹은 메소드만으로 전락해 버렸다. 그런데 또 한편으로는 인문학의 보고(寶庫)가 열린 것이기도 하다. 우리는 기술 중심의 사회에서 인문학의 소외에 대한 불균형을 늘 우려한다. 그런데 메타버스의 심리학, 메타버스의 철학, 메타버스의 교육학, 메타버스의 물리학, 메타버스의 문학 등 (여기서 '와'가 아니라 '의'라는 점이 중요하다) 대학 강의가 메타버스를 품는다면 '학생들은 어떤 생각으로 무엇을 배우려고 수강할까?'라는 질문에 대한 답이 미래 교육을 결정지을 것이다.

　학(學)이 없는 메타버스 메소드의 남용은 교육을 혁신하지 못한다. 이는 단지 산업화 시기를 휩쓸었던 교육 방식의 조금 더 정교해지고 세련된 버전일 뿐이다. 가상 실재 구현 메소드가 인류를 발전시키는지, 아니면 반대로 인류가 가상 실재 구현 메소드를 발전시키는지에 대한 고민에서부터 교육은 혁신다운 변화를 맞이할 수 있을 것이다. 메타버스 메소드를 이용하는 누구나가 철학자가 될 수는 없겠지만 스마트폰의 영향으로 이미 반(半) 로봇이 된 호모사피엔스는 오랜 시간 여러 영역에 의존하고 있는 메소드에 대해 사용자로서 그 속성을 철저하게 알아야 하고 이를 반영하는 세상에 대한 관념적 책임도 가져야 한다. 메타버스의 복잡함이 더 나은 사회로의 단순한 변화 동인이 된다면 이에 대한 이해를 확대하고 기술의 영역을 철학적 관념의 영역으로 포섭해야 한다. 이로써 역설적으로 메타버스라는 강력한 가상의 힘 속에 갇히지 않고 오랜 시간 간직해온 인류의 가치를 가상과 실제에서 실현할 수 있을 것이다.

그러므로 메타버스가 확산한 세계에서 살아가기 위해서는 메타버스 플랫폼 사용법이 아니라 사용자가 메타버스 세계로 디지털 전환할 수 있는 인문학적 루트를 가르치고 이때 나타나는 인지적 특징을 반영하는 교과과정을 적극적으로 개발해야 한다. 이런 이론 교육과정이 발판이 되고 전문적인 소프트웨어까지 다룰 수 있는 수준이 되면 메타버스 콘텐츠를 메타버스 플랫폼 참여자가 직접 제작할 수 있는 교과과정이 개설되고 본격적으로 메타버스에 참여할 수 있는 역량이 갖춰질 것이다.

디지털 메타버스 콘텐츠 제작 과정은 컴퓨터를 이용하는 시각화와 특수 기술 등 가상화 기술이 필요한 영역이기도 하지만 근본적으로 사고의 영역이다. 이렇게 사용자의 인지력을 활성화하는 교과과정이 그 교육 목적을 메타버스 역량인 디지털 전환에 두고 있다고 규정하면 차근차근 메타버스를 알아가게 될 수 있을 것이다. 지금처럼 기존 상업용 메타버스 플랫폼을 교육계와 산업계에서 응용했던 사례를 참고하며 곧바로 플랫폼 사용법 학습으로 진행되는 메타버스 플랫폼 조작법 익히기로는 메타버스의 세계에 참여하는 것이 아니라 몇몇 메타버스 플랫폼에 올라타 플랫폼 개발자의 세계관에 편승하기만 할 뿐이다.

디지털 전환에 관한 인문·철학 교과과정을 개발해야 한다. 메타버스가 교육계의 주요 이슈로 떠오르고 있는 시기에 가상세계 구현 기술 활용에 바탕이 될 수 있는 인문학적 지식을 천착하지 않으면 관련 기술은 바람직하게 확산하지 않을 것이다. 지금 메타버스를 추구하는 주체가 누구(무엇)이든지 가상세계 구현을 위한 컴퓨터공학적 기술력에만 너무나도 많은 에너지를 쏟고 있어 일선 학교의 교수자조차 메타버스에 대한 개념 정립이 턱없이 부족하고 학습자들은 메타버스에 대한 비(非) 기술적 준비를 전혀 하지 못하는 상황이다. 메타버스에 대한 다층적 인문 교육이 선행될 때 비로소 학습자들은 메타버스의 개념과 원리를 기술적 측면이 아닌 역사적 맥락과 문화적 양식에서 하나의 지식·교양으로 받아들이고 진정한 가상세계 시대를 본격적으로 시작할 수 있을 것이다.

가상세계가 등장한다고 해서 실제 세계에서 하는 전통적인 공부 방법이 중단되고 첨단 기술이 그 자리를 독차지하지는 않을 것이다. 기술은 결국 보다 인간적인 사회를 만들기 위해 인간의 지혜로 작동되기 때문이다. 인지주의 관점에서 만들어지는 인공지능의 한계는 바로 이러한 점이다. 전혀 쓸모없어 보이나 교육 속에 엄연히 나타나는 인간의 자연스러운 행위를 이해하지 못하는 것이 기계다. 이러한 인간다움이야말로 가상세계로 세계의 면적이 포개지는 인간의 교육에 적용되어야 한다. 기술이 인류의 생존과 번영을 위협하고 인간성 상실을 부추기는 현 사회에서 메타버스가 현대의 인류 문명을 위협하지 않으면서 인간과 함께 저변을 넓히려면 실제 세계가 가상으로 흡수되지 않고 실제 세계와 가상세계가 합성곱을 만들어 낼 수 있어야 한다.

가상세계에서 필요한 철학을 반영하는 교육이 기술 교육임에는 분명하다. 최근 4차 산업혁명을 배경으로 한 교육학 연구의 대부분이 학습자가 습득할 것이 지식에서 역량으로 변화하고 있다는 점에 주목한다면 가상세계에서의 교육은 오프라인에 있는 내용을 고스란히 온라인으로 옮겨놓는 것으로는 부족하다. 즉, 전환이 아닌 전좌는 가상세계의 교육에서 누구도 바라는 바가 아니다.

가상세계의 존재에 비물질적인 철학을 가상으로 느껴보게 한다든가 하는 하이데거의 철학을 반영하는 교육이 되어야 하는데, 그보다는 하이데거를 가상으로 부활시키는 등의 기술적 활동이 주가 되는 가상세계의 교육이라면 인간을 담금질하는 기술 교육은 될 수 없다. 물론 상상과 기술력이 합쳐진 콘텐츠가 많을수록 좋으나, 가상세계가 엔드 프로덕트(end product)만을 위한 공간이 되면 '세계-내-나'는 사라지게 된다. 이러한 점을 최소화하기 위해서는 기술이 만들어내는 메타버스라는 것이 나와 포개진 가상세계의 면적이라는 전술한 철학자들의 관점을 반영해야 하고, 이를 위해서는 에듀테크가 에듀테크뿐만 아니라 '테크 에듀'로도 기능해야 한다.

테크 에듀를 통하면 내 밖에 있던 것을 나에게 조직적으로 빠르게 구체적으로 집중시킬 수 있다. 그러므로 교육이 된다. 메타버스가 궁극적으로 인공지능이 빅데이터에서 상황에 맞는 자료를 알아서 선별한 후 실감 나게 보여주는 공간이 되어서는 안 된다. 메타버스는 디지털 교과서처럼 모든 콘텐츠가 결정된 공간이 되어서는 안 된다. 디지털 교과서 프로젝트는 변화하는 콘텐츠를 담는 데에 한계가 있을 수도 있고, 콘텐츠 없이 호기심만 유발하는 하드웨어 위주로 교육 환경이 변모할 때 효과 면에서 한계에 직면하게 된다는 에듀테크의 취약점을 보여주었다.

가상세계를 교육에 활용할 때 필요한 인문학적 인지 전환 역량을 배우고 이를 기술적으로 활용하는 교과과정을 개발해야 한다. 인문학적 사고 전환 기법의 개념인 메타포를 적극적으로 길러낼 수 있는 교과과정이 필요하다. 메타포 개념은 일반적으로 문학에서 사용하는 은유법으로 인식되기도 하고, 가상세계에서 사용하는 인지적 상호 작용의 디지털 모델을 가리키기도 한다. 그리고 무언가를 마음과 머리에 떠올릴 때 느껴지는 느낌이기도 하다. '마치 ~처럼'. '~라면'이라는 생각의 시발점이자 종착점이다. 그리고 메타포가 가상세계와 관계 맺는 양상을 실질적으로 구현할 수 있는 디지털 미디어 교육을 메타버스 교과과정으로 개발해야 한다. 소프트웨어 중심의 에듀테크가 이 역할을 담당할 수 있다. 대표적인 예가 3D 모델링 소프트웨어를 이용하는 에듀테크다. 영화제작, 게임 제작 등에 사용되는 이러한 기술이 개인에게 제공될 수 있는 시대에는 메타포를 누구나 가상세계로 만들 수 있다.

3D 모델링 소프트웨어를 필두로 하는 새로운 가상세계의 표현법을 익혀야 한다. 데이터를 이용해서 실감 나는 콘텐츠로 메타버스 꾸며나가는 세상에 대한 이해와 그 방법을 구체적으로 가르쳐야 한다. 이는 기술이 아니다. 리터러시다. 그러므로 에듀테크가 결과물을 만들어내고 이를 이용만 하는 교육계가 되어서는 안 된다. 교육이 테크 에듀가 되어야 한다는

논지는 이러한 점을 강조하는 것이다. 메타버스는 콘텐츠의 뉘앙스 체험이 가능해지는 곳이어야 한다. 이러한 일이 확대되면 한 공간에서의 내용만을 다룰 수 있는 것이 아니라 공간적 교과과정을 뛰어넘어 전 지구적인 네트워크를 통한 통합적 확대 교육도 가능하다. 공중에 글씨를 쓸 수 있을까? 실제 현실에서는 불가능하다. 그러나 세상을 가상화시켜버리면 된다. 그리고 가상화시켜버린 세상 역시 내 몸이 있는 곳으로 포개지는 곳이라는 점을 상기한다면 메타버스를 활용한 교육적 활용도는 상당히 유연하다고 하겠다.

가상세계 교육 1. 역사 교육 패러다임 시프트

앞서 반구대 암각화를 만든 원시 인류가 '왜?' 그리고 '어떻게?' 그림을 그릴 수 있었는지에 대해 살펴보았다. 튀르키예에 살았던 원시 인류와 메소포타미아 근방에 살았던 원시 인류에게서 나타난 가상세계성도 확인했다. 그리고 이들에 이어 역사 속 가상기술자들이 가상세계를 열 자기 결정적인 메소드가 나타나려면 데이터 도메인 지식과 소통 기술이 필요함을 알았다. 이들이 만든 가상세계는 이 두 가지가 핵심이었다. 여기서 오늘날 가상세계를 준비하기 위한 교과과정을 어떻게 개발할 수 있을지에 대한 힌트를 얻을 수 있다. 디지털 데이터 시대에 도메인 지식을 기를 수 있도록 디지털 데이터베이스 제작 메소드를 가르치고, 디지털 그림 그리기 메소드를 가르쳐야 한다.

한국에서는 고대 왕국 시대부터 데이터베이스 제작과 그림 그리기 메소드가 교과과정의 기본이었다. 이 두 가지는 별도의 교과과정에서 가르치는 것이라기보다는 당시 공부를 하는 누구나 할 줄 아는 소양, 즉 리터러시였다. 이로써 사회적으로 메타포가 형성되는 근간이 마련되었고, 그 결과 한 예로 신라 시대에 이두라는 문자 표기법이 등장하여 남북국 시대에 정립되었다. 누구든 학자는 직접 관찰한 바를 기록하고 데이터를 집적하여 한반도 일대에 거주했던 호모사피엔스의 데이터베이스는 집단 경험으로 자리 잡혔고 이후 조선인이라고 불리는 호모사피엔스가 생각해내는 박물학의 기초가 되었다.

『대동운부군옥(大東韻府群玉)』, 『성호사설(星湖僿說)』, 『지봉유설(芝峰類說)』, 『송남잡지(松南雜識)』, 『임원경제지(林園經濟志)』 등을 보면 조선 전기부터 후기까지 시대를 초월해 채워지는 한반도 일대 삶에 관한 데이터 빽빽한 백과사전임을 알 수 있다. 가장 마지막에 간행된 『송남잡지』는 저자 조재삼이 직접 말하듯 교육 서적이었다. 조선 순조 대에 간행된 이 백과사전으로 저자는 당대까지 축적된 한반도 내외의 데이터를 가르치고 데이터베이스를 제작함으로써 나타나는 '아하! 순간'을 학습자들에게 깨닫게 할 요량이었다. 지금의 데이터베이스 교육과 같은 맥락의 교육 과정이었다.

어떤 학자는 세종 시대의 이순지, 성종 시대의 최부, 정조 시대의 정약용을 조선의 3대 천재로 꼽기도 하는데, 이들은 모두 자기만의 괄목할만한 데이터베이스를 남겼고, 데이터베이스 제작 과정에서 대상에 대한 끈질긴 관찰 중에 나타나는 '아하! 순간'의 사고를 통해 가상 실재를 실제로 구현했다는 공통점이 있다. 최부는 중국으로 표류한 여정을 낱낱이 자세하게 기록했는데 그 과정에서 특유의 역사 데이터 내러티브로 당시의 도덕관념을 증강 실재화해서 『금남표해록(錦南漂海錄)』을 저술했다.

데이터의 성격을 알고 이를 통해 유의미한 결과를 도출할 수 있는 메커니즘을 기르는 방법으로 역사적 사고를 주목해볼 필요가 있다. 사료라는 데이터가 없다면, 역사연구는 불가능하기 때문에 역사학은 기본적으로 데이터 과학이다. 역사학의 데이터는 주로 문자 텍스트다. 텍스트는 단순히 수치로 파악할 수 있는 성질의 것이 아니기 때문에 역사가는 역사적 사고를 수행하여 1차 사료를 이해하고 그것을 바탕으로 해석을 만들어낸다. 이것이 역사적 사고의 과정이라고 할 수 있다. 역사학은 데이터를 다루는 학문 중에 데이터 분석을 넘어서 '해석'이 이뤄지는 학문이다. 그리고 그 해석은 시간성과 공간성이 그 데이터의 기저를 형성하는 가운데 상황 맥락성을 파악하는 사이에 형성된다. 이를 데이터베이스적 관점에서 보면 직관을 통한 빅데이터와 스몰데이터 분석이라고 바꿔 말할 수 있다.

사료의 제작뿐 아니라, 사료를 읽고 역사적 사실을 밝히는 것도 인간이다. 같은 사료를 보더라도, 거기에서 추출하는 역사적 사실은 해석에 따라 달라질 수 있다. 사료의 해석은 역사가의 관점이나 지식, 처한 상황에 영향을 받는다. 역사 서술에서는 관점에 의한 해석이 필수적이다. 역사가는 무슨 일이 일어났는가를 서술하지만, 그 사건이 왜 일어났는지 원인을 분석하여 밝히고, 자신의 이야기와 설명을 정당화한다. 역사 지식은 이러한 일련의 과정을 거쳐 만들어지는 결과로, 고정된 것이 아니라 열려 있다. 고정되지 않은 역사 데이터를 해체하고 다시 연결하는 과정에서 역사적 사고는 작동하며 이는 연구자의 직관·통찰에 의해서 동작한다. 연구자는 역사 데이터의 성격을 자신의 데이터 해석 경험치로 수렴하여 데이터로부터 맥락을 추출한다.

이것은 우리가 실제 상황에서 마주하는 다양한 것들을 학습하는데 분명히 적용된다. 우리가 무언가를 배우고자 노력하면 우리는 이것을 이미 알고 있는 어떤 것과 연관시킴으로써, 즉 이미 익숙한 맥락 속에 집어넣음으로써, 이해하기 시작한다. 우리가 주위 사물들을 배우고 인식하는 중요한 관점은 대상을 올바른 맥락에 관계시키는 능력과 그것을 특정한 유형에 속한 것으로 분류하는 능력을 수반한다. 해석학은 이 문제를 '해석학적 순환'을 통해 해명한다. 모든 이해는 '순환 구조'를 가지는데, 이것은 '논리적 악순환'과는 구별되는 '선이해'(Vorverständnis)의 순환이다.

전통적인 텍스트 이해론은 특정 구절의 의미를 이해하기 위해 그것이

전체로서의 텍스트에 어떻게 연관되는지를 파악하는 것이 중요하다고 역설한다. 그 반대도 마찬가지이다. 이것이 바로 '전체와 부분의 해석학적 순환'이다. 빅데이터와 스몰데이터의 관계도 이와 같다. 빅데이터와 스몰데이터 간 분석의 순환 속에서 직관과 통찰력이 발생한다.

우리가 역사 데이터를 검토하는 사고과정을 역사가의 절차적 개념과 인지적 전략이라고 설명하기도 하고, 역사적 탐구 기능과 역사적 상상력이라는 이원론적 정의로 설명하기도 한다. 즉, 역사적 탐구 기능은 합리적, 논리적 사고와 같은 과학적 사고능력으로 연구 대상과 관련하여 주어진 자료를 비판적으로 탐구하는 작업에서 발휘되는 능력이고 후자는 직관, 통찰, 연합적 사고와 같은 상상적 이해 능력으로 다른 시대 사람들의 감정과 사상을 그들의 상황 속에서 이해하는 추체험(追體驗)과 같은 능력을 포함하고 있다는 것이다.

또한 역사적 사고를 역사 문제에 접했을 때 가설을 산출하거나 해결 방안을 모색하면서 사료를 수집하고 해석하며 판단함으로써 역사 이해에 도달하려는 복합적인 정신 능력으로 정의하기도 한다. 그리고 연대기 파악력, 역사적 탐구력, 역사적 상상력, 역사적 판단력이 역사적 사고의 세부 영역을 구성한다고 설명하였다. 종합해보면 역사적 사고는 정보 선택, 출처 확인, 확증, 맥락화의 방법을 중심으로 구성된 사고 과정으로 정의된다.

이러한 역사적 사고는 데이터를 다루는 사고와 같다. 그리고 이러한 사고는 가상세계를 구현하는 데에 핵심적 동력이 된다. 정보 선택, 출처 확인, 확증 등의 절차적 개념, 탐구적 기능을 배우고, 데이터의 맥락을 파악하는 직관력을 기를 수 있다. 맥락화, 역사적 상상력은 상황에 노출되는 경험이 없다면 기를 수 없는 능력이다. 이는 데이터를 수집한 이후 데이터를 활용하는 능력으로 연결된다. 역사학을 연구하는 연구자는 늘 역사적 상황 맥락에 노출되기 때문에 데이터 맥락화에 언제나 개방적일 수밖에 없다.

맥락을 파악하고 관계성을 형성하는 데에도 직관력이 필요하다. 직관은 데이터에 근거한 추론이나 논리성으로 설명되지 않으므로 기계가 흉내 낼 수 없는 인식의 작용이다. 직관은 알고리즘화되기 어려운 그 무엇이다. 인간이 직관으로 대상을 인식할 때는 데이터나 매개된 사고의 매개 작용 없이 인식할 수 있다. 그러나 데이터나 알고리즘이 없는 인공지능의 지능은 0이 될 수밖에 없다. 그러므로 빅데이터를 순식간에 읽어내고 분석하는 인공지능이 모방할 수 없는 인간만의 독특한 특성 중 하나가 직관이라고 볼 수 있다.

직관적 사고의 속성으로 '감각적', '상황적', '비이성적', '총체적', '정서적', '도전적', '자기 확신적', '순간적'이라는 여덟 가지 속성을 들 수 있다. 이러한 속성들은 인식자가 환경으로부터 영향을 수용하고 적응하는 기제인 분석적 사고와 반대로 인식자의 강한 주체성과 내면의 힘을 바탕으로 환경에 도전하고 기존의 틀을 벗어 나고자 하는 공통점이 있다. 직관적 사고는 새로운 상황에서 대상의 내재된 특징과 본질을 인식하고 통찰하여 문제를 해결하는 인간 고유의 능력을 말하므로 직관은 인간의 고유한 사고작용이며 새롭고 엉뚱한 생각을 하게 하는 창의성의 엔진이라고 볼 수 있다.

일반적으로 직관은 분석과 추론과 같이 다른 인식 작용 없이 순간적으로 성립하는 인식능력이나 작용을 의미한다. 직관이 그 자체로는 일반성을 갖지 않는 특수한 것이고, 규칙적이지 않음과 차이에 본질적으로 의존하는 것이지만, 바로 그 차이를 반복적으로 마주치는 것을 통해 일반화하게 된다. 직관적 사고는 인식자 내면의 힘을 사용하여 대상의 본질을 파악하고 알아차리는 것으로 외부의 감각과 실증 경험에 기초하여 처리하는 논리적·분석적 사고와 대비되는 사고방식을 말한다. 최근 인공지능의 발달로 기계와 다른 인간의 고유한 능력에 관한 관심이 높은데, 직관적 사고는 기계가 모사할 수 없는 것 중 하나다. 실제로 대학생의 직관적 사고가 창의성향에 긍정적인 영향을 미친다는 연구 결과가 있다.

직관은 외부로부터의 데이터에 의존하지 않고 인식의 주체자 내면에서 갑자기 떠오른 그 무엇으로 알아차리는 것이기 때문에 매우 주관적이면서도 인격적인 인식의 작용이다. 이 때문에 객관적으로 증명되기 어렵다는 한계가 있으나 객관화의 한계는 직관이야말로 인공지능이 흉내 낼 수 없는 사고작용이라는 것을 의미한다. 인식·사고의 하나인 직관은 그 주관적이며 인격적인 성격으로 인해 상황 맥락 속에서 가치판단의 역할을 한다. 역사적 사고에서 맥락화에 해당하는 인식 작용이며 스몰데이터를 파악하는 데 적합한 능력이다.

지식 정보의 원천이 되는 데이터란 기록되거나 분석되거나 재정리할 수 있는 것 일반을 지칭한다. 데이터로 변환시키는 작업인 '데이터화'가 디지털 시대에서는 어떤 현상을 표로 만들고 분석할 수 있게 수량화된 형태로 가공하는 것으로 이뤄진다. 이런 디지털 데이터화를 통해 데이터의 분량은 3년마다 두 배씩 증가했고, 그 결과로 '빅데이터 시대'가 도래했다. 빅데이터 시대로의 전환은 역사학의 위기이자 기회다.

질적 데이터(qualitative data)를 활용한 역사적 사실의 서술에 의존하는 역사 연구의 문제점을 지적하는 목소리는 잦아들지 않고 있다. 미리 재단된 한정된 문헌들의 틀에서 벗어나지 못하며, 다양하고 방대한 자료를 통해 나타나는 다양한 역사적 현상을 파악하는 데에는 한계를 보이고 있기 때문이다. 역사학의 전통적인 연구방법론은 방대한 '역사 빅데이터'의 축적으로 인해 촉발된 연구 여건의 변화에 능동적으로 대처할 수 없으며, 다양하고 복잡한 현대사회에서 역사학에 바라는 요구에 부응하지 못하는 결과를 낳고 있다.

이러한 빅데이터적인 관점에서 역사학계에서도 빅데이터의 성격을 이용한 연구가 나타나고 있다. 이는 인문학 자료의 전산화를 넘어 디지털 인문학으로의 전환이 시작되고 있는 것을 의미하기도 한다. 역사학에 빅데이터 분석을 도입하면 역사적 사고의 틀이 확대되고 자연히 데이터의 정보 선택, 출처 확인, 확증 범위가 넓어진다. 역사학에서 빅데이터를 통해 과거 어느 시점의 문화나 사회 트렌드를 수치로 알아내는 방식인 컬처노믹스(culturenomics)를 활용한다면 쓰레기 더미 같은 데이터를 적절한 알고리즘으로 분석하고 걸러내 기존 연구에선 발견하지 못한 의미를 찾을 수 있을 것이다.

빅데이터는 말 그대로 몇몇 예외를 무시해도 될 정도인 엄청난 양의 데이터로 경향을 읽어내는 것이다. 특정 시기의 거대한 흐름과 경향을 읽어내는 데에 빅데이터는 큰 도움을 줄 것이다. 그러나 과거의 모든 데이터를 죄다 수집해 놓는다고 하더라도 그건 결코 '역사'가 될 수 없다. 빅데이터를 활용하여 얻은 '의외의' 혹은 '놀라운' 결과는, 그 결과를 의외의 것으로 혹은 놀라운 것으로 판단한 인간의 가치판단 없이는 불가능하다. 역사학에서 통찰력이 필요한 이유다. 이 통찰력이 곧 데이터 해석력이다.

분석과 해석은 다르다. '분석(分析)'은 '얽혀 있거나 복잡한 것을 풀어서 개별적인 요소나 성질로 나눔'을, '해석(解析)'은 '사물을 자세히 풀어서 논리적으로 밝힘'을, '해석(解釋)'은 '문장이나 사물 따위로 표현된 내용을 이해하고 설명함 또는 그 내용'을 의미한다. 데이터 분석은 데이터를 쪼개거나 묶어서 숨어있던 데이터를 발견하는 사고의 과정을 뜻하며 일반적으로 데이터를 바탕으로 자신의 주장을 정당화하는 과정이다.

단순히 데이터를 적절한 디지털 기술로 필요한 기준에 맞게 수집하고 정리하는 것 이상으로 이 과정에서 통찰력을 길러야 하는 시대가 되어가고 있다. 다시 말해 데이터에서 맥락을 찾아 해석하고 다른 데이터와 관계를 형성하여 기존 데이터에 새로운 가치를 입힐 수 있어야 하는 것이다. 역사학이 데이터 리터러시에 일조할 수 있는 이유가 이 데이터 해석력 때문이다. 해석력의 바탕이 되는 직관과 통찰이 역사학을 통해서 형성되는 것이다. 더 구체적으로 말해 직관과 통찰은 대세(大勢)에서 예외적인 스몰데이터를 해석하는 과정에서 길러진다. 데이터를 단순히 정량적으로만 취급해서는 빅데이터가 보여주는 결과에 종속되고 획일화라는 늪에 빠질 뿐 데이터를 자유롭게 요리조리 살필 수 있는 통찰력을 기를 수 없으나 스몰데이터를 짚어 나가다 보면 상황 맥락을 보는 눈을 뜨게 되는데 이것이 곧 스몰데이터 분석이다.

그러므로 데이터 리터러시를 갖추기 위해서는 빅데이터 속의 '노이즈(noise)'에 관심을 가져야 한다. 이단 농부 메노키오(Menocchio)나 가짜 남편을 받아들인 베르트랑드(Bertrande), 불량 선비 강이천, 무등산 타잔

박흥숙 등 '정상적 예외(eccezione normale)'야말로 시대를 읽는 중요한 징후다. 빅데이터에서 떨어져 나간 '이야기'에 주목하고 그런 이야기가 나타나게 된 맥락성을 파악하는 것이 없다면 데이터 분석은 해석으로 이어질 수 없게 된다. 대안시간 체계로서의 '이야기'가 어쩌면 역사학의 미래일지도 모른다. 대세적 데이터에서 벗어난 예외적 데이터일수록 역사적 사고가 적극적으로 개입할 수 있다. 데이터 분석은 스몰데이터를 만나 직관·통찰이라는 사고·인식의 과정을 거쳐 데이터 해석으로 진화한다.

역사는 개별적 사실을 연구의 대상으로 삼는다. 역사가는 개개의 사건을 어떤 유형의 사례보다는 고유한 사실로 다룬다. 역사가가 관심을 두는 것은 역사적 사실의 고유성과 특수성이다. 그리고 다른 한편으로 역사가는 지식과 개념을 사용하여 여러 가지 사실들을 종합한다. 고유한 인간 경험을 통일성과 규칙성을 토대로 종합적으로 이해하는 것이다. 여기서 고유성과 특수성을 스몰데이터로, 통일성과 규칙성을 빅데이터로 섞바꾸어도 문제가 없다.

역사학을 통해 데이터 리터러시를 준비할 수 있다는 본 저자의 주장은 데이터 처리와 관련한 기술적 접근에서가 아니라 데이터 중심 사회의 기저사고(基底思考)인 범(凡) 데이터성(性)에서 기인한다. 여러 시기나 지역의 역사를 공부함으로써, 각각의 사회와 거기에서 일어나는 현상이 보편적인 것이 아니라 많은 선택 중의 하나라는 것을 알게 된다. 즉, 시간의 종·횡을 다루고 지역성까지 포함하는 역사학은 이미 빅데이터와 스몰데이터의 성격을 모두 배울 수 있는 데이터 리터러시의 보고(寶庫)라고 할 수 있다. 이러한 역사학의 특성을 살려 개설한 '역사학과 빅데이터'라는 역사학 강의는 학생들로부터 상당히 좋은 반응을 얻고 있다.

'역사'를 구성하는 지식은 특유의 시간성(temporality)에 대한 인식이 개입된다. 다니엘스(R. V. Daniels)는 역사학적 접근에서 가장 유별난 모습은 시간 차원을 강조하는 것이라고 보았다. 카(David Carr)도 인간의 본성 가운데에 과거와 미래를 한꺼번에 인식하는 시간성이라는 속성이 있다고 하였다. 즉 인간은 과거와 미래를 한꺼번에 바라보면서 현재라고 인식하는데, 이때 미래를 내다보는 전망(prospect)과 과거를 바라보는 회고(retrospect)가 상호작용한다는 것이다. 따라서 역사학을 공부하면 가상 세계 구현을 이해하는 데에도 크게 도움이 된다.

시간적으로 확장된 회고와 전망이 해석학적 순환의 과정을 통해 상호작용한 결과로 결정되는 것이 바로 역사 인식이다. 결국 이들의 주장도 '역사'의 지식은 역사 인식과 역사 인식의 과정을 포괄한다는 것으로 귀결된다. 그러므로 역사는 회고와 전망이라는 빅데이터의 시점과 현재와 과거의 맥락 비교라는 스몰데이터로 촘촘히 엉켜 있는 데이터베이스다. 역사는 하나하나의 스몰데이터가 모이고 모여 시간성에 따라 차례대로 빅데이터를 이루는 수리(數理)적 집합이라기보다는 스몰데이터의 맥락 확장으로 인해 빅데이터가 해석되는 서사적 데이터베이스다. 이 스몰데이터의 맥락은 분석자의 재해석(경험과 직관)을 통해 서사되는 데이터의 내러티브[4]라고 볼 수 있다. 이러한 데이터의 내러티브 성격 때문에 데이터는 응집력, 구성력을 갖는다. 이러한 사고 양식을 데이터 분석과 해석에 접목해야만 인간만이 갖는 정상적 예외성까지 포섭하게 되고 인간의 삶 속에 적극적으로 활

---

[4] 박미향(2020). 역사학습이란 무엇인가? -외른 뤼젠(Jorn Rusen)의 역사의식 이론을 중심으로 역사교육연구 제36호, 137-161. p.140, 147. 역사적 서사를 하다 보면 시간경험에 대한 의미를 형성하는 정신적 과정을 겪는데 이러한 '과정' 속에서 현재적 의도와 관심을 가지고 과거를 이야기하면서 혹은 해석하면서 삶의 방향을 설정하게 된다. 이런 능력을 내러티브 능력(Narrative Kompetenze)이라고 명명하기도 한다. 즉, 역사적 서사를 다루는 사람에게 내러티브 능력이란 과거해석을 통해 현재의 삶을 의미있게 행위하도록 만드는 능력이다.

용되는 데이터베이스를 구축하고 활용할 수 있다. 이러한 역사학의 데이터성은 가상세계의 특성과 일맥상통한다. 그러므로 역사학이야말로 가상세계성을 실제로 구현하기 위해 반드시 공부해야 하는 학문이라고 하는 것이다.

데이터 리터러시를 배우고 익히는 데 가장 빠른 길은 데이터베이스를 만들어 보는 것이다. 데이터베이스를 구축하기 위해서는 데이터의 폭과 너비, 그리고 데이터의 맥락을 모두 파악해야 한다. 데이터베이스를 만드는 과정에서 데이터를 배열하는 기준을 세우고 구조화한다. 역사 데이터 구축은 그 자체로 쉽지 않은 일이다. 그러나 잘 구축된 데이터가 있다면 다양한 방식의 분석과 해석이 가능하다. 데이터베이스로부터 데이터를 가져와 쓸 때는 구성력과 맥락화가 필요하다. 이 과정에서 연구자는 데이터 바탕에서 자기결정적으로 아이디어를 재구성하게 된다. 데이터베이스를 만들고 사용하는 데 있어서 요구되는 구조화, 맥락화, 구성력은 모두 데이터 리터러시의 핵심 사고다.

데이터베이스는 대용량 데이터의 관리와 활용을 위한 적절한 기반을 제공하여 주는 응용 분야이며, 많은 분야에서 그 이용이 보편화되고 있다. 데이터베이스는 주로 전산학 분야뿐만 아니라 통계학, 산업공학, 경영학, 의학 등 데이터와 관련된 많은 학문 분야에서 적극적인 활용이 가능하다. 그동안 데이터베이스 교육은 전산학 분야에서만 이루어져 왔으며, 위에서 언급한 응용 분야에서는 거의 다루어지지 않은 것이 사실이다. 그 이유는 다음의 두 가지다. 첫째 데이터베이스를 교육할 수 있는 인력과 실습 인프라 등의 주변 환경적인 여건이 충분하지 못했고, 두 번째로는 데이터베이스의 필요성에 대한 인식의 부족을 들 수 있을 것이다. 그러나 최근 컴퓨터 환경의 발전은 여러 응용 분야에서도 얼마든지 데이터베이스를 교육할 수 있도록 도와주고 있으며 이 분야에 관한 관심이 높아지고 있다.

인문학에서 데이터베이스가 방법론으로 활발히 사용되는 교과과정은 인문 사회학에서 극히 제한적인데 이러한 흐름은 노력에 비해 결실이 적은 이 과정을 더욱 기피하게끔 만들고 있다. 해외에서는 데이터의 품질과 사용성을 높여 다양한 곳에서 활용할 수 있는 실용적인 방안이 등장하고 있다. 훌륭한 데이터 구축과 그 과정에 관한 연구만을 주제로 다루는 학술지도 활발히 등장하고 있는데, 『네이처(Nature)』에서도 이러한 흐름에 동참하여 새로운 자매지인 『사이언티픽 데이터(Scientific Data)』를 신설하였다.

데이터베이스 교육의 효과는 첫째, 데이터 분석 능력의 향상이다. 데이터베이스를 활용할 수 있는 능력을 갖고 있으면, 데이터베이스에서 데이터를 가져와 통계 패키지와 같은 응용 프로그램을 이용하여 분석할 수 있는 능력을 갖게 된다. 만약 데이터베이스를 모르면 어떤 데이터가 어떤 구조로 어디에 저장되어 있는지 모르기 때문에 데이터를 분석할 수 없음은 물론 현실 세계에서 발생하는 여러 가지의 데이터에 대한 문제 인식조차 생길 수 없을 것이다. 둘째, 데이터 분석을 고려한 데이터베이스 설계를 할 수 있다는 점이다. 전산학 전공자들은 일반적으로 효율적인 업무처리 즉 OLTP(Online transaction processing)에만 관심을 두고 데이터베이스를 설계하므로 의사 결정에 필요한 데이터 저장에는 무관심할 수밖에 없다. 따라서 이렇게 효율성에만 입각하여 데이터베이스를 만들게 되면 데이터에서 의사 결정에 필요한 유용한 정보를 끄집어낼 수가 없다. 셋째는 현대사회에서 데이터베이스를 배제한 데이터 활용은 생각할 수 없는 환경이라는 점이다. 이러한 데이터 활용은 가상세계 구현과 필연적인 연관성을 갖는데 이를 위해서 데이터베이스에 대한 이해는 필수적이다.

기술이 발전함에 따라 사람들은 데이터를 소비하는 것뿐만 아니라 데이터를 생산하는 일에도 참여하게 되며, 데이터의 가치는 보안의 대상으로 여겨진다. 데이터를 매개로 네트워크와 플랫폼은 폭발적으로 성장할 것이고, 이는 다양한 연결 관계를 창출함으로써 다양한 경계들의 구분을 모호하게 하거나 붕괴시킬 것으로 예상된다. 데이터가 폭발적으로 증가하고 데이터를 생산·축적·분석할 수 있는 인공지능 기술이 발전하면서 데이터의 효율적인 축적에 더불어 효과적인 활용 여부가 향후 기업과 국가의 경쟁력을 좌우하는 중요한 요소로 자리 잡고 있다. 세계적으로 빅데이터의 활용이 확대되는 가운데, 방대하고 복잡한 데이터에서 질이 높은 정보를 선별해 발굴하는 것은 기업의 정보 취급 핵심역량으로 부상하고 있다. 그래서 빅데이터를 최적으로 구축하고 분석, 활용하는 등 전 과정을 지휘하는 활동인 '빅데이터 큐레이션'에 대한 관심이 높아지면서 여러 산업군에서 이미 빅데이터를 활용한 상품이 나오고 있다.

빅데이터 큐레이션을 이용한 기업에서 중요시하는 것은 빅데이터 구축 자체가 아니라 데이터를 대하면서 이로부터 아이디어를 도출해내는 능력이다. 이를 위해서는 분석 능력을 넘어선 해석 능력이 요구된다. 기술의 발전으로 데이터 수집과 분석은 인공지능이 해준다. 그러나 해석 곧 맥락 파악은 인간이 담당할 수밖에 없다. 이는 데이터를 활용하는 사람의 경험과 해당 데이터 간에 통섭이 직관과 통찰을 통해 연결되지 않으면 데이터는 무용지물이기 때문이다. 쉽게 말해 디지털 큐레이션을 '오마카세(お任せ) 스시 서비스'에 비교해보자. 오마카세 서비스로 고객을 유치하기 위해

서는 어떻게 스시를 큐레이팅할 것인가에 고민이 있어야 한다. 많은 고객이 선호하는 인기 스시에 대한 빅데이터 분석뿐만 아니라 고객이 왜 그 스시를 좋아하는가에 대한 맥락을 이해해야 한다. 스시를 만들어 제공하는 자의 상황 맥락 이해의 경험(흔히 말하는 노하우)이 부족하다면 성공할 수 없는 서비스 형태다. 이렇듯 데이터 유형화에는 빅데이터 분석이, 맥락화에는 스몰데이터 분석이 필수적이다.

디지털 데이터 큐레이션에서 데이터를 활용하는 사람은 데이터베이스에서 데이터를 추출하고 빅데이터 분석과 스몰데이터 분석을 통해서 자기 결정적으로 데이터 해석을 시도하고 자신만의 아이디어를 데이터 간 관계성에 투영하여 논리적·직관적으로 데이터의 관계를 재구성하고 이를 컴퓨터와 인터넷을 통해 웹상에 네트워킹한다. 광의적 데이터 리터러시의 측면에서 나타나는 구조화, 맥락화, 구성력을 컴퓨터 기술로 구체화하는 방법이다. 구체적으로 데이터 리터러시 구현을 위해서는 컴퓨터에 대한 이해도 요구되지만 데이터를 '엮는' 사고력도 필요한데 컴퓨터 기술로서 데이터 리터러시와 데이터 해석·활용을 위한 사고력 신장으로서 데이터 리터러시가 어우러지는 것이 디지털 데이터 큐레이션이다.

디지털 데이터 큐레이션은 기업의 이윤 창출을 위한 효과적인 전략으로 입증되었다. 그뿐만 아니라 교육에도 활용의 여지가 많은 데이터 리터러시 방법이다. 데이터를 엮어가는 사고력, 즉 데이터 간 관계성 구성력은 디지털 시대의 새로운 학습이론으로 등장한 연결주의와 직결되고 구성주의를 바탕으로 한다. 연결주의에서는 정보가 데이터베이스인 네트워크에 분산되어 있고, 분산되어 있는 정보의 노드(node) 간의 연결이 곧 지식이라고 본다. 따라서 지식은 획득될 수 있는 어떤 것이 아니며 데이터베이스

네트워크에 참여함으로써 노드 간 연결의 패턴을 확인하고 해석하는 과정에서 학습이 이루어진다고 본다. 이 연결주의 역시 탈중심화 담론에서 나온 교육관점으로 해체·구성적 장르의 발생에 영향을 끼쳤다.

구성주의에서 인간은 살아있는 삶의 주체이고 지식은 인간이 상황 속에서 반성적 사고를 통해 자신의 경험을 이성적으로 정리한 것이라고 본다. 인간의 삶에 중요한 지식은 탈상황적으로 발견된다기보다는 맥락적으로 구성된다는 것이 기본 가정이다. 구성주의 지식관에 중요한 요소 중 하나가 상황과 맥락이다. 지식은 학습자의 내면에서 구성되나, 사회·문화적 맥락에 의해 영향을 받으면서 구성된다고 보는 것이다.

디지털 데이터 큐레이션 장르 중에 하나로 데스크톱 다큐멘터리(desktop documentary)가 있다. 데스트톱 다큐멘터리는 카메라를 사용해 촬영하는 대신 인터넷에서 수집한 영상, 이미지 및 다른 멀티미디어 콘텐츠를 다큐멘터리의 재료로, 카메라 대신 스크린 캡쳐 기술(screen capture technology)을 사용해 녹화된 컴퓨터 화면에 배열된 콘텐츠와 그 위에서 일어나는 상호작용적(interactive) 커뮤니케이션을 영화적 재료로 한다. 한 가지 주목할 것은 해외의 경우, 데스크톱 다큐멘터리에 관한 연구가 영화 분야가 아닌 교육, 특히 역사교육 분야에서 시작되어 인문·사회학 분야로 확장되었다는 점이다. 데스크톱 다큐멘터리는 아카이브에서 데이터베이스 내러티브로의 전환이라는 특성을 갖는다. 데스크톱 다큐멘터리에서 아카이브, 특히 인터넷 오픈 아카이브는 잠재적 데이터베이스로 전환된 후 창작자의 '의식의 흐름'이 내포되는 멀티태스킹에 의해 선택되고 재조합되어 내러티브의 차원으로 재매개(remediated)된다. 디지털이라는 기술은 우리의 사고에 변혁을 가져왔고 우리가 생산하고 소비하는 콘텐츠의 양과 질 모두를 바꿔 놓았다.

디지털 데이터 내러티브는 프로그래밍을 가르쳐서 데이터 엔지니어를 양성하려는 목적을 갖지 않는다. 그보다 데이터를 대하는 사고력을 신장하고 그것을 상상 속에서 빼내어 현실 속에서 실현할 방법을 알려주는 데에 목적이 있다. 디지털 데이터 내러티브의 가장 큰 장점은 컴퓨터를 통한 빠른 데이터 구성과 전개다. 그리고 스몰·빅 데이터를 한꺼번에 전개할 수 있다. 기존의 질적 연구 방법과 양적 데이터 분석을 동시에 실행하기 때문에 횡적 데이터 분석과 종적 데이터 분석을 모두 완성할 수 있다. 데이터의 폭과 너비로만 이루어진 기존의 평면적 데이터 분석에서 컴퓨터의 도움으로 데이터의 높이로까지 확장된 영역에서 입체적인 데이터 해석까지 가능하다.

와인버그(Weinberg)에 따르면 역사 연구자들은 인쇄된 문서를 읽듯 컴퓨터 화면을 '수직'으로 읽는데 반면, 팩트 체커(fact cheker)들은 여러 창을 동시에 띄워놓고 관련 내용을 수평적으로 읽는다. 디지털 데이터 내러티브를 활용하면 다방향 연결 읽기가 가능해지고, 직관·통찰에 의해 데이터 간 연관성이 형성되면 단순한 데이터의 축적(蓄積)구조가 아니라 데이터를 '집약'하는 다층 구조가 만들어진다.

이제는 우리가 배운 엄청난 지식과 정보를 가로지르며 의미를 찾고 새로운 가치를 도출해내는 방식으로 재구성해야 한다. 시간과 공간, 과목과 분야의 분리와 격리를 허물고 자유롭게 넘나들며 자신이 주인이 되어 묻고 캐고 따지면서 묶고 엮어보면 새로운 것들이 보인다. 텍스트 일변도에서 벗어나 다양한 콘텍스트로 엮어보고 해석하는 것이 창조와 융합의 시작이다. 데이터베이스를 만들면서 주어진 소재를 중심으로 여러 저작에서 연관 데이터를 추출하고 다시 통합해 가는 내러티브 과정에서 발현되는 창의력 구현 양상에 초점을 맞춘다. 이러한 내러티브 속에서 학습자에게는 새로운 앎이 형성될 수도 있고 전혀 관련 없어 보이는 데이터 사이에 연결점이 나타나 획기적인 아이디어로 이어질 수도 있다.

메이커(maker) 교육철학은 자신이 필요한 것을 스스로 만들고 이에 대한 결과물이나 과정을 공유하고 발전하는 흐름을 통칭한다. 이는 일상적 창의성 발현의 좋은 기회가 될 수 있다. 학습자가 무언가를 만들어 보겠다는 계획 설계에서부터 활동 세부 사항까지 모두 직접 생각해서 실천에 옮기는 메이커 교육이 학교에 전면적으로 도입될 때 학습자는 백지상태에서부터 문제 해결을 위해 도전적으로 두뇌를 쓰기 시작하고 문득문득 창의력의 순간을 맞이하게 된다. 그리고 이러한 순간은 인간의 직감과도 연결된다.

하나의 연구 소재를 잡아 관련 데이터를 파고드는 힘은 메이커 교육에서 펼쳐질 수 있다. 그리고 이러한 메이커 교육철학이 디지털적으로 구현되는 모습이 바로 디지털 데이터 내러티브다. 따라서 디지털 데이터 내러티브에서 나타나는 결과물 못지않게 유심히 여겨봐야 할 점은 디지털 데이터 내러티브에 투영된 이러한 메이커 교육철학이 펼쳐내는 직감과 창의력의 구현 양상이다. 디지털로 데이터를 내러티브하는 과정에서 메이커 교육의 특징이 나타나는데, 학습자(데이터 처리자)가 여러 가지 데이터를 뜯어보고 정지된 상태의 데이터에 역동성을 부여하는 때에 '나의 데이터'와 '바깥의 데이터', '지금의 데이터'와 '이전의 데이터'가 한데 어울려 학습자의 유추 능력과 직관력에 따라 색다른 모양새로 헤쳤다 모이게 된다.

결국 메이커 교육의 처음과 끝은 학습자의 내러티브에 달려있다. 데이터화가 빠르게 진행되고 있는 현대사회에도 주제를 찾아내고, 질문을 던지고, 그에 대한 해답을 찾아내는 주체는 여전히 인간이기 때문이다. 앞으로도 '인간의 직감'을 바탕으로 주체적으로 사고하여 새로운 것을 창조해내는 과정은 계속 이어질 것이다.

디지털 데이터 내러티브로 데이터베이스 제작하기는 새롭고 흥미로운 이야기를 만들어가는 가운데 학습자의 창의력 계발을 진작할 수 있는 수업 모델이다. 학습자의 수준과 교수자의 지도 여하에 따라 초·중·고·대학(원) 모든 과정에 적용될 수 있으며 스토리를 구성하는 데이터를 갖고 있다면 어떤 교과목에도 사용할 수 있다. 아래의 〈그림 175〉처럼 디지털 데이터베이스 시각화도 가능하다. 디지털 데이터베이스가 마련되면 관련 데이터를 불러와 진짜처럼 보이게 할 수 있다.

<그림175 디지털 데이터베이스 시각화>

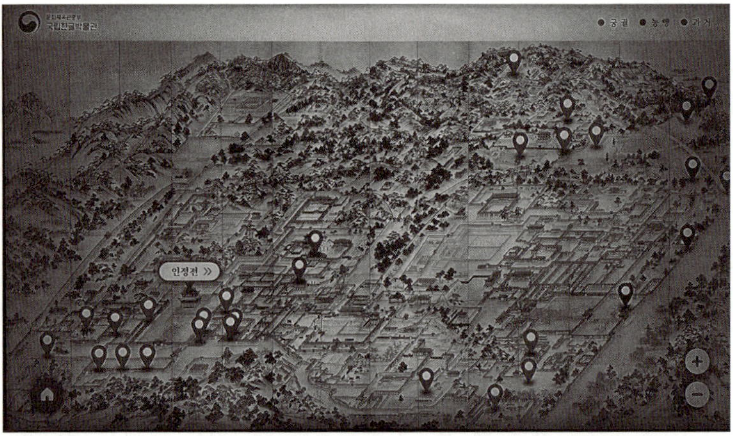

다음의 그림들은 한국의 마포의 과거와 관련된 데이터베이스를 제작한 후 데이터를 불러와서 영상으로 재현한 결과다. 디지털 데이터 내러티브가 영상으로 전개되었을 때의 예시다. 인터페이스 디스플레이가 클수록 당시로 돌아간 듯한 느낌을 선명하게 준다. 영상 이미지를 소환하는 식의 개념의 타임머신이 한국의 국립 한글박물관을 중심으로 등장하고 있다.

<그림176 마포 타임머신 1>

<그림177 마포 타임머신 2>

<그림178 마포 타임머신 3>

<그림179 마포 타임머신 4>

가상세계 교육 2. VFX 교육

　디지털 미디어 리터러시는 디지털 환경과 미디어의 특성을 이해하여 정보를 전달하고 합리적으로 의사소통할 수 있는 소양을 말한다. 요새 쉽게 접할 수 있는 사회관계망과 유튜브를 사용하는 능력도 이에 속하면서 미래 사회를 살아가는 데에 필요한 역량이 되었다. 게다가 디지털 미디어 리터러시는 빠른 속도로 확산하고 있어 유튜브, 인스타그램 등의 사회관계망을 통해 접하는 콘텐츠도 많아지고 있다. 이러한 영상 이미지 데이터는 확장 현실(XR)을 마련하는 기초적인 요소로서 기능하고 있다. 교육학적 관점에서 보면 이야기를 꾸려 나가는 내러티브 역량을 길러주고 데이터를 바라보는 비판의 인지적 각도를 세울 수 있다.

　전과 달리 데이터를 찾아 입력하면 자동으로 데이터베이스를 제작하고 시각화해주는 소프트웨어도 다량 출시되었고 영상 이미지를 제작하는 소프트웨어도 그 정교함이 상당히 진일보했다. 이러한 구현 기술이 기술로서가 아니라 리터러시, 소양으로 이해되고 습득되는 사회가 가까워지면서 과거에는 아주 전문적인 훈련을 받은 사람만 할 수 있었던 일을 보통 시민도 할 수 있게 된다. 디지털 영상 문화가 도래함에 따라 확장 현실이 본격적으로 일상이 되어가고 있고, 존재 방식의 변이, 즉 변화의 역학 개념인 '가상'은 상당 부분 디지털 미디어의 영향을 받는다.

　디지털이 일상화된 오늘날 이러한 영향은 디지털 미디어 문화를 하나의 미학으로 바꿔놓기까지 했다. 기술력의 발전과 시장성에 못지않게 이러한 영상 이미지에 반응하는 대중의 태도에 주목해야 하는데 텍스트에서 이미지, 영상으로 바뀌어버린 오늘날 사회관계망 내의 소통 방식을 보면 대중은 '디지털 집도의'로서의 역할을 이미 하고 있다. 그리고 지금의 대중은 이미지와 영상으로 스토리가 구성된 게임을 즐긴 지도 오래다. 그만큼 영상과 이미지에 익숙하고 강하다.

<그림180 증강 실재를 바라보는 미래세대>

위의 그림에서는 가상 실재로 구현한 영상 이미지가 도자기 앞에 놓인 투명 디스플레이 위에 증강되어 나타난다. 이를 보고 있는 어린 호모사피엔스에게 이런 환경은 이미 가상세계가 아닌 가상 실제 세계다.

인류는 소설, 연극, 영화를 통해 이미 가상세계인 시뮬라시옹을 구체화했고 컴퓨터 디지털 영상편집 기술은 이를 더욱 가속화하고 있다. 학습자가 가상세계의 작동 기제인 메타포와 파타포를 이해하고 나면 메타버스 환경에서 원활히 살아가기 위한 교과과정으로 영상 미디어를 활용할 것을 제언한다. 영상 미디어가 중요한 이유는 영상이 과거에 담아낼 수 없었던 새로운 장면을 메타포로 제시하면서 인간의 시지각을 점진적으로 변화시켰기 때문이다. 영화의 사실적인 움직임을 통해 창조해내는 현실효과, 환영을 통해 영화는 스크린 너머로 이미 가상세계를 구축하기 시작했다. 현대 테크놀로지에 기반을 둔 영화는 다양한 동영상 문화의 모태로 보편적인 표현 수단이자 인간의 사고를 변화시킨 매체이기 때문이다. 영화라는 영상에서는 개인이 경험했던 이야기 구조들을 공유하거나, 사건과 선택 흐름도를 매핑하고자 하는 시도들이 능동적 관객 경험을 구축하고, 게임이라는 영상에서도 QTE(Quick Time Event) 기술을 응용한 인터랙티브 콘텐츠가 만들어지고 있다. 이런 면에서 영화(영상)는 인터랙티브 콘텐츠를 제공하는 파타피지컬 인터페이스, 즉 파타포이며 영상 미디어로 무언가를 구현하는 과정에서는 메타포가 나타나게 마련이다. 따라서 영상 이미지로 '무언가'를 '만든다'라는 것은 메타포를 실행하는 일이 되고, 이는 자연스럽게 가상세계를 구현하는 역량의 소산이자 다시 그 역량이 된다.

컴퓨터와 소프트웨어의 발전으로 누구나 영화라는 인터페이스에서 메타포를 구현할 때 자신이 영상의 배경을 만들고 그 속에 자신을 위치시켜 결과적으로 영상 속으로 들어가는 결과를 낳음으로써 '나'만의 메타포를 구현할 수 있게 되었기 때문에 충분한 데이터와 숙달된 영상 제작기술만 있다면 얼마든지 '나'의 상상력으로 '나'만의 가상세계를 만들 수 있다. 이로써 영상은 메타포 역량을 발휘하고 가상 실재를 구현해볼 수 있는 장(場)으로 기능하게 되는데, 이러한 일련의 과정이 머지않아 메타버스 플랫폼 제작의 근본적인 역할을 하게 된다. 이제는 누군가 만들어 놓은 가상세계 플랫폼으로 내가 들어간다는 개념이 아니라 다양한 영상이 상영되고 감각이 인식되는 큰 디스플레이로 내가 있는 공간의 사방의 벽과 천장, 바닥을 모두 둘러싸 '나'의 주위를 가상 실재화한다는 개념으로 메타버스 환경을 바라보는 발상의 전환이 필요하다.

이러한 생각의 전환은 영상 미디어의 발달과 이를 가상적으로 구현하는 3D 소프트웨어의 발전에 기인한다. '지금', '나'의 주변을 '현실 같은 가상'의 상태로 만들 수 있게 된 것이다. 다시 말해 특정 대상에 대한 데이터를 모으고 분류해서 가상을 현실적으로 만들어 볼 수 있게 되었다. 메타버스가 데이터로 이뤄진 공간 메타포이며 가상화라는 상상의 구현인 파타포가 작용한다는 것은 바로 이러한 점 때문이다. 게다가 디스플레이를 터치하는 인터랙티브 기능이 햅틱 기술과 더불어 추가되어 가상세계를 만질 수 있는 성질을 발전시킬 수도 있다.

<그림181 반 고흐 디지털 작품 1>

〈그림 181〉은 반 고흐(Vincent van Gogh)의 작품을 디지털로 시각화한 곳에서 감상할 수 있는 전시관이다. 사방의 벽에는 디지털로 제작된 고흐의 작품이 디스플레이되고 관객들은 이 속을 걸어다니거나 의자에 앉아서 감상한다. 실시간으로 나뭇잎이 떨어지고 새가 날아가는 디지털 그림 속 세상에서 그림 속의 느낌을 받아들이게 된다. 자연을 증강한 고흐의 가상 세계를 다시 디지털로 증강한 세상을 만나는 것이다. 고흐가 자연을 보고 아날로그 가상 실재로 만든 것을 디지털 가상 실재로 만날 수 있다. 고흐가 그림으로 표현해낸 가상 실재 속으로 들어가 보기 위해서 호모사피엔스는 커다란 디스플레이로 자기의 사방과 천장, 바닥을 둘러싸고 그 한 가운데에 의자를 놓고 앉는다.

<그림182 반 고흐 디지털 작품 2>

<그림183 반 고흐 디지털 작품 3>

〈그림 182〉, 〈그림 183〉는 반 고흐의 작품을 디지털 가상 실재로 만든 결과물을 디스플레이 한 것이다. 작품 속의 실재들은 실시간으로 움직인

다. 새는 날고, 구름은 흘러간다. 그리고 이러한 실재들은 작은 액자 속에 갇혀진 크기가 아니다. 벽면을 모두 채우는 크기다. 실재들이 실물에 준하는 크기이므로 사람들은 작품을 감상하는 것이 아니라 실제처럼 감각한다. 우리는 수많은 디스플레이와 함께 일상을 살아가고 있으며, 메타버스 시대를 쾌적하게 살아가려면 다양한 폼 팩터(form factor)의 기기 디스플레이에서 똑같이 좋은 경험을 할 수 있어야 하는데, 올레드(OLED) 기술을 이용하면 이는 충분히 가능할 것이고 여기에 가상세계와 나를 이어주는 텔레 햅틱 기술까지 보태지면 가상성을 훨씬 높일 수 있다. 게다가 고사양 디스플레이의 개발에 더불어 3D를 구현할 수 있는 소프트웨어가 쉽게 만들어져 누구나 가상적 현실 영상을 만들어 디스플레이에 넣을 수 있게 되었다.

이러한 기술적 환경은 오히려 인문학적 천착이 바탕이 되는 메타포의 구현을 가능하게 만들었다. 누군가가 만들어 놓은 메타포를 빌려 쓰지 않고 메타포를 인지하는 주체가 자신이 인지적(내용적), 기술적(방법적)으로 직접 고안하고 디자인한 메타포를 실현할 수 있게 되었기 때문이다. 이것이 디지털의 힘이다.

<그림184 360도 사진 배경 증강 실재>

대표적인 3D 구현 엔진인 블렌더 (Blender), 유니티(Unity), 언리얼 (Unreal) 등의 소프트웨어를 이용하면 파타피지컬한 인터페이스를 개인이 직접 만들어 낼 수 있다. 그리고 이를 현실 세계의 디스플레이로 옮겨 가상환경을 만들 수 있게 된다. 〈그림 184〉처럼 360도 카메라로 촬영한 실제 사진에 3D 엔진으로 만들어 낸 콘텐츠를 업로드하여 직접 증강 실재를 만들어내는 기술과 이를 활용하는 사용자층도 점차 확산하고 있다.

동국대학교 문과대학에는 '디지털 큐레이션', 사학과에는 영상 이미지를 편집하여 애니메이션 콘텐츠로 제작하는 '디지털 역사문화 콘텐츠' 강의와 블렌더를 이용하여 역사 텍스트 데이터를 시각화하고 콘텐츠를 제작하는 '3D 타임머신' 강의, 데이터 청각화를 구현해보는 '히스토리 오디올로지' 강의, 역사교육과에는 '역사학과 인접 학문의 융합 교육', '글로벌 네트워킹 역사 지리 문화' 강의, 문화학술원에는 '인공지능과 문화학'이 개설되어 있다. 그리고 경희대학교 일반대학원 교육학과에는 '테크놀로지 기반 학습'이라는 강의가 개설되어 있는데 최원재 교수가 직접 기획하고 강의하는 이러한 강의는 자신만의 가상 실재 콘텐츠를 디지털 메타포로 만들고 이를 공유하는 호환적 메타버스 플랫폼을 구현하여 세상 어느 디스플레이에서나 가상 실재를 띄워 가상환경을 만드는 시대를 준비할 수 있는 교과과정이다.

학습자들은 이러한 교과과정에서 텍스트를 천착하면서 인문학적 메타포를 구상하고 기술적으로 디지털 감각화해서 표현해내는 인지 사고 전환적 메타포 역량과 영상 미디어 메타포 수행 역량을 계발하게 된다. 교육적 활용 측면에서 보면, 이처럼 제작된 3D 애니메이션 영상들은 다른 교과의 교육 콘텐츠로도 활용이 가능할 것이다. 3D 모델링 소프트웨어를 이용하면 대상을 다층적으로 볼 수 있다는 특장점이 있다. 이러한 방식은 교육 방법론적으로 창의력을 계발하는 데에도 기능한다. 즉, 3D 영상을 조작하는 기술을 배운다는 것은 단순히 기계적으로 기계적인 기술을 익힌다는 뜻이 아니라 어떤 대상과 현상에 관한 관찰과 판단에 의한 창의력을 신장하는 역할로서의 방법적 접근을 실행한다는 의미가 된다.

블렌더의 시작 화면에는 정육면체가 나온다. 이 정육면체에서 무엇을 끄집어낼지는 제작자에게 달렸다. 이것을 떠올리는 순간부터 모두가 가상 기술자가 될 수 있다. 무엇을 끄집어낼지에 대한 고민은 디지털 기술로 할 수 있는 게 아니다. 세계를 볼 수 있는 힘과 세계를 가상화할 수 있는 통찰력에서 나온다. 세상을 무엇으로 채워 넣을지에 대한 고민에서부터 가상 세계 내러티브는 시작한다. 이런 3D 영상 미디어 교육은 더 나아가 학습자의 인생에도 긍정적인 영향을 끼치게 된다. 텍스트와 애니메이션과 사운드를 합쳐볼 수 있고 이를 통해 자신의 창의력을 직접 바라볼 기회가 주어진다.

<그림185 블렌더 인터페이스>

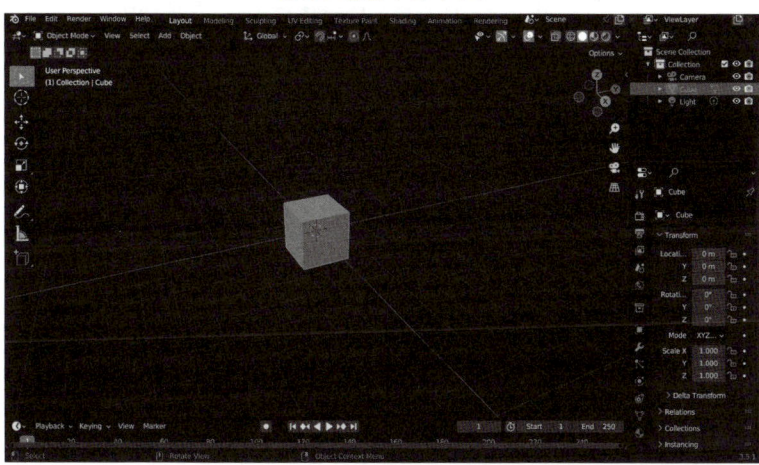

이러한 교육적 움직임이 결국 XR 기술과 융화될 것이다. XR 기술은 현실과 컴퓨터 그래픽을 자연스럽게 섞는 기술을 일컫는데, 소형화된 XR 안경과 헤드셋으로 컴퓨터의 모니터를 대신하게 되고, 청각과 촉각을 이용해서 기계 없이도 인터넷에 접속되는 일도 가능해질 것이므로 XR 기술은 결과적으로 메타포 개념에서 시작한 메타버스를 파타포로 진행해가면서 사회·문화적인 관점에서의 가상공간 메타버스를 완성하게 되고 이러한 일련의 과정에서 호모사피엔스의 기술력과 인지력이 동시에 향상될 것이다. XR을 구현하기 위해서는 해당 기술에 의존하기보다는 필요한 기술을 적재적소에 쓸 수 있는 응용력과 이를 뒷받침해주는 인문학적 메타포와 방법론적 메타포가 필수적이다.

XR 기술을 기반으로 가상환경과 가상 실재 콘텐츠는 더욱 정교해지고 간단해져 가상과 현실을 쉽게 넘나들며 서로가 공유할 수 있는 시대가 도래할 것이다. 그리고 그 밑바탕의 5G 환경은 증강 실재의 사용률을 증가시키고 사회의 더 많은 부분을 메타버스로 만들 것이다. 이런 시대에는 사회 전체가 하나의 통합된 메타버스 플랫폼이 될 것이기 때문에 VR·AR 헤드셋 착용도 필요 없이 홀로그램으로 메타버스 콘텐츠를 접할 수 있을 것이다. 이러한 XR 기술은 현실과 가상 간의 상호 작용을 강화하여 현실 공간에 배치된 가상의 물체를 만져보거나 음향을 들을 수 있는 등 간접 체험을 가능하게 하기도 한다. 결과적으로 영상 미디어 제작 교과과정에서 가상세계를 메타포 해본 학습자의 경험은 말 그대로 XR 기술의 구현이므로 가상세계에서 사용자가 가상에 융화되기에 적격이고 가상세계가 교육에 활용될 때 원활히 이를 사용할 수 있게 될 것이다.

<그림186 Nuke의 영상 이미지 제작 과정 1>

<그림187 Nuke의 영상 이미지 제작 과정 2>

　　VFX를 이용한 가상 실재의 제작 시스템은 비대면으로 영상을 제작하여 배경과 스튜디오에서 모션 캡쳐(motion capture)로 촬영한 배우의 연기를 결합해 콘텐츠를 제작하는 방식이다. 〈그림 186〉, 〈그림 187〉은 VFX 소프트웨어 누크(Nuke)로 가상의 교회를 만드는 과정과 결과다. 나

무, 하늘, 교회 이미지가 모두 각각 제작되어 합성된 후 〈그림 188〉에서 보이는 것처럼 누크에 내장된 카메라로 렌더링(rendering)된다.

인공지능 기반 3D 모델링 기술은 이용자를 포함한 현실 세계의 모든 객체를 가상의 콘텐츠로 모델링해 메타버스에서 구현할 수 있다. VFX로 만들어지고 누적되는 영상물은 확장 현실의 토대가 되며 가상세계 문화를 이룬다. VFX와 가상세계의 연관성은 버추얼 스튜디오(Virtual studio)에서 단적으로 볼 수 있다.

버추얼 스튜디오는 녹색이나 파란색 천으로 배경을 합성하던 크로마키 대신 LED 월(Wall)이라는 벽면부터 천장까지 배치한 대형 LED 스크린을 이용해서 실제 환경 같은 그래픽을 실시간으로 연출할 수 있는 환경을 의미한다. LED 월은 기존의 녹색 크로마키 스크린과 달리 조명이나 이미지를 자유롭게 조정해 가상세계의 사실감을 향상할 수 있다는 점에서 활용도가 높다. LED 월을 설치한 스튜디오에서는 자연환경과 유사한 배경 세팅을 구현할 수 있다. 실시간으로 조명을 조절하거나 이미지를 반영하여 촬영 배경 장소의 설정을 바꾸는 게 가능하므로 현실감 있는 장면을 연출할 수 있다. 이러한 버추얼 프로덕션 기술을 활용하면 직접 현장에 가지 않고도 원하는 공간과 배경을 만들어낼 수 있는데 이것이 바로 가상세계의 원리가 된다.

우리에게 익히 알려진 〈스타워즈〉, 〈쥬라기 공원〉, 〈반지의 제왕〉, 〈아바타〉 등의 영화가 버추얼 스튜디오에서 만들어졌다. 이러한 실감형 콘텐츠는 제작자와 소비자의 인터랙티브 영역을 확장하여 가상세계 메타버스의 성장과 함께 또 다른 산업적 영역을 개척할 것으로 전망된다. LED 월을 배경으로 영상 이미지가 제작되는 모습을 보면 버추얼 스튜디오의 영상 이미지 제작 환경과 〈그림 188〉 더 썬캐이브(The SunCave)라는 가상세계 구현 장치의 작동 환경이 똑같이 닮았다는 사실을 알 수 있다.

<그림188 더 썬캐이브>

더 썬캐이브는 샌디에고 퀄컴 인스티튜트(San Diego Qualcomm Institute)가 개발한 가상세계 구현 장치로 커다란 영상 스크린 속에 사람이 들어가 영상을 보면 마치 가상세계의 공간에 사람이 있는 것만 같은 느낌을 전달한다. AR, VR, MR 등의 시각적 가상화 기술은 5G 이동통신 기술과 함께 현존감과 콘텐츠에 대한 몰입감 그리고 사용자 중심의 능동적인 콘텐츠 소비를 가능하게 한다. 이는 곧 시각적 가상의 결과인 영상 이미지가 가상세계의 주재료로 사용되고 있다는 방증이다.

VFX를 역사학에 융합하여 활용하면 디지털 미디어 역사학이라는 분과 학문이 나타날 수 있다. 디지털 미디어 역사학은 크게 두 가지 내용을 커리큘럼의 기본으로 구성된다. 첫째, 역사 데이터베이스 제작 과정, 둘째, 영상 이미지 제작 과정이다. 기계 조작에 익숙하지 않은 학습자들은 디지털 미디어 역사학이 자칫 디지털 영상 편집 기술 습득 학습으로 경도할 것에 대해 우려하기도 하는데, 이를 방지하기 위해서 역사 대상에 대한 충분한 데이터 분석이 병행되어야 한다. 디지털 미디어 역사학은 역사 사료 탐구와 역사적 상상력에 기반하는 것이지 허무맹랑한 콘텐츠를 만드는 것이 아니기 때문에 역사 데이터에 관한 충분한 고찰과 고증 지식을 기반으로 제작해야 한다. 이러한 역사 데이터 분석과 연구는 디지털 기술과 균형을 이루어 분과학문으로의 위상을 갖추기 위함으로 필수적인 선결 요건이다.

오늘날 디지털 데이터베이스 안에서 데이터는 독자적으로 존재할 수 있게 되었고 공공재화로서의 가능성도 갖기 때문에 이러한 데이터를 자유롭게 핸들링할 수 있는 역량은 다양한 데이터의 관계 맺음을 현실적으로 실현하게 하여 다양한 인사이트를 창출하므로 역사학도 데이터 사이언스와 미디어학에서 제공하는 교육효과를 전격적으로 전공과목에서 의도해야 한다. 역사 데이터베이스 제작을 주축으로 하는 여러 가지 학문적 디지털 활용은 디지털 인문학계에서 상당한 진척을 이루었으므로 이를 디지털 미디어 역사학의 역사 데이터베이스 제작 커리큘럼에 응용한다.

영상 이미지 제작 과정은 학습자가 역사 대상을 바탕으로 하나의 단편영화를 만드는 과정과 흡사하다. 스마트폰의 보급으로 카메라와 영상 편집 소프트웨어만 있으면 간단하게 원하는 영상을 제작할 수 있고, VFX 소프트웨어의 활용 또한 전보다 쉬워졌다. 디지털 미디어 역사학은 현재의 모습이 아닌 역사적 대상, 즉 과거의 것을 영상에 담아야 하므로 3D 모델링 소프트웨어를 이용한 가상현실 콘텐츠 제작과 그 결과물을 촬영 데이터와 함께 합성하는 컴포지팅(compositing)까지 모두 포함한다. 영상 이미지 제작 과정은 크게 사전제작, 제작, 후속 제작으로 구성되는데, 이 중에서 3D 모델링과 매트 페인팅(Matte painting)이 디지털 미디어 역사학의 영상 이미지 제작 과정의 핵심이 된다.

<그림189>　　　　　<그림190>　　　　　<그림191>

매트 페인팅은 영화 촬영을 위한 상상 또는 현실의 이미지를 제작하는 기법으로 영화의 배경을 처리하기 위해서 〈그림 189〉에서처럼 디지털, 아날로그 회화 기법을 이용하고 최근에는 〈그림 190〉처럼 3D 모델링과 합쳐져서 컴포지팅 되기도 한다. 이렇게 해서 완성된 〈그림 191〉이 디지털 미디어 역사학이 최종적으로 목적하는 바다. 이 과정에서 사용되는 소프트웨어는 2D 이미지 제작과 편집에 사용되는 포토샵(Photoshop)과 3D 모델링 제작 및 디지털 모션 그래픽 합성 소프트웨어인 블렌더, 유니티, 언리얼, 어도비 애프터 이펙트(Adobe After Effect), 누크 등이 있다. 특히 누크는 인공지능과 머신러닝 응용을 가능하게 함으로써 미래 영상 미디어 환경에 최적화되어 있다.

여기서 한국전쟁의 한 장면을 디지털 미디어 역사학 교과과정으로 제작하는 사례를 살펴보자. 흥남 부두 철수라는 역사 대상을 최종 결과물인 영상 이미지로 제작하기 위해 관련 역사 데이터를 여러 방면에서 수집하고 데이터베이스로 제작한다. 이를 위해 텍스트 데이터에서부터 사진, 그림 등 가능한 다양한 데이터가 활용되어야 한다. 영상 이미지를 만든다고 해서 단순히 이미지 데이터만을 참고해서는 안 된다. 흥남 부두 철수와 관련해서 한국과 미국의 한국전쟁 아카이브가 많으므로 이를 참고하여 가급적 다양한 데이터를 천착하여야 하고, 그 중 지극히 개인적일 수 있는 사건도 객관적인 역사로 편입시키기 위해 영상 이미지 제작자의 정교한 데이터 핸들링과 역사적 상상력이 요구된다. 이것이 바로 영화제작이나 미술 디자인 제작 과정에서가 아닌 역사학에서 디지털 미디어 제작 교과과정이 구성되어야 하는 이유다.

데이터베이스를 통해 확보한 도메인 지식과 데이터베이스 제작 과정에서 추체험한 감성으로 제작자는 영상 이미지를 만든다. 이는 단순한 이미지의 합성이 아닌 역사 대상에 대한 제작자의 해석이 이미지에 투영되어 나타난 바다. 데이터베이스 제작 과정에서 역사적 사건을 추체험하고 나서 이를 재구성하여 가상의 장면을 제작하는 편집자의 눈으로 감정이입을 조절해가며 스토리를 영상 이미지 속에 녹여 내기 위해서 제작자는 사전에 능숙한 디지털 미디어 역량이 준비되어야 한다.

디지털 미디어 역사학의 영상 이미지 제작 과정에서 학습자는 VFX 소프트웨어를 이용하여 글이 아닌 이미지로 내러티브를 완성하는 의사 전달 방법을 연구한다. 이는 디지털 기술을 활용하여 인간의 감성까지도 내러티브할 수 있는 기술·디자인적 역량을 갖추고 현실 공간이 확장된 가상세계를 경험함으로써 영상 이미지를 제작하는 것의 의미를 체득하는 과정이다. 이러한 일련의 과정은 교육학적으로 보았을 때 역사학과 디지털 미디어 기술이라는 두 가지 영역에서 내러티브 역량 계발을 촉발하고 이를 교육철학으로 삼는다.

내러티브는 창의적 아이디어 생성의 밑거름으로 교육과정 개발의 측면에서는 창의적 체험활동을 통합하는 매개체로, 수업의 측면에서는 수업의 소재와 내용, 내용 전달 방식, 학습 공동체 형성의 도구로 작용하는데, 역사적 대상에 대한 세심한 관찰력과 능숙한 디지털 미디어 역량으로부터 역사 콘텐츠 제작이라는 영역은 디지털 역사 데이터 내러티브를 일으키는 공간이 된다. 역사 연구를 통해서 학습자는 내러티브 역량을 크게 높일 수 있다. 역사학에서 학습자는 역사 대상을 면밀하게 관찰함으로써 통찰력을 증진하고 비판적·창의적 사고를 연마함은 물론 이를 논리적이며 객관적으로 표현할 수 있는 지성을 함양할 수 있기 때문이다.

디지털 3D 영상 이미지를 조작하는 기술을 배운다는 것도 단순히 기계적으로 기술을 익힌다는 뜻이 아니라 관찰력, 판단력, 창의력을 기른다는 말이며 디지털 장치를 쉽게 활용하는 시대에 사회의 전반적인 디지털 리터러시 역량이 발달하면 논리·객관·비판·창의적 개인이 성장하게 되고 사회를 더욱 개방되고 건설적인 표현의 장으로 만들 수 있게 된다. 이것이 디지털 데이터 내러티브가 창출해내는 시대 정신이다.

디지털 미디어는 확장 현실에서 경험할 수 있는 몰입(immersion), 에이전시(agency), 모핑(morphing)을 실현할 수 있는 공간이 된다. 따라서 디지털 미디어 역사학에 참여하는 학습자는 미디어를 통해 역사적 인식을 형성하고 다시 디지털 미디어로 이를 제작하여 웹(web)에 업데이트하는 과정에서 지식을 교류하는 동시에 디지털 가상세계 시대를 살아갈 역량 계발과 전파에 이바지하는 전 인류적 선순환에 동참할 수 있게 된다.

역사 콘텐츠를 디지털 미디어로 제작하는 강의에서 학생들의 공통된 반응은 '신남'과 '통찰'의 내러티브였다. 역사학에서 콘텐츠를 자기 손으로 가상화시키는 경험은 학생들이 스스로 인문학의 보고(寶庫)를 열게 된 놀라움이기도 했다. 내러티브는 어떤 일을 하는 데에 있어 동기를 부여하고 실행을 끌어내는 힘을 갖고 있으므로 역사학과 디지털의 내러티브가 융합되는 디지털 미디어 역사학은 책 속의 지식을 원동력 삼아 세상을 역동적으로 바라보는 건전한 시민을 양성할 수 있을 것이다.

VFX를 이용하는 실감형 콘텐츠 시장이 커지면서 국내에서도 가상 스튜디오 시장이 함께 많은 관심을 받고 있다. CJ ENM이나 SK텔레콤, 덱스터 스튜디오 등 다양한 기업에서 LED 스크린, VFX, XR 촬영용 카메라 등의 첨단 설비를 갖춘 가상 스튜디오 개발을 추진하고 있다. 시장성도 좋아서 VFX 시장 규모는 2023년부터 2027년 사이에 88억 9,882만 달러 확대될 전망이다. 게다가 콘텐츠 제작사들도 이 시장에 긍정적으로 반응하고 있어 VFX는 영상 콘텐츠 제작의 표준으로 자리매김하고 있다. 소수만이 가지고 있던 시각 효과 기술 정보와 자료들의 확산과 증가가 다수의 전문적인 시각 효과 업체들의 출현을 야기하고 영상 시각 효과 제작 프로세스를 바꾸었다. 그만큼 VFX는 영상 제작의 핵심 부서가 되었다.

이러한 추세는 또한 가상세계와의 연관성을 짚어볼 필요가 있는데, AR, VR, XR 등의 가상세계 콘텐츠 제작에 VFX가 필수 요소로 꼽히기 때문이다. 태동기를 벗어나고 있는 메타버스 시장이 VFX 업계를 콘텐츠의 원천으로 보면서 다음 단계 가상세계 시대로 진입을 시도하고 있다. ICT(Information Technology Communication) 표준 전략화 맵에서도 5G, 빅데이터, 인공지능, 실감 영상, 메타버스 콘텐츠, 스마트 시티는 모두 하나의 산업 DNA로 기능한다. 실감형 콘텐츠인 영상 이미지 제작이 곧 가상세계 메타버스 콘텐츠로 제작되어 증강현실에서 활용되는 사례로는 디지털 휴먼(digital human)도 있다. 디지털 휴먼은 한 사람의 데이터를 가상의 공간에 구현한 개체로 가상세계에 존재하지만 현실 공간과 상호작용이 가능하다. 이를 구현하기 위해서는 인공지능, 데이터 사이언스, VFX 기술이 핵심이다.

이러한 산업적 흐름에 따라 기존 VFX 파이프라인에 인공지능과 머신러닝 기술을 접목한 다양한 학문적 배경의 테크놀로지 디렉터(TD)에 대한 수요가 계속 증가할 것으로 예상되므로 이러한 인적 자원을 개발하기 위한 교육 프로그램이 시급한 실정이다. VFX 시장은 지속적인 성장이 예측되며 경쟁 구도가 심화할 것으로 예상되므로 VFX 원천기술과 전문 인력을 확보하는 것이 중요하다. 이런 때에 디지털 미디어 역사학을 통해 역사 연구를 하게 되면 역사학에서 디지털 기기의 조작과 연구 역량이 밀접하게 관련될 것이고 영상 이미지로 나타나는 연구 결과는 단순히 역사학계뿐만 아니라 사회 여러 분야에서 콘텐츠로 사용될 수 있으므로 연구 결과를 내기까지 숙달된 학습자의 데이터 핸들링 역량과 VFX 소프트웨어 등의 디지털 미디어 조작 역량은 분명히 디지털 산업계에서도 환영받을 수 있는 소양이 될 것이다.

게다가 인공지능과 협업할 수 있는 VFX 소프트웨어로 영상 이미지를 만든다면 이는 본격적으로 가상세계를 대비하는 연구 활동에 편입된다. 이러한 학계의 디지털적 진화는 교육계의 다음을 앞서 책임질 책무이기도 한데 지금의 미래세대인 유·초등 단계에서 쌓기 시작하는 디지털 미디어 리터러시 역량을 지금의 대학생이 된 미래의 교사, 연구자 등은 익힐 수 없었기 때문에 고등교육 단계에서 이러한 내용을 가르치지 않는다면 미래 세대를 지도할 현 대학생들의 디지털 미디어 역량이 후속 세대에 의해 역전될 가능성이 짙기 때문이다. 디지털 미디어 리터러시에 익숙해진 오늘날의 고등교육 학습자가 콘텐츠의 미디어 수용자뿐만 아니라 제작자로서의 역량까지 기른다면 대학에서 배우는 지식과 사고력을 미디어 기술의 역량과 결합하여 가상세계에 활용할 수 있는 콘텐츠 제작 기법을 길러 디지털 교육계와 산업계를 주도할 수 있게 될 것이다.

가상세계 교육 3. 문학 교육 패러다임 시프트

　독자를 작가로 만드는 것이야말로 문학의 유토피아라고 했던 롤랑 바르트(Roland Barthes)의 주장에 근거한다면, 디지털 다매체 환경은 대중들을 작가로 만드는 이상을 실현하기에 그 어느 때보다 이상적인 환경을 제공하고 있다. '디지털 문학'이라는 장르가 생길 정도로 디지털에 올라탄 문학은 그 어떤 때보다 확산세가 커지고 있다. 문학 소비자로만 남지 않는 생산자로서의 독자층이 문학 영역을 재창조하고 있기 때문이다.

　그러나 메타버스 메소드를 문학작품에 사용하게 하는 것보다 더 중요한 것은 문학작품을 통해 독자들에게도 가상세계를 만들 수 있는 역량을 알려주는 것이다. 그렇다고 모든 독자가 컴퓨터 프로그래머가 되어야 한다는 말은 아니다. 하지만 메타버스의 원리와 문학의 성격에 놓여있는 공통점을 알면 이러한 역량을 개발하는 주체로 문학의 역할이 아주 커질 수 있다.

　그 공통점이란 다름 아닌 데이터다. 가상세계를 만드는 기술은 데이터를 핵심 기술 원리에 두고 있다. 현실과 가상세계를 넘나드는 언택트 시대에서 데이터의 중요성은 이루 다 표현할 수가 없다. 남들이 만들어 놓은 데이터 도구의 '소비자'에서 자신의 것을 만들어내는 '생산자'로 탈바꿈해야 한다는 점이 핵심이다. 좋은 데이터를 생산해서 적절하게 활용하는 방법을 배우고 익히지 못한다면 즉, 아무리 스마트 기기를 자주 잘 사용한다고 해도 결국 데이터 소비자밖에 될 수 없다면 주체적으로 살아갈 동력을 가질 수도 없다. 데이터와 관련해서도 사용자들이 창조적이고 혁신적인 예술과 기술의 융합 그리고 무한한 생성과 소비의 시대를 만들어낼 수 있어야 한다. 그렇지 못하다면 단순히 거대 기업이 만들어 놓은 판 위에서 반강제적으로 움직이는 말에 불과한 삶을 살 수밖에 없다. 디지털 전체주의의 희생양을 자처하게 되는 것이다.

문학작품이 갖는 데이터는 단순히 작가 한 사람만의 상상력의 결과가 아니다. 작가와 그의 주변이 새로운 가치를 만들어내는 과정의 결과다. 그러므로 작품 속의 메타포를 읽어내기 위해서 이러한 제반 데이터를 디지털적으로 처리하는 것은 문학작품에 대한 이해도를 높이고 다시 디지털 데이터 리터러시를 높인다. 이런 과정에서도 직관력과 상상력은 요구되기 때문이다. 문학의 직관력과 상상력이 디지털 데이터의 직관력과 상상력으로 순환되는 내러티브가 가능해진다. 달리 말해 인문학자와 기술자의 융합이 한 몸에서 시작되는 것이다.

디지털 리터러시는 디지털 기기를 잘 사용하는 것을 넘어 디지털 정보를 이해하고, 선택하고, 편집과 가공을 통해 새로운 지식을 생산하는 사고와 능력을 뜻한다. 디지털 리터러시는 데이터 리터러시와 겹치는 부분이 있다. 그리고 디지털 리터러시에 올라탄 데이터 리터러시는 시너지 효과가 있을 수밖에 없다. 아날로그 데이터가 디지털 데이터로 변환되면서 데이터 처리자가 더욱더 많아지고 훨씬 다양한 데이터를 양산해낸다. 디지털 리터러시를 통해 기존의 데이터가 제3의, 제4의 데이터로 가지를 쳐나가므로 디지털 리터러시와 데이터 리터러시는 뫼비우스의 띠처럼 연결되어 있다.

데이터 리터러시는 데이터를 목적에 맞게 활용하는 데이터 해석 능력이다. 데이터 속에서 문제의식을 느끼고 의미맥락을 찾을 수 있는 능력이다. 이는 단순히 데이터를 통계적으로 해석하는 능력과는 다른 능력으로 뭉치

데이터 속에서 남다른 무언가를 찾을 수 있는 역량을 뜻한다. 최근의 데이터 리터러시는 데이터 수집, 패턴-의미 도출을 효율적으로 수행하기 위한 컴퓨터 언어 코딩까지 포함한다. 디지털 리터러시를 통해 인터넷에서 데이터를 찾고 서버에 저장하기 때문에 데이터 리터러시와 디지털 리터러시는 뗄 수 없는 관계에 놓여있다. 데이터 해석 능력이 디지털 기술을 만나게 되면 데이터 처리자는 훨씬 효과적이고 효율적으로 데이터 속 인사이트를 도출할 수가 있다.

문학은 데이터 창고다. 그것도 여러 층위의 데이터가 뿌려져 있는 곳이다. 양질의 데이터를 생산하고 또 많은 데이터 속에서 인사이트를 찾아내려면 데이터를 보는 눈과 IT 지식의 융합이 요구된다. 그래서 요즘 데이터 처리에 필요한 IT 지식은 플랫폼이 제공하고 이를 활용해 전처리를 수행하는 소위 인문 기술자가 등장하고 있다. 인공지능으로 플랫폼을 만들 수 있다고 해도 이는 다양한 영역의 문제를 해결하기 위한 하나의 도구에 불과하며, 실제 해결을 위해서는 해당 영역 자체에 대한 지식과 다른 데이터에서 도출한 인사이트의 결합이 필수적이다. 인간의 도메인 지식과 이로부터 기인하는 식견이 없는 한 인공지능 역량은 완성되기 어렵다는 의미다.

데이터 사용자는 이렇게 쌓인 도메인 지식을 내러티브해야 한다. 여기서 내러티브는 문학에서 말하는 서사가 아닌 교육학에서의 재구성적 교육철학과 그 실천 방법을 뜻한다. 내러티브는 자기화된 이야기다. 문학에서 도메인 지식(데이터)을 찾고 그 데이터를 비교하는 과정은 '달리 보기'와 '게임'의 성격을 내포한다. 예를 들어 문학지식 데이터베이스를 만들면 작품만 보고 유추하는 게 아니라 그 당시를 추적해보고 유추한 결과를 종합하게 된다.

내러티브는 기계적인 과정이 아니다. 내러티브는 데이터의 양으로 결과를 판단하는 식의 전근대적인 어리석은 행태에 반대한다. 내러티브로 데이터 간 관계성을 만드는 것이 핵심이다. 이 과정에서 '아하! 순간'이 나타나고 창의력이 구현된다. 하나의 문학작품이 디지털의 도움으로 자기 손끝에서 자기 생각에 따라 재구현되는 모습을 자기 눈으로 확인하는 것이 디지털 데이터 내러티브다.

아무리 데이터가 많아도 참신하게 연결되지 못한다면 무용지물이다. 문학작품의 데이터 간 관계성 형성은 처리자가 데이터를 완벽하게 장악해야만 가능하다. 그러므로 문학을 읽다가 나타나는 자신만의 감정을 잡아 기록해서 자기 데이터로 남기는 것이 무엇보다 중요하다. 그래야만 겉으로 드러난 데이터의 나열이 아닌 자기화된 스토리텔링을 만들 수 있다. 디지털과 데이터가 만들어내는 창의력의 선순환 구조는 내러티브에서 완성된다.

한 예로 한국의 조선 시대 추사 김정희와 영국의 윌리엄 워즈워스(William Wordsworth)가 쓴 '수선화'를 소재로 데이터 간 의미 결합을 해볼 수 있다. 이 두 시인은 활동 시기가 비슷하고 살아온 배경이 같은 듯 다르다. 이 두 시인이 어떻게 '수선화'라는 소재로 각각 작품을 만들었는지 추적해보고 이러한 목적을 디지털 가상세계로 구현하게 되면 문학이라는 교과과정에서 어떻게 디지털 데이터 내러티브를 실천할 수 있는지 알 수 있다. 먼저 김정희와 워즈워스에 대한 도메인 지식이 필요하다. 이 도메인 지식을 쌓는 순간부터 문학 교과과정의 위상이 데이터 리터러시 교과과정으로 옮겨온다. 문학에서 기발한 아이템을 떠올려 산업계에서 이를 응용하는 과정의 모든 시작은 데이터 리터러시에서 시작할 수밖에 없다.

이 두 인물이 지냈던 곳의 이미지를 모으면 사진이라는 가상 실재, 그림이라는 가상 실재, 글이라는 가상 실재가 모여 가상세계를 이룬다. 데이터 중심 시대에 문학은 단순히 이야기가 아니다. 데이터 리터러시를 함양할 수 있는 분야로 다시금 자리매김하여야 한다. 특히 비교 문학은 더욱 그렇다. 그것도 단순히 데이터 리터러시만 높이는 영역이 아니라 데이터 처리자의 감정 데이터도 순환되어 데이터 리터러시를 익히는 과정에서 카타르시스까지 염두에 둘 수 있는 색다른 차원의 데이터 과학 영역이다. 이러한 생각을 갖게 할 수 있는 디지털 가상세계를 만들면 이 두 '수선화 시인'이 수선화라는 소재를 각각 자신의 상황에 맞게 이용하였고 자신을 투영했음을 디지털적으로 찾아볼 수 있게 된다.

문학은 데이터 천국이고, 그 중심에는 문학의 도메인 지식이 있다는 점에 착안해서 수선화 시인들의 작품 안팎의 데이터를 훑어나간다. 특히 현장성과 공간성을 담고 있는 그림(사진) 데이터를 중점적으로 보여주고 이를 통해 실재감 있는 데이터 리터러시를 촉발시키는 데에 중점을 둔다. 문학을 텍스트로만 생각해서는 데이터 리터러시에 활용할 수 없다. 수선화 시인이라는 소재로 가상세계를 만드는 데 있어 '수선화'라는 단어에 초점을 맞추지 않고도 데이터 내면의 관계성에 따라 데이터가 정렬될 수 있다. 겉으로 드러나지 않은 데이터 속의 의미로 하나의 네트워크를 구성할 수 있다. 이는 인사이트를 도출하는 데 있어서 필수적인 요소로 작용한다.

도메인 지식 위에 계속해서 데이터를 쌓다 보면 (즉, 지식베이스를 만들다 보면) 이전에는 생각하지 못했던 데이터와 데이터 간 커뮤니케이션에 의해 새로운 데이터 영역이 발생함을 알 수 있다. 빅데이터인 문학을 활용해서 그 안의 데이터를 디지털적으로 활용하는 리터러시를 익힌다면 문학이 미래 사회에 필요한 핵심 역량을 갖출 수 있게 하는 영역으로 현실적인 융합 교육이 가능하다.

게다가 문학을 비교하는 데이터 처리는 재미있다. 비교 대상에서 유사성이 보이는 접점을 찾게 되면 흡사 게임을 할 때의 느낌을 경험하기도 한다. '아하! 순간'에 느끼는 감정이다. 교육심리학에서 말하는 직관과 통찰의 순간이다. 데이터 처리자가 여러 가지 도메인 지식을 디지털로 데이터화하면서 직관적으로 '아하!'를 일으키는 데이터의 연결점을 찾게 된다.

그리고 데이터베이스를 만들면서 시를 쓰도록 가르쳐보자. 데이터베이스를 만든 호모사피엔스 중에는 시인이 많다. 곤충학자 파브르(Jean-Henri Fabre)도 시인이었고, 공상과학 소설가 쥘 베른도 시인이었다. 한국의 조선 시대 금남 최부의 서사시, 근대 시인 백석의 시를 보면 데이터가 작용하는 시상의 세계를 엿볼 수 있다. 이들은 모두 데이터와 메타포를 내러티브했다. 철학적으로 문학적으로 VR, AR 구현 연습의 최고는 시쓰기다. 당장 눈앞에 나타나는 VR, AR 디지털 기술을 배우는 것도 좋지만 메타포가 들어가는 시를 쓰면서 디지털 사고부터 탄탄하게 해놓는 것이야말로 훌륭한 교육이다.

1487년 11월 금남 최부는 제주에 도착하고 석 달 남짓한 기간 동안 제주의 역사와 풍물을 압축하여 한 편의 대서사시 「탐라시삼십오절(耽羅詩三十五絶)」을 엮어냈다. 여기에는 금남 최부의 박물학적 데이터가 동원되었고, 1485년 『동국통감(東國通鑑)』, 1486년 『신증동국여지승람(新增東國輿地勝覽)』이라는 역사서와 지리서를 편찬하면서 갈고 닦은 내러티브가 스며 들어가 객관적이고 분석적인 메타포가 투영되었다.

조선 후기의 문인 담정 김려는 데이터베이스와 메타포를 넘나들었던 인물 중에서 최고의 면모를 보였다. 대표적으로 1803년에 한국 최초의 어보(魚譜)인 『우해이어보(牛海異魚譜)』를 저술했는데, 그 속에 총 39수의 7언 절구 「우산잡곡(牛山雜曲)」을 남겨 당시 진해와 거제의 풍속과 생활을 읽어볼 수 있다. 김려는 데이터베이스를 만들면서 나타나는 인문학적 사고가 심리적으로 그리고 인지적으로 통찰력과 위트로 나타나는지 보여주었다.

여러 가지 데이터가 한 사람에게 공명을 일으키면 시로 나타나는 법이다. 쥘 베른은 『20세기 파리(Paris au XXe siècle)』에서 기술이 발전이 인류의 비인간화를 촉진하고 이로 인해 시가 사라질 것이라고 예언했다. 그는 파리가 기계 도시로 바뀌고 나면 시인은 점차 사라질 것으로 생각했다. 그러나 기계가 삶 속에 들어와 있는 지금이 오히려 시를 짓기에 좋은 시대다. 기계를 만들고 컴퓨터를 이용하면서까지도 메타포 내러티브를 한창 진행 중인 인류는 빅데이터로 촉발되는 감정에 충실한 시를 쓰고 있다.

가상세계 교육 4. 한자 교육 패러다임 시프트

메타포의 특징을 이용하는 오랜 문명체계의 하나가 바로 한자다. 현실 세계의 대상을 추상화하고 기호화하여 이미지로 압축하는 인지 전환의 결과가 한자라는 문자로 나타났고, 이러한 제자 과정과 결과를 메타포라고 부를 수 있다. 따라서 가상세계 구현 역량 계발을 위한 한자 교육이 실현된다면 한자의 제자 원리를 통해서 가상세계의 구조와 구성 원리와 철학을 더욱 쉽게 이해하게 할 수 있을 것이다.

이러한 메타포 교과과정의 역할을 한자 교육이 담당할 수 있는 현실적인 근거로는 한자의 가시성을 들 수 있다. 한자 수업에서 학습자에게 세계의 대상이 현상학적으로 이미지 전환되고 이것이 다시 의미론적으로 전환되는 예를 보여주고 확인시킬 수 있다면 가상세계성에 대한 직관적인 학습이 가능해질 것이다.

이를 기술적·인지적으로 계발하기 위해서 한자 속에 들어있는 존재자를 다시 펼쳐서 세상으로 들고나오는 연습을 3D 모델링 소프트웨어를 활용해서 해볼 수 있다. 이는 세계 속의 존재를 글자로 만들어 보는 현행 '창의적 한자 만들기' 수업에서 진일보한 것으로 현실 세계 속의 존재를 3D로 구조화해보는 것이다. '창의적 한자 만들기' 과제는 지금 한국의 고등학교 한문 수업 수행평가 중의 하나다. 이러한 창의적 한자 만들기 과제를 3D 모델링 기술을 활용해서 해보면 좋을 것이다.

이전의 한자 교육과는 달리 한자 교육의 목표를 조금 바꿔보자. 한자 교육은 가상세계 구현이라는 시대성을 담는 그릇이 되기에 최적의 조건을 갖추었다. 최초의 한자가 시대가 흐르면서 이체자로 발전을 거듭하고 오늘날에 이른 것에 마찬가지로 이미지가 가상세계의 핵심 요소로 부상하고 있는 지금 한자 교육도 이에 맞게끔 변화를 도모해야 한다. 한자 외우기가 아니라 가상세계 구현의 기본 기술인 디지털 3D 모델링을 교육하는 것이다. 한자를 붓과 먹을 이용해서 종이에 쓰며 서예라는 모델링이 발전했듯이 한자를 3D 모델링 소프트웨어를 이용해서 컴퓨터에 쓰고, 그림으로써 새로운 세계에 대한 존재론적이고 구체적인 가시적 교육을 끌어낼 수 있다.

디지털 가상세계 구현 기술의 발달과 그 발전 속도의 가파름에 힘입어 가상세계가 더는 공상 수준에 머무르지 않게 되었다. 가상세계는 이미지가 중심이 되어 시각과 청각 이외의 촉각 등으로 감각의 디지털 구현이 가능해지는 공간이다. 그리고 이러한 구현에는 인지 전환 역량이 요구된다. 따라서 현실의 세계에서 대상을 시각화한 글자이면서 추상화된 기호로서 존재론적 양상이 구현된 한자는 아날로그 가상세계의 구현체라고 할 수 있다.

한자의 상형성은 세계라는 존재가 어떻게 인간의 인지 전환 역량을 거쳐 가상의 존재로 바뀌어 이미지로 바뀌어 나타나는가를 고스란히 보여준다. 이미지로 구성되는 오늘날의 가상세계는 단순히 현실 세계의 모습을 애니메이션으로 변환하는 데에서만 그치지 않고 현실과 가상의 포개짐을 전제로 새로운 존재 공간의 확장을 목적으로 하므로 가상세계 구현의 과정은 존재론적 정신세계의 이미지 확장이 된다. 이러한 시대 상황에 발맞춰 한자 교육의 목적에도 가상세계 구현 역량 계발이 포함되어야 한다.

한자의 상형성을 이용하면 메타버스의 구조를 더욱 잘 이해할 수 있다.

그리고 그만큼 존재의 속성에 대해서 접근할 수 있다. 메타버스는 메타버스 메소드를 이용하여 가상세계를 구축하는 기술적 행위에서부터 가상세계를 둘러싼 모든 활동의 기반을 이루는 인지 역량을 일컫는다. 한자의 제자 원리 중 하나인 상형성은 가상성, 추상성을 내포하는 메타포다. 메타포는 기술 차원과 인지 차원 모두에서 낯선 이야기를 서로가 이해할 수 있는 내용에 대응해서 이해시키는데, 메타포에서 시작해 가상성과 추상성까지 포함하는 전환 사고 체계인 한자는 가상세계의 존재 이유와 존재 양상을 이해하게 하는 데 있어 최고의 사례다. 이를 교육에 활용하면 메타버스의 세계가 온전히 이해되며 디지털 전환의 메커니즘과 가상세계의 존재론적 태도 또한 견지할 수 있게 된다.

게다가 한자의 이미지 성질은 한자의 가상세계성을 가시적으로 만든다. 한자를 3D 모델링을 통해 다시 원형인 자연 상태로 돌려놓는 교과과정을 만들어 보자. 한자 교과과정이 3D 모델링 소프트웨어를 가르치는 수업이 될 수 있다. 추상성과 구체성 간의 빠른 전개를 배우고 익혀 응용하면 한자를 이용하여 3D 콘텐츠를 제작할 수 있다. 한자 교육의 목표에 가상세계 구현의 이해를 위한 존재 구조 인지 능력 함양을 추가할 수 있게 되면 한자 교육은 가상세계를 파악하고 재구성할 수 있는 인지적 전환 역량 교육 방법으로 패러다임 시프트를 일으킬 수 있게 될 것이다.

가상세계 교육 5. 이미지 추상화 디자인

　가상세계를 구현하기 위해서는 구체적 대상에서 추상성을 꺼내는 교과 과정이 필요하다. 대상이 없는 형상을 추출하는 데에 필요한 메소드를 터득하는 것은 무의식 속에 잠재된 형상들을 새롭게 조합하고 창조하는 과정이다. 이것이 가상 실재를 만들고 증강 실재화하는 메소드다. 디지털 기술 없이도 화가들은 이 메소드를 사용한다. 이들은 정신을 가상으로 플랫폼인 종이에 드러내고 공유할 수 있도록 증강한다. 마음속 데이터를 처리하는 데에 있어 단순한 재현이 아닌 추상성 구현을 이용하는 방식이다. 마음을 가상 실재로 바꿔보고 증강해서 눈앞에 구현해보자. 또는 추상화를 보면서 그 이면의 데이터를 추적해봄으로써 데이터 리터러시를 이해할 수 있다.

<그림192 〈보상화문수막새〉>

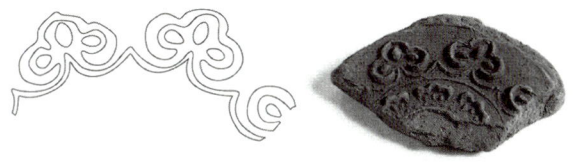

　한국의 전통 문양이 어떻게 만들어졌는지 잘 살펴보면 이는 단순히 개인적인 취향의 무늬가 아니라는 점을 알게 된다. 어떤 부분에서는 초현실적이며 또 어떤 면에서는 함축적이다. 문자의 모양이 만들어지는 과정과도 흡사하다. 문자로 태어나지 않고 문양이 추상 디자인으로 남은 이유는 여러 말 거치지 않고 단박에 직관적으로 뽐아내고 싶은 콘텐츠 그 자체였기 때문이다. 이러한 콘텐츠는 아주 오래전부터 공유되었고 인류사회의 데이터로 남았다. 빗살무늬도 이미지 추상화 디자인이다. 미술은 구상화

에서 추상화로 진화된 것이 아니다. 이미지 추상화 디자인은 토기를 만들었던 원시 시대부터 전해 내려오는 인류의 특징이다. 크게 보면 문자도 여기에 속한다. 추상화 미술가들의 추상적 태도는 이러한 인류의 집단 경험이 쌓이면서 사회 데이터가 개인을 일으킬 때 더 활발하게 드러난 것이다.

<그림193 〈한국의 추상화, 이우환 作 - 선으로부터〉>

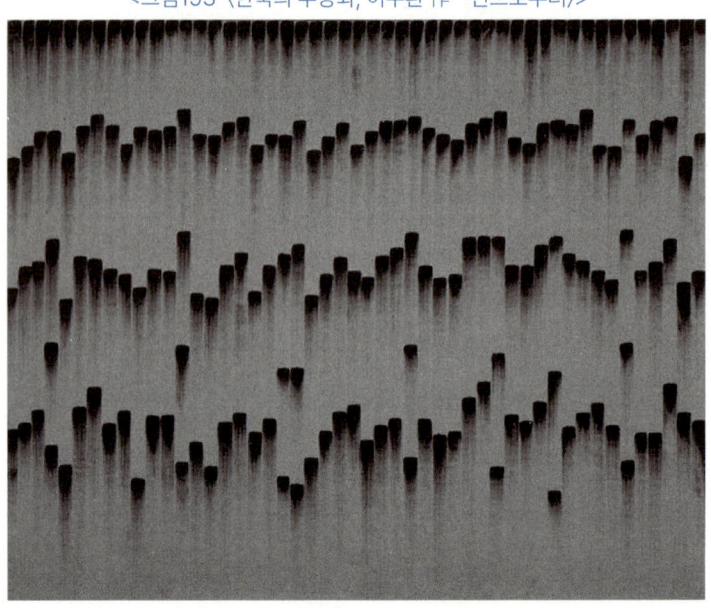

컴퓨터 언어를 다룰 때도 추상화 단계를 거친다. 알고리즘을 만들기 위해서 일반화하는 과정이다. 프로그래밍의 핵심은 추상성에 있다. 추상화는 컴퓨터 사고력의 꽃이다. 이러한 사고를 만들어내는 설정의 메커니즘이 추상화다. 디지털 역량을 높이겠다고 '따라 하기' 방식의 기계적인 코딩을 가르치기 전에 추상 그림을 보면서 구체적 대상을 떠올려보는 연습을 해보아야 한다. '화가는 무엇을 보고 저 그림을 그렸을까?'라는 따져보는 사고의 순환이 추상성을 만든다. '어떤 데이터가 화가에게 입력된 것일까?'라는 데이터 추측하기가 데이터 내러티브다.

가상세계 교육 6. 히스토리 오디올로지(History Audiology)

　디지털 가상세계 구현 방법은 영상 이미지 제작 교과과정과 함께 디지털로 소리와 음악을 재현하는 교과과정에서도 개발해야 한다. 지금의 대부분 디지털 데이터 리터러시 교육 커리큘럼은 데이터 시각화에 중점을 두고 개발된다. 여기에 더해 깊이 있는 디지털 데이터 교과과정의 외연 확장을 위해 데이터를 '청각화'하는 방식도 도입해야 한다. 이는 소리풍경을 이용하고 음원 제작 소프트웨어를 활용하는 교과과정이다. 소리풍경 역시 가상세계성을 갖고 있는데, 소리풍경이 매 순간을 고스란히 담고 지금의 나와 소리가 나를 감쌌던 그때의 나를 포개주기 때문이다.

　소리는 호모사피엔스의 메타포의 중요한 원천 그 자체이고 오랜 역사를 담고 있으므로 가상세계성 구현의 정점에 있다. 소리의 가상세계성은 역설적으로 오히려 '소리 없음'을 소리의 위상에 올려놓기도 했다.

<그림194 존 케이지>

　존 케이지(John Milton Cage Jr.)의 1925년 작품 〈4분 33초(4min 33sec, 4'33")〉는 완전한 정적이 존재하는 가상세계를 구현하려고 했던

작곡가의 조용한 외침이다. 무음의 음악이라는 실제 세계성과 가상세계성의 포개짐이다. 연주자가 4분 33초 동안 아무것도 안 하고 가만히 앉아있음으로 그동안 야기되는 모든 소음이 바로 음악 연주가 된다는 개념은 곧 가상세계의 철학이다. 〈상상적 풍경(imaginary landscape no. 4)〉이라는 작품도 있다. 지휘자가 사인을 보내면 무대 위의 사람들은 라디오가 켜고 서로 다른 주파수를 맞춘다. 라디오에서 흘러나오는 갖가지 소음들과 잡음들로 무대가 채워지고 지휘자의 지시에 따라 연주자들은 음량을 조절한다. 이러한 잡소리의 연주로 앙상블을 만들어낸다.

의식하든 의식하지 못하든 소리로부터 완전히 자유로울 수 있는 인류의 순간은 있을 수 없다. 인류의 역사를 판단하는 데에 소리는 핵심 요소다. 소리의 이러한 면을 이용했던 작곡가는 차이콥스키(Pyotr Ilyich Tchaikovsky)였다.

<그림195 차이콥스키>

차이콥스키는 서곡 〈1812년(Увертюра 1812 года)〉에 예포 소리를 넣었다. 대포 음향은 그의 음악적 재능과 훌륭한 앙상블을 만들었을 뿐만

아니라 동시에 역사 데이터를 선율이 있는 데이터베이스로 만들어 청각 데이터가 주가 되는 가상세계를 구현했다. 보로디노 전투(Бородинская битва, Borodinskaya bitva, Bataille de la Moskowa)에서 영감을 얻은 차이콥스키는 나폴레옹이 이끄는 프랑스군을 격퇴한 1812년의 역사를 음악으로 구현하고자 대규모 오케스트라 야외 공연에 모스크바의 모든 성당 종과 포병대 대포까지 이용했다. 히스토리 오디올로지는 이러한 청각적 데이터에 대한 인식과 통찰력을 기를 수 있는 교과과정이다.

<그림196 보로디노 전투>

음향은 영상이 발달하면서 그 중요성이 두드러졌다. 아무리 생생하고 실감 나는 영상이 만들어졌다고 해도 소리가 없다면 그 영상은 마치 진공 속에서 움직이는 낯선 세계처럼 느껴진다. 반대로 소리 덕분에 영상은 가

상세계를 만드는 요소로 눈에 띄게 된다. 영상의 사실성은 음향으로 완성될 수 있다. 빗소리, 천둥소리, 바람 소리 등 자연적 소리를 가상의 세계에서 사용할 요량으로 음향효과는 만들어졌고 실재 소리보다 더 실재에 가까운 소리가 제작되었다. 라디오와 광고 산업의 선전은 호모사피엔스에게 디지털 소리의 효과를 실감할 기회를 제공했고 감각을 재현하는 기술로 자리 잡게 되었다.

과학 소설이 인류의 내러티브를 담고 있는 것처럼 호모사피엔스는 존재하지 않는 소리를 가상으로 만들기 시작했다. 〈스타워즈〉의 광선검이 부딪치는 소리, 〈쥬라기 공원〉에서 공룡이 음식 씹는 소리는 모두 호모사피엔스에 의해서 제작된 것이다. 현실에 없는 소리를 상상하고 만들어낼 수 있는 창조성과 소리에 대한 도메인 지식을 기반으로 새로운 소리를 내러티브하는 기술적인 역량이 더욱 중요해졌다. 영상 문화의 발달로 가상세계를 가르치기 위해 VFX를 교육하는 것과 마찬가지로 이러한 영상을 최종적으로 완성하는 소리, 음향 데이터를 분석하고 제작할 수 있는 역량을 가르쳐야 한다.

PART 10

가상세계의 기대

10. 가상세계의 기대

가상세계를 언급할 때 부쩍 세계관에 대해 논하는 사람들이 많아지고 있다는 사실에 주목해봐야 한다. 이는 가상세계의 플랫폼을 통해서 사용자가 자신만의 세계관을 보여준다는 의미일 것이다. 그러나 지금의 메타버스 플랫폼 사용자들이 과연 어떤 세계관을 어떻게 보여줄 수 있다고 하는 것일까? 기성 메타버스 플랫폼은 해당 플랫폼을 구현한 개발자와 기업의 세계관이 들어가 있는 결과물이다.

역사 이래로 인류가 세계관을 보여주는 손쉬운 방법에는 글쓰기, 그림 그리기가 있었다. 혹자는 자신이 가진 상품으로 세계관을 보여줄 수도 있다고 할 것이다. 자기의 생각을 보여주기 위해서 모든 것을 전부 직접 만들 수는 없다고 반문하면서 말이다. 명품이나 특정 브랜드를 착용하는 사람들의 생각도 이와 같다. 그러나 이러한 주장에 설득력이 있으려면 어떤 상품이든 어디서나 구할 수 있어야 함은 물론 그렇게 구한 상품이 한곳으로 모여야 한다. 다시 말해 여러 기업에서 만든 제품이 오직 자기 몸에 걸쳐졌을 때야 착용자의 개성이 드러나는 것이다. 이를 기술적으로 말하자면 자기의 메타버스 플랫폼은 하나여야 한다는 말이다. 하나의 메타버스 플랫폼에 여러 곳에서 만들어진 콘텐츠를 가져와 올려둔다면 상품으로 자신의 메타버스 정체성을 보여준다는 말도 일리 있을 것이다. 그러나 지금의 메타버스 플랫폼 시장은 고객을 선점하기 위한 기득권 IT 자이언트의 싸움판이다. 플랫폼 개체가 너무 많다. 제페토에서의 나 자신과 로블록스의 내가 다르게 나타나고 그럴 수밖에 없다면 진짜 나는 누구인가? 이는 가상세계에서 나만의 세계관을 나타내기는커녕 플랫폼마다 아바타만 양산해놓고 이런 다중적 인격체가 본인 자신이라고 주장하는 꼴에 지나지 않는다. 사용자 운신의 폭이 제한된 기성 플랫폼을 사용해서 사용자의 세계관을 보여준다는 말 자체가 어불성설이다. 조금 더 나아가 메타버스 플랫폼에 아바타가 반드시 있어야 하는지도 따져봐야 한다.

가상세계를 특정한 섹션, 즉 '가상세계=온라인 메타버스 플랫폼'이라는 기계적 공식으로 보면서 가상세계, 메타버스는 개념화되기는커녕 소멸하고 있다. 대중이 가상세계를 디지털 공간, 온라인 공간으로만 생각하도록 방관하고 있던 사이 대학은 르네상스 이후 나타난 인류의 사회 철학적 붐을 일으킬 수 있는 절호의 기회를 놓쳤다. 메타버스는 디지털 가상세계를 뜻하는 적극적이고 광의의 관념이지 단순히 일개 상품의 성질을 뜻하는 소극적 의미가 아니다. 이러한 소극적인 생각 속에 갇힌 메타버스는 개념적으로나 기업적으로나 사회적으로 공유 질서가 잡혀서지 않았고 그 결과 대중의 관심은 식어가고 있다. 디지털 가상세계는 누구나 쉽게 접속하고 공감할 수 있는 공간이어야 한다. 인터넷이 망하지 않은 이유는 공유 공간으로서 독보적이기 때문이다. 그리고 인터넷은 누구나 쉽게 접속할 수 있기 때문이다. 당장은 인터넷에 기반하는 디지털 가상세계도 인터넷과 마찬가지로 독립된 공유 플랫폼이어야 한다. 그리고 이후에 인터넷에서도 독립된 개인만의 데이터베이스가 온전히 실현된다면 완전한 가상세계가 실현된다.

통합된 플랫폼의 모습은 데이터베이스를 기저로 하는 시각화된 디지털 메타버스 공간이다. 독립적인 개인만의 데이터베이스 처리 디바이스가 나타나기 시작하는 요즘 모든 학교의 연구 성과물(학생들의 과제까지도)이 하나의 개별 스몰데이터로 모두가 개별적으로 소유하고 공유할 수 있는 여건이 마련된다면, 그래서 공유를 위한 리터러시를 가르치고 인류의 철학을 배우고 실천하게 된다면 개인과 사회는 모두 다른 차원의 세계에서 살 수 있을 것이다. 인터넷 연결 없이 사용할 수 있는 온디바이스 AI가 일상적으로 사용되는 사회에서는 사용자가 데이터를 외부 서버로 전송하지 않고 기기 내에서 실시간으로 처리할 수 있을 정도로 데이터의 양자화와 메모리 기술이 발전되어있을 것이다. 그러므로 온디바이스 AI와 함께 현실 세계와 매끄럽게 실시간으로 가상세계가 포개지는 것은 시간 문제다.

디지털 가상세계는 인류가 늘 가고 있던 가상세계를 디지털화한 모습이다. 결국 누구나 가게 될 길이다. 종이는 내가 발명한 게 아니다. 연필도 내가 발명한 게 아니다. 인류의 가상세계성이 만들어 놓은 것이다. 그렇지만 이것에 대한 공감이 있었고 이를 반영한 상품을 내가 쓰게 되는 것이다. 종이와 연필을 써온 산업화 세대 인류는 디지털을 개발하여 사용할 줄 알게 되었고, 종이와 연필 외에 또 하나의 소통 도구를 인류는 문명의 여정에 올려놓았다.

인류는 필기를 위한 생각 입력 및 기록 소통의 도구로 돌, 붓, 펜, 연필을 써왔고 디지털 기기도 여기에 추가했다. 컴퓨터 키보드도 당연히 이 계보를 잇는다. 누구도 무언가를 '쥐거나 잡고 물체 위에 쓴다.'라는 필기 행위에 대해 한 번도 의심해본 적이 없을 것이다. 지금까지 인류에게는 이 행위가 너무나도 당연하기 때문이다. 그러나 디지털 가상세계에서 필기법은 조금 다른 양상일 것이다. '쓰기'라는 행위가 없어도 될 것이고 메모를 하기 위해서 디지털을 다루는 일이 연필을 다루는 것만큼 쉬운 세상이 오고 있다. 더군다나 온디바이스 AI도 등장했으니 XR, 온디바이스 AI, 5G 이 세 가지 요소가 결합하면 앞으로 우리는 스마트폰을 주머니에서 꺼낼 필요도 없게 될 것이다. 공간 컴퓨팅(spatial computing)이 확실하게 자리 잡을 것이기 때문이다.

그러므로 제대로 된 디지털 교육이 보편화되어야 한다. 우리 사회는 오랜 시간 디지털 세대를 위한 차세대 교육, 미래세대 교육 등이라는 미사여구로 포장된 구호만 외쳐왔다. 지금의 대학생들은 대부분 2000년대 이후의 태생이다. 이들은 곧 사회에 진출할 연령대에 도달했다. 에듀테크와 정보화 교육에 관련해서 이들은 본격적인 디지털 교육의 대상이었지만 대학 강단에서 바라보면 이들의 컴퓨터 활용 능력이 그렇게 출중하지는 않아 보인다.

2018년도 중·고등학교 입학생부터 적용된 2015 개정 정보 교육과정은 창의적 문제해결력 신장과 논리적 사고력 증진을 위한 교육으로 정보 문화 소양과 컴퓨팅 사고력을 증진하기 위한 정보 교과를 배운 세대라고 말해진다. 교과과정대로라면 컴퓨팅 사고력을 가진 창의·융합 인재가 지금쯤 배출되었어야 했다. 그러나 실상은 이 시기 중·고등학교를 다녔던 세대라고 해서 아날로그 세대와 아주 차이 나는 디지털 융합적 인재로 보기 어렵다. 단지 많은 디지털 기기를 사용하는 도구 소비자에 불과할 뿐이다.

한국의 2020년 초·중등학교 교육 정보화 실태 조사에 따르면 디지털 세대와 이들을 가르친 교사들이 받아들인 정보화 교육은 지극히 초보적이다. 교육혁신 4.0과 디지털 전환으로 인해 예비 교원에 대한 에듀테크의 활용역량 함양이 강조됨에 따라 교원양성의 책무를 가진 교원양성기관에서도 에듀테크 활용을 확대하고 에듀테크 기반 교육 프로그램을 개발 및 운영하고 있지만, 교원양성 기관의 에듀테크 활용 교육은 에듀테크에 대한 종합적인 분류 체계에 기반하고 있지 않으며, 교육 프로그램 운영에 대한 체계적인 분석 역시 이루어지지 않았다.

누가 되었건, 어떤 세대에 속해 있건 간에 디지털 가상세계를 만들기 위한 가상 실재 리터러시는 지금부터라도 잘 가르쳐야 한다. 글쓰기가 기술이 아닌 인류의 기본 리터러시인 것처럼 말이다. 원시 인류에서부터 가상세계는 자기의 손끝에서 만들어졌다. 원시 인류 중에서도 문자를 만드는 등 증강 실재 구현을 잘하는 몇몇 그리기와 새기기에 뛰어난 이들이 있었다. 그렇다고는 해도 보통 사람들도 아예 손을 못 댈 정도는 아니었다. 아날로그로 구현할 수 있는 범위가 넓었기 때문이다. 그러므로 지금도 원시 인류에게서 이어져 내려온 방식으로 가상세계를 구현할 수 있다. 그러나 '가상세계는 곧 디지털'이라는 인식이 널리 퍼진 오늘날의 세상에서는 가상을 만드는 사람이 따로 있다고 여겨진다. 이런 오해의 확산은 누구든지 구현할 수 있을 가상세계를 어렵게 생각한다.

지금 부모 세대의 호모사피엔스는 자식 세대가 디지털 역량을 배우기를 희망한다. 그러나 직접 가르칠 수가 없다. 산업화 시대의 부모까지만 해도 자식을 직접 가르칠 수 있었다. 사실 디지털 교육도 집에서 부모와 함께 시작해야 한다. 가내수공업이 일상이었던 시대처럼 각종 소프트웨어를 집에서 가르칠 수 있게 된다면 현실 세계는 바로 디지털 가상세계를 품을 것이다. 그리고 전(全) 인류적인 경험이 집적되어 디지털 가상세계에서만 쓸 수 있는 소통 방식이 나타날 것이다. 앞으로의 가상세계는 '쓰기'보다는 '생각하기', '만지기'가 더 흔한 소통 방식이 될 것이다. 지금은 황당하게 여겨질지도 모르겠다. 그러나 땅에 커다란 돌을 세우고, 암벽에 그림을 그려 새기고, 문자를 만들고, 종이를 만들고, 전구와 전파를 이용하는 첫 순간에 인류 모두가 이를 황당하게 여기지 않은 적은 없었을 것이다. 지금 인류의 기술 발전과 인지력의 상승 속도를 보면 상상이 가상으로 변모하는 순간은 그렇게 오래 걸리지 않을 것이다. 앞으로의 디지털 가상세계는 소통의 다른 패러다임이 나타날 곳이다. 그리고 지금까지의 방법과는 전혀 다른 다면화된 시간이며 공간일 것이다.

인공지능도 인간의 진화 속도에 비례하여 발전할 것이다. 인공지능이 인류를 대체할 수는 없지만, 인공지능을 다룰 줄 아는 인간은 인공지능을 다루지 못하는 인간을 대체할 것이다. 그렇다고 디지털 가상세계가 인간을 위협하는 세상은 아니다. 오히려 인간이 진화하고 진보할 수 있는 세상이다. 가상 실재와 증강 실재를 이용하면 내가 이전에는 몰랐던 것을 더욱 많이 효율적으로 알게 되고 이야기로 설명을 듣던 때와는 판이하게 달리 효과적으로 이해를 할 수 있다. 모르긴 해도 수학을 포기하는 학생들이 급속히 감소할 것이다. 더는 빠른 연산이 중요한 게 아니라 수학의 철학이 중요해질 것이기 때문이다. 추상적인 수학의 개념을 피타고라스가 음악으로 차원 이동하여 이해했던 것과 마찬가지로 수학을 가상세계의 특징으로 받아들이고 삶을 살찌워가는 능력이 더 중요한 시기가 올 것이다.

가상세계를 이해하려는 노력은 컴퓨터 과학, 철학에서도 보이고 심리학과 수학에서도 보인다. 학문은 인류를 이해하고 갈 길을 제시하는 데 그 목적이 있다. 가상세계의 본질을 알게 되었다면 가상세계에서의 삶이 어떻게 인류에게 영향을 끼칠지 생각해보고 가상세계에서의 행위가 인류의 사고를 어떻게 바꿔 놓을지를 고민해야 한다. 디지털 가상세계가 이미 우리 삶 속에 자리를 잡은 지 한참 지났다. 지금부터는 디지털 메소드로 어떻게 인류가 이를 사용하고 그와 더불어 사고할지가 관심의 영역이 되어야 한다. 이에 대해 시계와 가마는 좋은 생각 거리를 준다.

호모사피엔스는 상상 실재인 시간을 읽어내기로 했고, 가상 실재인 시계를 만들었다. 그런데 시간개념을 사회에 적용하는 과정에서 지배 그룹이 중앙집권적 체제를 이용했기 때문에 개인은 시계에 대한 접근권한이 주어지지 않았으므로 시간을 알려주는 곳에서 독립적일 수 없었다. 즉, 시간은 자연을 떠돌 뿐 개인의 데이터가 아니었다. 개인의 삶은 아직 종속적이었다. 그러다가 호모사피엔스의 사고가 진화하고 중앙집권적 시간 통보 체제에서 개인의 시간 보유 체제로 변화했다. 개인이 시계를 갖게 되면서부터였다. 이것이 가상 실재가 전격적으로 개인의 데이터로 집적되고 이용되기 시작한 사건이었다. 온 디바이스 AI는 이렇게 시작되었다.

<그림197>

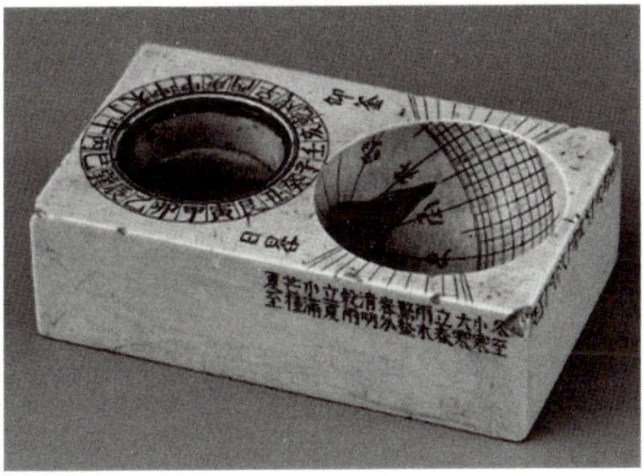

앙부일구(仰釜日晷), 앙부일영(仰釜日影)은 해시계다. 〈그림 197〉의 소

형 해시계는 휴대용이다. 바깥 틀은 대리석이고, 나침반도 함께 설치되어 있다. 윗면에 시각과 방향 표시 문자가 있고 측면에 절기(節氣)와 북극고도가 새겨 있다.[1]

<그림198 >   <그림199 >

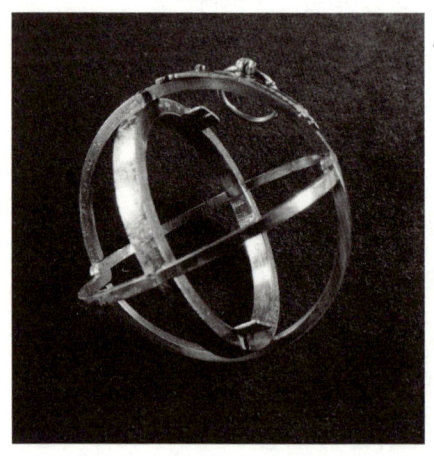 

〈그림 198〉는 젬마 프리시우스(Gemma Frisius)의 해시계이고, 〈그림 199〉은 독일 마르부르크에서 발견된 성냥갑 크기의 휴대용 해시계다. 중세 시기 유럽에 살던 호모사피엔스들은 이런 해시계를 들고 다녔다. 개인이 시간 데이터를 손에 넣기 시작하자 많은 결정을 다른 이의 손에 의지하지 않고 스스로 정확하고 당당하게 할 수 있게 되었다. 또한, 자연스레 이동영역이 확대되었고 다른 호모사피엔스와의 만남과 데이터 교환도 수월해졌다. 데이터 개인화 양상이 오늘날 블록 체인(block chain) 개념의 씨앗이 되었다.

---

[1] 그림 〈197〉의 앙부일구는 1899년 한성판윤을 지냈던 강건의 책임 아래 1871년에 만들어졌다. 강건은 표암 강세황의 증손이다. 실제적인 데이터 중심의 학문 분위기가 가학(家學)으로 계승되었기 때문에 그의 후손은 휴대용 해시계의 제작을 감독할 수 있었다.

데이터 개인화의 결과 공간의 확장을 이룬 호모사피엔스는 발달한 이동수단을 개발했고 여기에 거주지의 요소와 이동 데이터의 활용이라는 요소를 추가했다. 가마가 좋은 예다. 가마는 탄 사람의 명령에 따라 가마꾼의 데이터를 통해 최적의 이동 경로와 속도 등이 정해진다. 가마꾼은 명령에 대한 수행 여부를 보고한다.

이처럼 교통수단이 호모사피엔스가 제어할 수 있는 공간을 제공하자 호모사피엔스는 거주지에서 할 수 있는 '일'을 이동하면서도 사유할 수 있게 되었다. 가마 안에서 다양한 일을 하고, 아무 생각이든 마음껏 할 수 있었다. 가마에 탄 호모사피엔스는 이동을 담당하는 데이터 처리자 가마꾼들 덕분에 이동에 대한 걱정 없이 어떤 '일'이든 할 수 있게 되었다. 이는 아날로그 자율 주행 이동이었다. 호모사피엔스는 결국 자기가 중심이 되어 움직이는 세상을 만들기 위해서 이러한 사고의 흐름에서 지금(앞으로)의 자동차를 공간 컴퓨팅의 구현체로 만들고 있다. 이 디지털 공간은 호모사피엔스가 확장한 사유의 세계다.

　농업혁명이 이루어진 후로 호모사피엔스에게는 사유의 자유라는 커다란 진보의 분기점이 주어졌다. 생각하는 시간이 늘어났고 이를 통해 인류의 사고가 도약할 수 있는 발판이 충분히 마련되었다. 수렵과 채집의 생활에서 정착 생활로 전환하면서 인류는 농경, 수렵, 채집을 함께 했고, 시간의 여유로움과 공간의 안정감 속에서 가만히 생각이라는 것을 할 수 있었다. 그 결과 전에는 안 보였던 것들이 보이기 시작했고 흔히 별종(別種)들이 하는 생각을 계속해대기 시작했을 것이다. 먹으려고 생각조차 안 해 보던 것을 먹으려고 시도했다가 배가 아파서 뒹굴고 죽어 나가기까지 했을 것이다. 그 옆에서 이를 관찰하고 있었던 누군가는 먹으면 안 되는 풀과 열매를 학습했을 것이다. 이런 행위들이 쌓이고 쌓여서 호모사피엔스의 발전과 진화를 밀어 올렸고, 인류의 사고를 유연하게 만들어 새로운 것에 대한 도전과 감행 정신을 촉발했다.

　가상세계는 어디선가 뚝 떨어져서 자동으로 만들어지는 성격의 것이 아니다. 세상 사람들이 가상으로 무언가를 해야겠다고 마음을 먹어야 본격적으로 시작할 수 있다. 따라서 가상 실재로 표현하고 증강 실재로 나타내려는 마음(정신)이 생기는 게 무엇보다 중요하다. 가상세계는 그 안에 사는 사람의 생각을 다른 차원에서 하게끔 하고 다시 가상세계를 인류의 영역으로 진화시킨다. 이것이 가상세계의 질서다. 인류는 무언가 하고 싶은 것이 있거나 할 말이 있을 때 가상 실재와 증강 실재를 이용했다. 커뮤니케이션이 필요할 때면 늘 수평의 시간과 수직의 시간의 몽타주를 만들었다. 디지털 가상세계도 호모사피엔스가 살아왔고 살아갈 보통의 세상이다.

출처

〈그림 1〉 https://nid.naver.com/nidlogin.login
〈그림 2〉 https://link.springer.com/article/10.1007/s00254-004-1052-x
〈그림 3〉 https://www.worldhistory.org/Lascaux_Cave
〈그림 4〉 https://www.worldhistory.org/trans/tr/1-20329/catalhoyuk
〈그림 5〉 https://www.kocis.go.kr/eng/webzine/202210/sub06.html
〈그림 6〉 https://heritage.unesco.or.kr
〈그림 7〉 https://www.koya-culture.com/news/article.html?no=105262
〈그림 8〉 https://www.gyeongju.go.kr/tour/page.do?mnu_uid=2695&con_uid=155&cmd=2
〈그림 9〉 http://contents.nahf.or.kr/item/level.do?levelId=ismy.d_0002_0020_0040
〈그림 10〉 https://ko.wikipedia.org/wiki/북한산_신라_진흥왕_순수비
〈그림 12〉: https://namu.wiki/w/광개토대왕릉비
〈그림 13〉 https://www.ptc.com/ko/blogs/ar/what-is-augmented-reality
〈그림 14〉 http://www.morningsunday.com/sub_read.html?uid=18543
〈그림 15〉 https://www.worldhistory.org/article/672/olmec-colossal-stone-heads
〈그림 16〉 https://www.kocis.go.kr/koreanet/view.do?seq=5946l
〈그림 17〉 https://royaltomb.nrich.go.kr/royalTomb/lookAround/royalTombsMake/royalTombsMake03/royalTombsMake03_05.jsp0
〈그림 18〉 https://www.youtube.com/watch?v=iE4eTw8OIZE
문화재청 Korea Cultural Heritage Administration
〈그림 19〉 https://encykorea.aks.ac.kr/Article/E0059828
〈그림 20〉 https://www.nationalparks.org/explore/parks/mount-rushmore-national-memorial
〈그림 21~25〉 https://www.smithsonianmag.com/science-nature/best-board-games-ancient-world-180974094
〈그림 26〉 https://m.hangeul.go.kr/mobile/html/traceHangeul/traceHangeul243.do
〈그림 27〉 https://www.bigw.com.au/product/the-game-of-life-super-mario-edition/p/170079
〈그림 28〉 https://store.steampowered.com/app/403120/THE_GAME_OF_LIFE/?l=koreana
〈그림 29〉 https://www.museum.go.kr/site/main/relic/search/view?relicId=17035

〈그림 30〉 https://www.yna.co.kr/view/AKR20100316047000005
〈그림 31〉 https://m.khan.co.kr/culture/art-architecture/article/201003161733455
〈그림 32〉 https://www.seoul.co.kr/news/newsView.php?id=20100317029050
〈그림 33〉 https://visitedapp.com
〈그림 34〉 https://www.worldhistory.org/image/526/babylonian-map-of-the-world
〈그림 35〉 https://encykorea.aks.ac.kr/Article/E0016300
〈그림 36〉 https://www.museum.go.kr/site/main/relic/search/view?relicId=4336
〈그림 38, 39〉 https://www.museum.go.kr/site/main/showroom/list/756
〈그림 41〉 https://www.britannica.com/place/Phoenicia
〈그림 42〉 https://www.biblicalarchaeology.org/daily/biblical-artifacts/inscriptions/the-phoenician-alphabet-in-archaeology
〈그림 43〉 https://earlychurchhistory.org/communication/rebus-ancient-writings
〈그림 44〉 https://www.merriam-webster.com/dictionary/rebus
〈그림 45〉 https://www.britannica.com/topic/C-letter
〈그림 46〉 https://www.britannica.com/topic/B-letter
〈그림 53〉 https://www.imdb.com/title/tt1375666
〈그림 54〉 https://encykorea.aks.ac.kr/Article/E0010428
〈그림 55〉 https://www.nytimes.com/2011/07/15/movies/winnie-the-pooh-from-disney-review.html
〈그림 56〉 https://www.imdb.com/video/vi2121467673/?playlistId=tt0076363&ref_=vp_rv_ap_0
〈그림 57〉 https://www.metmuseum.org/art/collection/search/504985
〈그림 58〉 https://www.britishmuseum.org/collection/object/W_1928-1010-1-a
〈그림 59〉 https://www.archaeologie-online.de/nachrichten/musikinstrument-aus-der-eiszeit-3610/Universität Tübingen
〈그림 60〉 https://www.britannica.com/biography/Camille-Saint-Saens
〈그림 61〉 https://antonburmistrov.com/posters-nike-air-they-keep-you-alive
〈그림 62〉 https://digitalsynopsis.com/advertising/negative-space-design-art-illustration-ads
〈그림 64〉 https://gist.github.com/straker/81b59eecf70da93af396f963596dfdc5
〈그림 65〉 https://www.apple.com/newsroom/2023/06/introducing-apple-vision-pro
〈그림 66〉 https://showme.missouri.edu/2021/cave-to-provide-immersive-virtual-experience
〈그림 67〉 https://www.lufthansa-aviation-training.com/flight-simulation-training-devices
〈그림 68〉 https://arscanner.com
〈그림 69〉 https://scienceon.kisti.re.kr/srch/selectPORSrchReport.do?cn=TRKO201300013403
〈그림 70〉 https://www.britannica.com/biography/Martin-Heidegger-German-philosopher
〈그림 71〉 https://www.merleauponty.org

〈그림 72〉 https://ko.wikipedia.org/wiki/최한기
〈그림 73〉 https://technobyte.org/convolution-derivation-types-properties
〈그림 74〉 https://ko.wikipedia.org/wiki/합성곱
〈그림 75〉 https://www.britannica.com/biography/Jules-Verne
〈그림 77〉 https://www.tsiolkovsky.org/en/cosmic-philosophy-by-tsiolkovsky
〈그림 78〉 https://www.britannica.com/biography/H-G-Wells
〈그림 79〉 https://manifold.umn.edu/projects/the-perversity-of-things
〈그림 80〉 https://psmag.com/environment/the-dream-recorder-of-1926-54864
〈그림 81〉 https://www.flickr.com/photos/57440551@N03/49882766778
〈그림 82〉 https://www.masterworksfineart.com/artists/rene-magritte/lithograph/le-plagiat-plagiarism1940/id/w-3772
〈그림 83〉 https://www.britannica.com/biography/Werner-Heisenberg
〈그림 84〉 https://theawesomer.com/fire-simulator-theater-5d-cinema/719820
〈그림 85〉 https://www.britannica.com/biography/Ludwig-Wittgenstein
〈그림 86〉 https://www.hankookilbo.com/News/Read/A2021061015240003790
〈그림 87〉 https://www.nationalgallery.org.uk/paintings/hans-holbein-the-younger-the-ambassadors
〈그림 88〉 https://www.aboutartbytatyana.com/post/illusionistic-dome-andrea-pozzo-can-art-truly-deceive-the-eye
〈그림 89〉 https://www.nationalgallery.org.uk/paintings/samuel-van-hoogstraten-a-peepshow-with-views-of-the-interior-of-a-dutch-house
〈그림 90〉 https://ko.wikipedia.org/wiki/몽유도원도
〈그림 91〉 http://kansong.org/collection/chokjandokwon
〈그림 92〉 https://encykorea.aks.ac.kr/Article/E0016317
〈그림 93~95〉 https://www.museum.go.kr/site/main/relic/search/view?relicId=603
〈그림 96〉 https://www.museum.go.kr/site/main/relic/search/view?relicId=71503
〈그림 97〉 https://encykorea.aks.ac.kr/Article/E0001236
〈그림 98〉 https://www.cha.go.kr/cop/bbs/selectBoardArticle.do;jsessionid=SmuJHGLCf9KMYyem6mPPea2aewfLG9Ze4JCFhaMFckZxZ1o1pF6xBQ0I3DXmYTBD.cha-was01_servlet_engine1?nttId=80329&bbsId=BBSMSTR_1008&pageUnit=0&searchtitle=&searchcont=&searchkey=&searchwriter=&searchWrd=&ctgryLrcls=&ctgryMdcls=&ctgrySmcls=&ntcStartDt=&ntcEndDt=&mn=NS_01_09_01
〈그림 99〉 https://www.sedaily.com/NewsView/1OC48J5FE5
〈그림 100〉 https://www.kunst-meditation.it/en/modern-art/boccioni-street-noicis
〈그림 101〉 https://www.wikidata.org/wiki/Q152797
〈그림 102〉 https://www.piet-mondrian.org/broadway-boogie-woogie.jsp
〈그림 103〉 https://www.piet-mondrian.org
〈그림 104〉 https://nationaltrust.or.kr/bbs/board.php?bo_table=B14&wr_id=9&sca=인물소개

〈그림 105~106〉 https://jmagazine.joins.com/monthly/view/302599
〈그림 107〉 https://www.domin.co.kr/news/articleView.html?idxno=805724
〈그림 108〉 https://garden-guide.jp/spot.php?i=ryogenin
〈그림 109〉 https://www.heritage.go.kr/heri/cul/culSelectDetail.do;jsessionid=U2sdbJnV
wOdvsnOJ1aJwxn1e4J9ibakIK3BSyF7UE4tTph9fbSk6iIlVCM0f0uoN.cpawas2_
servlet_engine1?searchCondition=&searchCondition2=&ccbaKdcd=18&ccbaAsno
=02080000&ccbaCtcd=38&ccbaCpno=1483802080000&ccbaGcode=CA&ccbaBc
ode=01&ccbaMcode=02&culPageNo=13&header=div&returnUrl=%2Fheri%2Fcul
%2FculSelectDivList.do&pageNo=1_1_3_1
〈그림 111〉 https://www.britannica.com/biography/Louis-Daguerre
〈그림 112〉 https://www.britannica.com/biography/Eadweard-Muybridge
〈그림 113〉 https://www.britannica.com/technology/camera
〈그림 114〉 https://www.smithsonianmag.com/smithsonian-institution/how-
daguerreotype-photography-reflected-changing-america-180969389
〈그림 115〉 https://ko.wikipedia.org/wiki/보빙사
〈그림 116〉 https://americanhistory.si.edu/collections/search/object/nmah_760118
〈그림 117〉 https://www.express.co.uk/news/royal/1668147/king-charles-security-scare-
A40-west-london-video-royal-photo-latest-vn
〈그림 118〉 https://ateliercst.hypotheses.org/950
〈그림 119〉 https://celluloidjunkie.com/wire/dive-into-the-movies-at-the-all-new-
screenx-theatre-at-edwards-irvine-spectrum
〈그림 120〉 https://venuesnow.com/las-vegas-sphere-unveils-audio-system
〈그림 121〉https://www.businessinsider.com/what-the-las-vegas-sphere-screen-looks-
like-up-close-2023-10
〈그림 122〉 https://nseledcloud.com/las-vegas-msg-sphere
〈그림 123〉 https://science.nasa.gov/mission/webb
〈그림 124〉 https://www.imdb.com/title/tt0107362
〈그림 125〉 https://www.imdb.com/title/tt0113497
〈그림 126〉 https://www.imdb.com/title/tt0120382
〈그림 127〉 https://stock.adobe.com/kr/search?k=stained+glass+light
〈그림 128~130〉 https://www.worldhistory.org/image/9325/winemakers-zodiac-window-
chartres
〈그림 131〉 https://www.britannica.com/topic/Hubble-Space-Telescope
〈그림 132〉 https://science.nasa.gov/mission/webb
〈그림 133〉 https://www.britannica.com/biography/Robert-Hooke
〈그림 134〉 https://www.imdb.com/title/tt0096928
〈그림 135〉 https://psychology.berkeley.edu/people/jack-l-gallant
〈그림 136〉 https://ko.wikipedia.org/wiki/테레민

〈그림 137〉 https://www.britannica.com/biography/James-Clerk-Maxwell
〈그림 138〉 https://www.britannica.com/biography/Heinrich-Hertz
〈그림 139〉 https://en.wikipedia.org/wiki/Guglielmo_Marconi
〈그림 140〉 https://www.britannica.com/biography/Samuel-F-B-Morse
〈그림 141〉 https://www.nordbayern.de/panorama/150-jahre-telefon-das-pferd-frisst-keinen-gurkensalat-1.1598661
〈그림 142〉 https://www.thecanadianencyclopedia.ca/en/article/reginald-fessenden
〈그림 143〉 https://www.britannica.com/biography/Reginald-Aubrey-Fessenden
〈그림 144〉 https://www.britannica.com/summary/Lee-de-Forest
〈그림 146〉 https://americanhistory.si.edu/collections/search/object/nmah_1185258
〈그림 147〉 https://www.britannica.com/biography/Alessandro-Volta
〈그림 148〉 https://www.sciencesource.com/2108013-pieter-van-musschenbroek-dutch-scientist-and.html
〈그림 149〉 https://www.britannica.com/biography/E-Georg-von-Kleist
〈그림 150〉 https://en.wikisource.org/wiki/Author:Luigi_Aloisio_Galvani
〈그림 151〉 https://www.britannica.com/biography/Alessandro-Volta
〈그림 152〉 https://www.britannica.com/biography/Andre-Marie-Ampere
〈그림 153〉 https://www.britannica.com/biography/Michael-Faraday
〈그림 154〉 https://www.britannica.com/biography/Werner-von-Siemens
〈그림 155〉 https://americanhistory.si.edu/blog/edisons-light-bulb-turns-135
〈그림 156〉 https://www.nyhistory.org/blogs/edison-lit-manhattan
〈그림 157〉 https://www.thoughtco.com/j-j-thomson-biography-607780
〈그림 158〉 https://www.britannica.com/biography/William-Shockley
〈그림 159〉 https://www.britannica.com/biography/Alexander-Bain-Scottish-philosopher
〈그림 160〉 https://en.wikipedia.org/wiki/Pantelegraph
〈그림 161〉 https://fernsehgeschichte.de/erfindungen-fernsehtechnik
〈그림 162〉 https://www.britannica.com/biography/Nikola-Tesla
〈그림 163~166〉 https://www.teslasociety.com/tesla_tower.htm
〈그림 167〉 https://kids.britannica.com/students/article/Martin-Cooper/626826
〈그림 170〉 https://en.wikipedia.org/wiki/The_Fountains_of_Paradise
〈그림 171~172〉 https://www.tkelevator.com/global-en/products-and-service/multi
〈그림 173〉 https://www.nobelprize.org/prizes/physics/2007/grunberg/biographical
〈그림 174〉 https://www.nobelprize.org/prizes/physics/2007/fert/facts
〈그림 188〉 https://chei.ucsd.edu/suncave
〈그림 192〉 https://www.kculture.or.kr/brd/board/803/L/menu/802?brdType=R&thisPage=1&bbIdx=13784&searchField=&searchText=&recordCnt=10
〈그림 194〉 https://www.britannica.com/biography/John-Cage
〈그림 195〉 https://www.britannica.com/biography/Pyotr-Ilyich-Tchaikovsky

〈그림 196〉 https://fr.wikipedia.org/wiki/Bataille_de_la_Moskova
〈그림 197〉 https://www.museum.go.kr/site/main/relic/treasure/view?relicId=2399
〈그림 198〉 https://www.britishmuseum.org/collection/object/H_1888-1201-316
〈그림 199〉 https://www.thearchaeologist.org/blog/german-archaeologists-find-a-very-
　　　　　　rare-medieval-pocket-sundial
〈그림 200〉 https://ko.wikipedia.org/wiki/가마

참고문헌

- Wonjae Choi and Seonggyu Kim. Curriculum Development of EdTech Class Using 3D Modeling Software for University Students in the Republic of Korea, Sustainability. December 2023
- 최원재. 「디지털 미디어 역사학의 개발과 의미」, 디지털콘텐츠학회논문지. 2023년 10월.
- 최원재. 「가상세계성의 아날로그 구현 양상」, 디지털콘텐츠학회논문지. 2023년 09월.
- 최원재. 「한자의 가상세계성과 한자 교육 패러다임 시프트」, 한국한문교육. 2023년 06월.
- 최원재. 「가상세계 활용 교육을 위한 인지 전환 이론과 실천방안」, 한국교육논총. 2023년 04월.
- 최원재. 「메타버스를 위한 철학과 교육」, Oughtopia. 2023년 02월.
- 최원재. 「태동기의 메타버스 대학 교육 진단」, 문화와융합. 2023년 01월.
- 최원재. 「메타버스와 재즈의 모순 연습」, 동서비교문학저널. 2022년 12월.
- 최원재. 「메타버스 강의 개발: 블렌더 활용 '3D 타임머신' 강의」, 문화와융합. 2022년 11월.
- 최원재. 「디지털 데이터 시대의 연구·교육 방안: 디지털 데이터 내러티브 - 『모닝캄』 시맨틱 데이터 큐레이션」, 한국학논집. 2022년 09월.
- 최원재. 「휴타고지 시대의 고등교육 방안 디지털 데이터 내러티브」, 문화와융합. 2022년 08월.
- 최원재. 「디지털 데이터 내러티브를 통한 창의력 계발 수업 모델 개발 - '수선화 한국학'」, 한국학논집. 2022년 03월.
- 최원재. 「ESG 개념을 활용한 디지털 데이터 내러티브 교육」, 디지털콘텐츠학회논문지. 2022년 02월.
- 최원재. 「디지털 데이터 내러티브: 문학, '수선화 시인들'」, 동서비교문학저널. 2021년 12월.
- 최원재. 「이큐레이션(E-curation) 역사 수업 - 『유년필독』을 중심으로」, 동국사학. 2021년 12월.
- 최원재. 「데이터 리터러시 교육과 『송남잡지』」, 한국학. 2021년 11월.
- 최원재. 「역사 데이터 내러티브」, 동국사학. 2021년 01월.
- 김경미. 「신석기시대 거주지 차탈휘윅(Çatalhöyük)의 삶과 예술」, 동서인문학. 2020년 02월.
- 김현아, 서경석. 「토우를 통해 본 신라인들의 사상과 생활상에 관한 연구」, 한국기초조형학회. 2011년 10월.
- 박경아. 「심리적 공간구조의 연장적 결합원리 연구」, 한국실내디자인학회 논문집. 2011년 12월.
- 송민정. 「몸-마음-내러티브의 만남: 체화된 인지의 내러티브적 이해」, 헤세연구. 2014년 12월.

가상실록

2024년 2월 25일 초판 1쇄 인쇄 | 2024년 3월 3일 초판 1쇄 발행

공저 최원재·김영목 | **발행인** 장진혁 | **발행처** (주)형설이엠제이
주소 서울시 마포구 월드컵북로 402 KGIT 상암센터 1212호 | **전화** (070) 4896-6052~3
등록 제2014-000262호 | **홈페이지** www.emj.co.kr | **e-mail** emj@emj.co.kr
공급 형설출판사

정가 20,000원

ⓒ 2024 최원재, 김영목 All Rights Reserved.

ISBN 979-11-91950-55-7 03500

* 본 도서는 저자와의 협의에 따라 인지는 붙이지 않습니다.
* 본 도서는 저작권법에 의해 보호를 받는 저작물이므로 동영상 제작 및 무단전재와 복제를 금합니다.
* 본 도서의 출판권은 ㈜형설이엠제이에 있으며, 사전 승인 없이 문서의 전체 또는 일부만을 발췌/인용하여 사용하거나 배포할 수 없습니다.

가상실록